フードツーリズム論
―食を活かした観光まちづくり―

安田 亘宏 著
Nobuhiro Yasuda

古今書院

はじめに

　近年、観光旅行の成熟化を背景に旅行者の旅行動機、旅行目的が多様化、個性化し、その動機、目的として「地域の食」が顕在化してきた。地元でとれた旬の食材やその地域ならではの料理など「地域の食」を楽しむグルメツアーは定番となり、ご当地ラーメンブームやB級グルメブーム、ご当地グルメブームなども社会現象化し、「地域の食」に係わる新しい旅のスタイルも生まれ、定着している。この観光現象は「フードツーリズム」である。

　一方、人口減少、少子高齢化、地場産業の低落などを背景に衰退傾向にある地域においては、地域の自立を目指し、地域活性化に取り組む中で、交流人口の拡大による域外消費の吸収増大、すなわち旅行者の誘致に強い関心が寄せられている。その中で、地域固有の食や食文化を様々な形で観光資源とする観光振興への取り組みが全国に広がっている。この観光現象は「フードツーリズムを活かした観光まちづくり」である。

　筆者は、36年ほど前に旅行会社に入社し、支店でカウンター営業、法人営業、添乗業務などを9年ほど経験し、その後、管理部門で主にマーケティングの業務を担当してきた。入社当初、カウンターに訪れる来店客からは「どこか、いいところはないか」と一様に聞かれ、それに対応し希望する旅行を手配するのが業務であった。いつのころからか、「どこか、美味しいものが食べられるところはないか」という依頼が増えてきた。営業から離れても、旅行会社の社員であることを知る、友人、知人から、同様に「どこか、美味しいものが食べられるところはないか」と聞かれることが多くなった。

　おそらく、一度は見なくてはいけないと言われる、著名な自然景観や歴史遺産、温泉などの国内旅行を経験し、さらに海外旅行も体験した、旅行のベテラン達は個人で旅行を楽しむようになり、その目的に自分や家族がもっとも欲しているものを求めるようになったのである。つまり、旅行の動機や目的が多様化し個性化してきたのである。そのなかで、旅行実務者として最も多いと実感

した旅行者の目的は「どこか、美味しいもの」であった。こう感じたのは、筆者が特に「地域の食」を求める旅が好きで、実際そんな旅をしてきたせいもあるかもしれない。

　旅行目的の多様化は、「地域の食」だけではなく、決して全国区でない祭りであったり、あまり耳にしない街並みであったり、マニアックな映画のロケ現場であったり、辺鄙な島であったり、ユニークな新型車両に乗りたいであったりとマスツーリズムの中で体得してきた旅行知識では即答できないような「どこか」を求めるようになってきた。しかし、まぎれもなく、一番多い問いかけは「どこか、美味しいものが食べられるところはないか」であった。

　旅行者の価値観や嗜好が大きく変化しただけではなく、受入側である地域にも大きな変化が見られた。2000年代後半、以前にも増し地域の衰退が声高に言われ、地域の自立が大きな話題になっていた。その中で、B級グルメやご当地グルメの開発や「食によるまちおこし」などがメディアで取り上げられるようになった。しかし、フードツーリズムという言葉は、決して一般的にはなっていなかった。

　日経テレコン21の記事検索によると、新聞各紙のタイトル、本文に「フードツーリズム」が登場するのは、1997年、専門紙『日本農業新聞』の「奈良県のフードツーリズム事業」の記事であった。また、CiNii（NII論文情報ナビゲータ）の論文検索によると、「フードツーリズム」という単語が登場するのは2007年のことである。新聞記事においても、学術論文においても近年からの登場で、その後の出現回数は決して多くない。つまり、フードツーリズムという観光現象は、まだまだ一般にどういうものか認知されておらす、研究も進んでいない分野であるということができる。

　2010年、縁があり社会人として大学院で研究する機会を得、同時に大学でツーリズムを教える教員となった。幸運にも、「フードツーリズム」とその観光現象を活かした「観光まちづくり」についての研究を進められる環境が整った。各地域からも観光まちづくりに関する講演やコンサルタントの依頼を受け、現在進行形の現場での体験も積むことができた。研究の中間発表としての、論文だけでなく、フードツーリズムと観光まちづくりに関する書籍も出版するチャンスを得た。

はじめに

　多くの「地域の食」を観光資源としているまちに訪れ、それを食べ、体験し、担い手の話を聞いてきた。まだ十分に研究の進んでいない、日本のフードツーリズムについて、その全貌とそれに対する消費者や地域の係わりをもっと明らかにしていきたいと考えるようになった。

　本書は、日本のツーリズムにおいて重要な位置を占め始めたフードツーリズムについて、その実態とステータスを、歴史的変遷、広範な旅行者を対象とした調査、フィールドワークなどから体系的、実証的に明らかにし、類型化を試みたものである。また、全国各地で取り組まれている観光まちづくりにおけるフードツーリズムの活用のあり方を実態に即しながら、マーケティングの視点から分析した。「地域の食」を観光資源として取り組む、代表的なまちや都市の事例を取り上げ、フードツーリズムに関連する様々な立場の人々へのインタビュー調査と、現地での観察にもとづきながら、各事例におけるフードツーリズムの展開過程と、フードツーリズムが現地のまちづくりに与えた影響を多角的に明らかにした。そして、持続可能なフードツーリズムの実現には、地域のマーケティングが不可欠であることの証明を試みた。この研究プロセスや結果が、観光学のなかで実証的な研究の蓄積となり、観光まちづくりに取り組む多くのまちの人々や、新しいビジネスモデルを模索する旅行会社への少しの示唆になればと考えている。

　地域の活性化が大きな課題となっている日本において、ツーリズムの果たす役割が大いに期待されている。その中で、どの地域にも存在する地域固有の食を活用したフードツーリズムやそれを活かした観光まちづくりの概念、手法は、ツーリズムを研究する研究者や、それを学ぶ学生だけでなく、観光まちづくりに係わり始めた地域の観光業、NPO、各種団体、農商工業者、一般市民にも大きな示唆を与えるとともに実践において活用していただけるものと確信している。なお、本書は筆者の博士学位論文を改稿したものである。

2013年7月

安田　亘宏

フードツーリズム論
目次

はじめに ... *i*

序　章 ... *1*
  1. 研究の背景と問題意識 ... *1*
  2. 研究の目的と方法 ... *4*

第1部　フードツーリズム論 ... *9*

第1章　フードツーリズムの研究と定義 ... *11*
  1.1「地域の食」と観光資源 ... *11*
  1.2 フードツーリズムの研究 ... *17*
  1.3 フードツーリズムの定義 ... *25*

第2章　フードツーリズムの歴史的展開 ... *29*
  2.1 フードツーリズムの変遷 ... *29*
  2.2 フードツーリズムの拡大のメカニズム ... *37*

第3章　フードツーリズムの現状 ... *47*
  3.1 観光と食に関する旅行者意識 ... *47*
  3.2 フードツーリズム調査による旅行者行動 ... *54*

第4章　フードツーリズムの類型 ... *69*
  4.1 旅行者意向による分類 ... *69*
  4.2 フードツーリズムの類型化 ... *75*
  4.3 フードツーリズムの6類型の定義と現状 ... *86*

第2部　フードツーリズムと観光まちづくり　　123

第5章　観光まちづくりとマーケティング　　125
5.1 観光まちづくりの研究と定義　　125
5.2 観光まちづくりのマーケティング　　135
5.3 まちマーケティングの活用　　141

第6章　高級グルメツーリズム　　148
6.1 高級グルメツーリズムのマーケティング　　148
6.2 大間（青森県）―メディアと住民が育てた高級食材で旅行者を呼ぶ　　149
6.3 日間賀島（愛知県）―漁業と観光の共生により生まれた観光資源　　154

第7章　庶民グルメツーリズム　　159
7.1 庶民グルメツーリズムのマーケティング　　159
7.2 喜多方（福島県）―暮らしの中の郷土食ラーメンで観光まちづくり　　160
7.3 富士宮（静岡県）―焼きそば応援団が全国区にした元祖B級グルメ　　164

第8章　マルチグルメツーリズム　　168
8.1 マルチグルメツーリズムのマーケティング　　168
8.2 札幌（北海道）―ラーメンから高級グルメまで揃う食の王国　　169
8.3 名古屋（愛知県）―口コミで広がるユニークな「名古屋めし」　　175

第9章　食購買ツーリズム　　181
9.1 食購買ツーリズムのマーケティング　　191
9.2 富浦（千葉県）―ビワ加工品から集客拠点となった道の駅　　182
9.3 内子（愛媛県）―トマト加工品から広がる観光農業　　186

第10章　食体験ツーリズム　　191
10.1 食体験ツーリズムのマーケティング　　191
10.2 飯田（長野県）―株式会社が広域でほんものの農業体験プログラム　　192

    10.3 松浦（長崎県）―民泊を通して究極の食育と漁業体験　　196

第11章　ワイン・酒ツーリズム　　202
    11.1 ワイン・酒ツーリズムのマーケティング　　202
    11.2 勝沼（山梨県）―ワインの聖地で始まる本格ワインツーリズム　　203
    11.3 西条（広島県）―まち全体が動き出した酒蔵のある街並みづくり　　207

終　章　　212
    1. フードツーリズムとまちマーケティング　　212
    2. 持続可能なフードツーリズムを活かした観光まちづくり　　218
    3. フードツーリズムから始まる観光イノベーション　　231

参考文献　　235

おわりに　　244

索引　　247

序　章

1. 研究の背景と問題意識

　日本の観光旅行の成熟化を背景に、団体旅行から個人旅行へのシフトが加速し、それに伴い旅行者の旅行動機、旅行目的が多様化、個性化、高度化している。国内旅行においては、神社仏閣などの歴史文化遺産や季節により変化する山や海などの自然景観を見に行く旅や、のんびりと温泉を楽しむ旅などが、今日でも主流ではあるが、地元でとれた旬の食材やその地域ならではの料理など「地域の食」を楽しむことを主な目的とした旅もいつの頃からか、グルメツアーなどと称され、ポピュラーになった。また、近年はご当地ラーメンブーム[1]やB級グルメブーム[2]などが社会現象となり、「地域の食」に係わる新しい旅のスタイルも生まれ、定着している。

　「タラバ・毛ガニ・名品の白老牛を食す北海道グルメ紀行3日間」「仙台の牛タンと塩釜の特上寿司・美味特選！宮城うまいものめぐり2日間」「寺泊で買物と10大うまいもの日帰り」「築地の寿司と赤坂でうな重・両国でちゃんこ鍋日帰り」「南信州B級グルメ満腹道中とりんご詰め放題！」「旬が来た！キトキト富山の寒ブリ食紀行」「香住でタグ付松葉がに・かに刺し付活がに会席と城崎温泉2日間」「本場下関で食す・とらふぐづくし2日間」「平戸・天草温泉郷に泊まるイカ・ヒラメ・カキ・アワビ・エビ食三昧3日間」など、これらはすべて、実際に販売されていた旅行会社[3]の「地域の食」を目的としたパッケージツアーのツアータイトルである。

　1970年代、旅行会社各社がパッケージツアーを企画造成し販売を開始して以来、そのパッケージツアーのテーマにおいて、「地域の食」は大きな存在感を示してきた。熟年層に人気のあるクラブツーリズムの「旅の友・バスの旅（東京版、2012年2月号）」[4]の通販用カタログには、225の様々なバスツアーが掲載されており、その内、ツアータイトルに、「地域の食」やグルメ、食べ

放題など食に関連するワードが含まれているものが、74あった。掲載ツアーの3分の1が、「地域の食」を売りとしていることが分かる。

　旅行会社の店頭パンフレットや新聞旅行募集広告、各旅行会社のホームページなどにはさまざまな食材名、料理名、レストラン名などをツアータイトルにしたパッケージツアーが並んでいる。いわゆる「グルメツアー」で、「美食ツアー」「食べ歩きツアー」「食通ツアー」などとも呼ばれている。その一種になる「食べ放題ツアー」も人気がある。

　特に冬場になると、どの旅行会社も「カニ特集」と銘打って、北海道や北陸、山陰にカニを食べに行くことを目的としたツアーが登場する。冬はカニだけでなく、日本人の好む海産物が旬を迎える。つまり、冬は日本の「地域の食」が美味しくなる時期である。この時期、多くの観光地はオフシーズンとなることもあり、毎年各旅行会社は「グルメツアー」に力を入れる。

　1990年代以降、観光や食事がセットされたパッケージツアーは減少していき、往復の交通と宿泊だけがセットになったフリープラン[5]が主流になっていく。また、パッケージツアーを利用しない、マイカー旅行[6]が増加していき、旅行者はさらに自分の趣味趣向にあった目的で旅行をするようになっていった。その中の目的として、「地域の食」は顕在化していく。日常では食べられない、豪華な料理、珍しい料理だけではなく、庶民的な郷土料理や地域で愛されているラーメン、B級グルメなどもその対象になった。また、「地域の食」は、食べるためだけではなく買物の対象や生産工程を体験する対象になるなど、旅行者の目的は幅広いものになった。このように、「地域の食」に深く係わった観光現象が、「フードツーリズム」である。

　「大阪の食い倒れ」「食の王国・北海道」「美し国・伊勢志摩」「御食国若狭」「城崎カニ王国」「讃岐うどん巡り」「山形そば街道」「ふぐの街・下関」「ラーメンの街・喜多方」「餃子の街・宇都宮」「フルーツ王国山梨」など、これらは食に関する言葉の付いた地域や都市のよく耳にするフレーズである。古くからの言葉もあれば、近年定着した言葉もある。

　日本には食材や料理名と都市、地域名が合わさってひとつになり、多くの人に認知されているものがたくさんある。フグといえば下関、カニといえば城崎・香住、マグロといえば大間、和牛といえば松阪・神戸、うどんといえば讃岐、

懐石料理といえば京都、というように数限りなくある。流通の中での特産品として認識されているものも多いが、地元で食べることに意味があると多くの人に認識されている「地域の食」も数多い。

1970年代、全国にこのような、「地域の食」を前面に打ち出した観光地が登場する。旅行会社のパッケージツアーが、それら観光地を全国的に有名にする。また、旅行会社は新たなパッケージツアーにより食の観光地を開発した。輸送手段や冷凍技術などがまだ発達していない時代、本当に美味しい新鮮な料理は地元でしか食べられなかった。豪華で、珍しい、新鮮な、旬のものを食べることが、初期のグルメツアーで、多くの食の観光地が誕生した。

1990年代になると、地域は自立を目指し、地域活性化の取組みを始める。その背景には地域の人口減少や少子高齢化問題、財政問題、地場産業の衰退、中心市街地の空洞化、さらに平成の市町村合併[7]による地域アイデンティティの低下などがある。地域では、地場産業の復活、地域内消費、税収の拡大など、地域の活性化を求め、知名度、認知度、地域イメージアップなど地域価値の向上を目指し、さまざまな政策、施策が講じられた。中でも交流人口の拡大による域外消費の吸収増大、すなわち旅行者の誘致に強い関心が寄せられた。

旅行者誘致の核となる観光資源も多種多様で、地域に存在するハードからソフトまでがその対象になっている。もともと際立った地域資源のない地域でも、必ず存在する食や食文化に注目している地域が数多くある。食や食文化による地域活性化である。B級グルメ、ご当地グルメでのまちづくりなどが脚光を浴び、実際に安定的に多くの旅行者を呼んでいる成功事例も生まれた。また、観光資源となる「地域の食」のカタチもさまざまなバリエーションを持つようになり、全国各地に広がっている。これは、「フードツーリズムを活かした観光まちづくり」である。

このように、発地からのグルメツアーのようなパッケージツアーは定番となり、日本人の旅行マーケットの全体の流れ[8]と同様、フリープランのパッケージツアーやパッケージツアーを利用しない個人旅行においても食を求める旅は、すでに日本人の旅行スタイルとして定着している。着地においては、「地域の食」を観光資源とした観光まちづくりが、高級食材や高級料理だけではなく様々なバリエーションで取り組まれている。

フードツーリズムや、フードツーリズムを活かした観光まちづくりは顕在化し、その一部はメディアなどで脚光を浴びているが、全体は十分に理解されていない。日本のツーリズムにおいて、ひとつの分野を形成しているフードツーリズム、また、観光まちづくりにおいて有力な手段となっているフードツーリズムの活用など、体系的に把握する必要がある。

フードツーリズムの研究は徐々に始まっているが、正面から取り組んだ研究はまだ数少ない。「地域の食」と観光資源についての関係や、フードツーリズムの全体像や概念、定義、その類型化、フードツーリズムを活かした観光まちづくりの実態と分析、その持続可能性など、体系的に論じられていない。日本のツーリズムの大きな変化に、フードツーリズムの拡大は大きく係わっていると考えている。これらを問題意識として議論を展開する。

2. 研究の目的と方法

フードツーリズムとは、「地域の食」を積極的に求めていく旅行であり、フードツーリズムを活かした観光まちづくりとは、「地域の食」を観光資源へと磨きあげ、旅行者を誘致し交流人口を増やす観光活動である。「地域の食」は、成立基盤や歴史的な背景から、普遍的な価値評価の定まった自然景観や歴史遺産などと比較し脆弱な観光資源と捉えられ、観光活動において派生的需要、あるいは支援的商品と位置付けられることもある。しかし、今日、「地域の食」は日本のツーリズムにおいて欠かすことのできない観光資源である。

本稿では、「地域の食」とは何か、観光資源とは何か、を明確にし、「地域の食」がすでに誘客の源泉となる観光資源であることを証明する。そして、フードツーリズムを定義し、日本においてフードツーリズムが、ツーリズムの中ですでに大きなポジショニングを占めていることを最初の仮説とする。さらに、日本のフードツーリズムの全貌を把握し、類型化を試み、今日のフードツーリズムに多くのバリエーションがあり、それぞれが明確に存在していることを第2の仮説とする。

また、観光まちづくりを定義し、フードツーリズムを活かした観光まちづくりの実態を分析し、事例研究を通しマーケティングの必要性を論じ、地域のマー

ケティングのフレームワークにより、フードツーリズムを活かした観光まちづくりが推進されることを第3の仮説とし、これらの観光現象を考察していく。

研究の目的は、前述の仮説を検証し、①日本のフードツーリズムがツーリズムの中で大きなポジショニングを占めていること確認する、②日本のフードツーリズムは年月を経て成熟、拡大し多くのバリエーションがあり、それを網羅的に類型化する、③それらのフードツーリズムを活かした観光まちづくりの実態を把握し、地域のマーケティングがその推進に有効であることを証明する、ことである。

これらの研究結果や研究のプロセスを、まだ十分に研究の進んでいない、日本のフードツーリズムやフードツーリズムを活かした観光まちづくりの研究において、実証的な知見の蓄積とすることが目標である。さらに、観光まちづくりに取り組む多くのまちの実践者や、新しいビジネスモデルを模索する旅行会社、観光事業者への示唆になればと考えている。また、地域の宝である食の価値が再認識され、地域住民参加の観光まちづくり推進の手がかりになればとも考えている。

研究方法は、①フードツーリズムおよび観光まちづくり、フードツーリズムを活かした観光まちづくりを推進するためのマーケティング論などの先行研究を分析、精査し本研究における位置づけを明確にし、②筆者が実務家として30年以上にわたる旅行会社勤務[9]、とくに旅行商品の企画、販売、添乗、管理部門でのマーケティング、販売促進、観光シンクタンクでの観光調査などにおける経験、観光現場での参与観察、③2007年、2009年、2011年と3回実施した独自のインターネットによる旅行と食に係わる消費者調査[10]、④約5年間のフードツーリズム研究に特化した全国都市・観光地でのフィールドワーク、すなわち、当該食の試食・体験、市町村観光課、観光協会、推進団体、食に係わる事業者などへの取材インタビュー、交流などを背景に議論を展開する。なお、本研究を本格的に開始した2007年から2012年までの間で、本研究に係わる取材で150を超える地域を訪れ、その地域の食を体験した。

なお、本書の構成は、「第1部フードツーリズム論」、「第2部フードツーリズムと観光まちづくり」の2部構成とし、研究の背景や目的などを明示する「序章」と研究のまとめとして「終章」をその前後に配した。

第 1 部においては、本研究に必要な用語やフードツーリズムに係わる先行研究をサーベイし定義する。そして歴史的な展開、公開調査や独自調査などによりフードツーリズムの現状を把握し、類型化を試みる。

　まず、フードツーリズムやフードツーリズムの類型化に関する先行研究を分析、精査し、今日の日本の実態に整合したフードツーリズムの定義を提示する。次に、フードツーリズムという観光現象の理解を深めるために、フードツーリズムの歴史的な変遷とその拡大のメカニズムを考察する。その後、観光調査の中での「地域の食」を確認し、筆者が実施したフードツーリズムに関する調査結果を分析し、フードツーリズムのポジショニングとバリエーションを明確にする。さらに、調査結果と先行研究を踏まえて、フードツーリズムの類型化を試み、6 類型を提示し、その内容を詳細に考察する。

　第 2 部においては、第 1 部で導出された 6 類型のフードツーリズムを活かした観光まちづくりについて、具体的な地域の事例をマーケティングの視点から分析し、まちマーケティングの援用の可能性を検証する。

　まず、観光まちづくりに関する先行研究をサーベイし定義する。次に、事例を分析するフレームワークとなる観光に係わるマーケティング論、すなわち観光マーケティング、観光地マーケティング、地域マーケティングを検証し、まちマーケティングによるアプローチを提示する。さらに、フードツーリズムの 6 類型を、事例研究を通して、まちマーケティングのプランニングプロセスにより分析し、フードツーリズムを活かした観光まちづくりにおける、まちマーケティングの有用性を論じる。

　終章においては、第 1 部、第 2 部から得られた知見を整理し、フードツーリズムの今日的なポジショニングとバリエーションを確認し、まちマーケティングの有用性、持続可能なフードツーリズムを活かした観光まちづくりの可能性を明確にする。さらに、そのメリットや課題、それらが起こした観光イノベーションについてまとめとして論じる。

註

1) 1980 年代後半から、全国各地に形成されていた地域独特のラーメンを食べに行

くブーム。
2) 2000年頃から始まった、各地の庶民的な名物料理を食べに行くブーム。「B級ご当地グルメの祭典B-1グランプリ」の影響が大きい。
3) JTB旅物語、クラブツーリズム、阪急トラピックス、読売旅行など旅行会社が2009・2010年の冬に実際に販売していたパッケージツアー。
4) クラブツーリズムが企画造成する新聞広告と顧客管理によるカタログ通信販売のパッケージツアー。
5) パッケージツアーには、行程中の交通機関、宿泊、食事、観光などがセットされたフルパッケージ型と、往復交通機関と宿泊だけがセットされたスケルトン型があり、スケルトン型は一般的にはフリープランと呼ばれる。
6) 『旅行者動向2011』(日本交通公社観光文化事業部2011) によると、「目的地までの主な交通手段」の「自家用車」の利用シェアは51.2%(2010)であった。
7) 1999年から政府主導で行われた市町村合併。1999年の市町村数は3,232、2010年には1,727と、およそ半分になった。
8) 『旅行者動向2011』(日本交通公社観光文化事業部2011)によると、旅行者のパッケージツアーの利用の有無は、「団体パッケージツアー利用」(12.0%)、「フリープラン利用」(12.6%)、「パッケージツアーの利用なし」(75.4%)となり、パッケージツアーを利用しない個人手配旅行が4分の3を占めている。
9) 1977年、JTB入社。1986年まで支店で旅行営業、添乗業務を経験。その後、本社、営業本部、グループ会社でマーケティング、販売促進を担当。2006年より同グループのシンクタンク旅の販促研究所所長として国、自治体、旅行会社などの観光調査に携わる。この間、全都道府県、海外50数カ国を訪問。
10) 2007年調査：全国2,200サンプル、2009年調査：全国600サンプル、2011年調査：首都圏・関西圏600サンプル。調査設計の詳細は、第1部第3章参照。

第 1 部
フードツーリズム論

第 1 章
フードツーリズムの研究と定義

1.1 「地域の食」と観光資源

1.1.1 「地域の食」の定義

　そもそも、食や食文化、人間の食生活はどんな役割機能を持つのであろう。武藤（2000）は、食生活の持つ機能として、①生理的機能、②精神的機能、③社会的機能、④文化的機能、⑤教育的機能を挙げている。生理的機能とは生命を維持するための食であり、精神的機能とはより美味しいものを食べたいという欲求を満たすための食である。社会的機能とは、家族との一家団欒や他の人たちとの会食など、社会の組織を創り出すコミュニケーションとしての食であり、文化的機能とはその地域に生まれた郷土食、行事食、食文化など、地域伝統を伝える食である。教育的機能とは家庭教育や学校教育など教育の場としての食のことである。

　このように、人間にとっての食は、生命を維持するための役割、機能を持つだけでなく、人間に喜びや快楽をもたらすとともに、人間関係や社会制度、風習、習慣、文化、教育など多岐にわたる領域に深く関係している。「地域の食」はその地域の様々な要素が集約され独自なものとして存在していると言えるかもしれない。

　日本は狭いとはいえ、多くの島に分かれ、南北縦に長く、峻嶮な山々と急流な河川によって分断されている国である。したがって、食材となる収穫される農作物にも水揚げされる水産物にも大きな違いがあり、気温や雨の量などの差異により保存法も調理法も違ってくる。国土の大きさの割には、郷土料理が特徴を持って発達する環境があった。

　郷土料理とは、農林水産省によると「それぞれの地域独特の自然風土・食材・食習慣・歴史文化等を背景として、地域の人々の暮らしの中での創意工夫によ

り必然的に生まれたものであり、家族への愛情や地域への誇りを持ちながら作り続けられ、かつ地域の伝統として受け継がれてきた調理・加工方法による料理」[1]のことである。

　郷土料理と観光との係わりについて、岡本（1995）は、「郷土料理とは特定の地域に固有の料理のこと、観光客の要求・欲求を充足させる重要な要素で、目的地選択に影響を与える」（岡本 1995:54）と述べている。また、丹治（2008）は、旅先での食事は非日常体験で、文化や風土との出会い、交流など様々な役割を持つ観光において重要な要素のひとつであり、郷土料理は「地域の特色を出す観光資源となる格好の材料」（丹治 2008:586）であるとしている。郷土料理だけが「地域の食」ではないが、現在にも受け継がれ食べ続けられている郷土料理が「地域の食」であることには疑問を挟む余地はない。では、「地域の食」とは何なのであろうか。

　筆者（2007b）は、「地域の食」について、
・「その土地でとれた、またはその土地ならではの食材」で
・「その土地固有の、またはその土地ならではの調理法」で
・「その土地の料理人が、またはその土地で修行をした料理人が料理」し
・「その土地の食べ方」で
・「その土地らしい食事場所」で食べることをいう。

　と述べたが、これでは伝統を守り続ける極めて少数の郷土料理だけになってしまうかもしれない。また、この定義では、食材そのものや、加工品、またアルコール飲料、茶、果汁などの飲み物も除外されてしまう。

　あらためて、本稿で言う「地域の食」とは「地域住民が誇りに感じ食している、その土地固有の食材、加工品、料理、飲料、およびのその食に係わる空間、イベント、食文化」と定義する。ポイントは、その土地らしい食であり、地域の人々がその食に対して、誇りに感じ、かつ今日も実際に食べていることである。

1.1.2 観光資源としての食

　日本において、観光資源（resources of tourism）という語が登場したのは、1963年に制定された「観光基本法」[2]に使用されてからになる。観光資源とは、「観光行動を誘発する観光対象の中核」「誘客力の源泉」（前田 2008）である

第1章　フードツーリズムの研究と定義

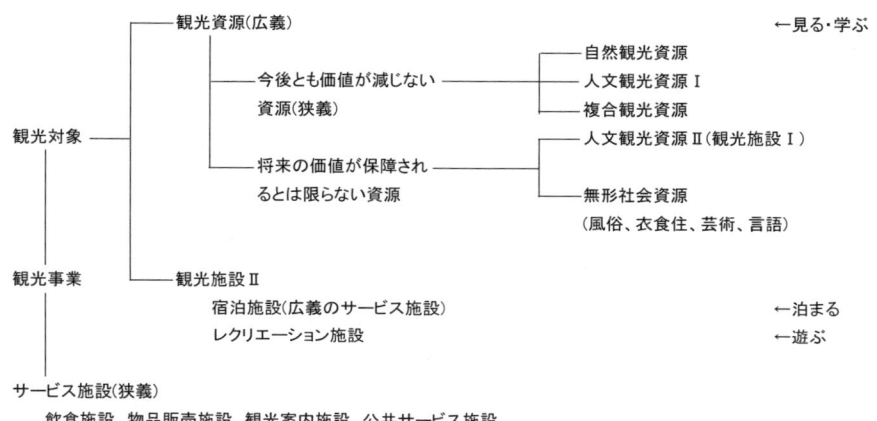

出典：溝尾良隆（2003）『観光学』p19（観光基礎概念研究会1998：「観光・観光資源・観光地」の定義、観光研究、Vol.9、No.2、p.35-37）
図1-1　観光資源、観光対象、観光施設、観光事業の関係

とされているが、「地域の食」や食文化は、どのような観光資源として位置付けられるのであろうか。

　溝尾（2003）は、観光資源を、図1-1のように、今後とも価値が減じない資源として、自然観光資源、人文観光資源Ⅰ（歴史的観光資源）、複合観光資源を挙げ、将来の価値が保証されるとは限らない資源として、人文観光資源Ⅱ（近代的観光資源）、無形社会資源を挙げ、これらを含めて広義の観光資源としている。「地域の食」は、衣食住に括られる無形社会資源に分類される。広義の観光資源には、地域の努力で創り上げることができるものや、今あるものを観光的な意味づけをすれば観光対象になりうるものがあると論じ、地域のスポーツ活動や景観、農業、地場産業、イベント、ミュージアムなどの事例を挙げている。

　また、溝尾（2009）は、観光資源の分類を新しい見解に変更する解説の中で、「社会や時代の変化により急に登場した、存続がかなり危ういB級グルメのような『食』も」「絶えることなく知恵と資金を投入しないと、集客数が減少してしまい、施設の存続が危ぶまれる」（溝尾 2009:49-50）人文観光資源Ⅱのテーマパーク・遊園地と同様に分類されるとも述べている。

溝尾（2009）は、観光資源の特性として、3つ挙げている。第1は、一般の旅行者の接近が困難であった潜在的な観光資源が、道路などの交通関連整備と宣伝により顕在化される。第2は、社会と時代の価値観の変化により、これまで観光資源と思われなかったものが、突然観光対象となる。第3は、適正な資源管理を行えば、いつの時代にも利用可能で消耗しないものもあれば、すぐに模倣され、飽きられ存在価値がなくなるものもある、としている。

　注目すべきは第2の特性で、世界遺産[3]の登録により日本有数の観光地になった白神山地や石見銀山、ミシュランガイドで高評価を得た高尾山などの事例とともに、フラワーツーリズム[4]やB級グルメの掛け声とともに観光地化する地域があることを解説している。「地域の食」は、「将来の価値が保証されるとは限らない資源」であり、「存続がかなり危うい」脆弱な観光資源と位置付けられる。しかし、「社会と時代の価値観の変化」により、多くの旅行者を集客する可能性のある観光資源ということができる。

　観光政策、観光制度の視点から、寺前（2006）は観光資源制度を論じている。観光基本法第14条は国が保護、育成および開発を図るために必要な施策を図るものとして観光資源を位置付けているが、必要な施策を具体的に規定するものではない。その一方で、文化財等の観光資源と世間で認識されるものに関する法制度は数多く存在しているとしている。また、「規範性のある観光資源制度が存在しないまま、意識としての観光資源が存在する状態であり、観光資源の定義をめぐって見解が統一されないまま議論が行われている」（寺前2006:73-74）と指摘している。さらに、「主体（観光客）を中心として考えた観光資源は、事実はともかく主体に観光資源として認識されていれば観光資源としての価値がある」（寺前2006:77）ということになり、制度論としての観光資源の位置付けの限界を論じている。

　食が観光資源になり得るかという視点からの議論を見ていく。国際ツーリズム振興の観点から、鈴木（2007）は「観光立国もしくは観光大国と称される国々は、食および食文化を効果的に活用して、国際ツーリズムの活性化に結びつかせている」（鈴木2007:15）とし、中国、オーストラリアの事例を紹介し、フードツーリズムのインバウンド振興における効果を述べて、日本のインバウンド促進にとって食や食文化が「重要なツーリズム資源」、すなわち観光資源にな

るという認識を示している。

　ここまで明確に食や食文化が観光資源になると明確にしている研究は少ない。井口（2008）は、観光資源とは「自然、文化的な価値が認められたもの」とし、自然環境を基盤に、悠久の歴史の中で育まれてきた風土を分析的に捉え、「自然遺産」と「文化遺産」に区分している。宿泊施設、文化施設、テーマパークなど現代において人間が創造した観光対象は「観光施設」として別の区分に捉えて、食などの無形資源については整理をしていないが、観光客を惹きつけている料理旅館などは、それ自体が観光対象施設とみなせるなど、観光資源は多様化していると述べ、その可能性を示している。

　同様に、内田（2010）は、観光資源を、地域が観光地を売り出す場合に特別に考慮する、地域の生来持っている資源であるとし、「中核資源」と「補完資源」に分類されるとしている。前者は、地域の「売り」として、顧客にアピールできる世界遺産や大規模イベントのことで、後者は観光に必要な「あご（食）・あし（交通）・まくら（宿泊）」であるとしている。しかし「最近はB級グルメツアーの様に食そのものが観光の魅力になっている場合や、温泉宿が主体の商品などでは、補完資源と中核資源の位置付けが逆転していることもある」（内田 2010:68）と、今日的な状況を論じている。

　マーケティング論の観点から、コトラーら（Kotler 1993）は、「地域（Places）＝まち」を市場価値の有無が問題とされる「商品」と捉える必要があると説き、観光業における「まち」の競争はレストランまでにも拡大し、どのまちに4つ星レストランがたくさんあるのか、最上のワインと飲み物は、最高の料理人はどこにいるのかなどが問われるとしている。つまり、「地域の食」が強力な観光資源になりうることを示唆している。

　都市観光におけるマーケティングを説く中で、コルブ（Kolb 2007）は、地域の持つ観光商品を、アトラクション、歴史的な場所などの「中核的商品」、宿泊施設、レストランなどの「支援的商品」、建物、歩道などの「付加的商品」に分類し、食は「支援的商品」としている。支援的商品とは、「それ単独では来訪を動機づけできないもの」と位置付けている。例えば地域にエスニックのグルメ・ダイニングやファミリーレストランが存在する場合、民族系の芸術祭などと一緒にパッケージ化するなど、中核的商品とともにプロモートすると効

果が挙がるとしている。今日の日本においては、ここで言う芸術祭などのイベント以上に安定的な集客力をもつ「地域の食」が存在している。食を都市観光における「中核的商品」のひとつとして位置付けるべきであろう。

　直接観光資源を研究対象としたものではないが、社会学の観点から、アーリ（Urry 1995）は、「観光のまなざし」とは、「日常から離れた異なる景色、風景、町並みなどに対してまなざしもしくは視線を投げかけること」（Urry 1995:2）であり、観光のまなざしが選ばれるのは、「夢想や空想を通して、自分が習慣的に取り囲まれているものとは異なった尺度あるいは異なった意味を伴うようなものへの強烈な楽しみへの期待」（Urry 1995:5）であるとしている。また、彼はマスツーリズムに飽き足りなくなった人々が、従来は観光対象と見なされていなかったものに対して注ぐまなざしを、「ポスト・ツーリストのまなざし」として分類している。地域での飲食が、他と違った視覚的背景を前にして行われると、特別な意味をもつものである、という考え方に立てば、「地域の食」はこのまなざしの対象になりうるものと考えられる。

　古典的な出典となるが、サヴァラン（Savarin 1826）は、「美味学（ガストロノミー）こそは、人々および事物を視察して、国から国へと、知られるに値するすべてのことを伝達する。だからこそ蘊蓄を傾けて調進したご馳走はさながら世界の縮図のごとく、そこには世界の各部が代表によって姿を現している」（Savarin1826:85）と表現している。つまり、「地域の食」を食べることで、その地域の人々、歴史、風土などの全てが理解できるということであり、地域の強力な観光資源になりうることを示唆していると言えよう。

　日本全国を歩いた民俗学者である宮本（1975）[5]は、「観光資源というものはいたるところに眠っておるものです。それを観光対象にするしかたに問題があるのだ」（宮本 1975:28）と述べている。これは観光資源の常在性と言われ、今日、各地で行われている観光資源探し、いわゆる地域の宝探しの根源的な理念になっているものである。観光資源は難しい定義の上に存在するものではなく、地域の宝を磨いて作るものであるという考え方である。

　以上のような、議論を見ていくと、観光の成熟期以前の旅行中の「地域の食」は、狭義の観光資源と位置付けられる美しい自然景観や歴史ある神社仏閣、世界遺産などの「本源的需要」に対し、それらを見学、体験するために必要な交

通や宿泊などとともに「派生的需要」であり、「支援的商品」「補完資源」であったと考えられる。しかし、その後、旅行者のニーズの多様化、個性化が進む中、すなわち、社会や時代の価値観の変化の中で、脆弱さを持つ観光資源ではあるが、「本源的需要」となり、「中核的商品」「中核資源」となっていったと解釈することができる。

「地域の食」は、今日において、美しい自然景観や歴史ある神社仏閣、世界遺産などの普遍的な価値を持つ観光資源と肩を並べることのできる「誘客力の源泉」となる観光資源になっていると考えられる。そして、それは宮本が言うように、どんな地域にも必ず存在しているものだと考えるべきであろう。

1.2 フードツーリズムの研究

1.2.1 海外におけるフードツーリズム研究

食や食文化と係わる旅行や観光現象のことは「フードツーリズム」と呼ばれている。しかし、ほとんどすべての旅行や観光には食が係わっているので、もう少し正確に表現する必要がある。前項で議論した観光資源となっている「地域の食」を、強い旅行動機、主要な目的とする旅行や観光のことである。しかし、日本においては、まだ一般的な用語とはなっておらず、フードツーリズムの明確な定義はなされていない。

食と観光を対象とした研究としては、ガストロノミックツーリズム（gastronomic tourism：美食旅行、Hjalager & Richards 2002、Zelinsky 1985）の研究、カリナリーツーリズム（culinary tourism：料理旅行、Long 1998）の研究、そして、フードツーリズム（food tourism、Hall & Mitchell 2001、Hall, Sharples, Mitchell, Macionis, & Cambourne 2003）の研究が特筆される。これらはそれぞれ異なる名称を使用しているが、「地域の食」と旅行者の旅行中の食と関連する行動に焦点を当てていて、かなり類似した概念を持っている。

1980年代にガストロノミックツーリズムを提示した、ゼリンスキー（Zelinsky 1985）は、ガストロノミックツーリズムをエスニック・レストランや地域のレストランに食事をしに行く旅行と定義し、旅行者はフードツーリズ

ムに参加する従来の感覚を持つ必要がない、つまり家から遠く離れる必要はないと説いている。

　カリナリーツーリズムのロング（Long 1998）は、旅行と食の研究を進化させた。カリナリーツーリズムを「『他』のフードウェイ（foodways）への故意的な、探検的な参加と参加の準備。また、食の消費のための演出、自分たちのものではない料理法、食事方法、食事スタイル、調理システムを含んでいること」（Long 1998:181）と定義している。ロングの定義の最も重要なポイントは、「故意的」「探検的」という単語であり、わざわざ、探検する気持ちでその地域に行くということである。

　フードウェイとは、ロングが独自に使用している単語で、食の地域、場所という意味で理解すべきであろう。「他」とは、文化、地域、時間、宗教、社会経済的クラスの5つを示している。観光旅行で考えると、文化の違うところ、地域的に違うところ、時間的、歴史的に違うところ、宗教的に違うところ、社会経済的、つまり階級的に違うところを「他」と表現していて、他の地域だけではない概念を提起している。

　ロングの研究成果は、第1にカリナリーツーリズムを定義したこと、第2に多様な異なるカテゴリーの活動があることを示したこと、第3に参加し体験できる多くの現場が実際にあることを示したことである。また、ロング（Long 2003）は、カリナリーツーリズムは新しく魅力のある食を初めて食べる以上のものである、と彼女の著作のイントロダクションで述べている。

　フードツーリズムの研究が最も進化したのは、ホールとミッシェル（Hall & Mitchell 2001）とホールとシャープレス（Hall & Sharples 2003）の研究成果によるものである。ホールら（Hall 2003）は、「フードツーリズムは、食料の第一次生産者、第二次生産者、フードフェスティバル、レストラン、および食を味わったり、経験する特定の場所への訪問が、主要な動機付ける要因となる旅行」（Hall 2003:10）と旅行動機、関心度の視点から定義している。つまり、旅行動機付けとして、いかにデスティネーションの食や食文化に関心度が高いかを問題としている。

　さらに彼らは「旅行動機付けとしての食に対する特別の関心の重要性」に基づいたフードツーリズムの類型化を提案している。彼らの研究成果は、マーケ

ティングアプローチによるフードツーリズムの定義をしたことと、旅行者の食に対する関心度、旅行動機付けから類型化し概念化したことである。また、彼らはフードツーリズムを SIT（special interest tourism）と明確に位置付け、「重大なレジャー」のひとつのカタチであるとも述べている。SIT とは、特別な目的に強い関心を持ち行われる旅行のことで、ダグラス（Douglas 2001）によれば、SIT の成長は、21 世紀初頭のレジャー業界の増進と多様化の現われであるとしている。

その他のフードツーリズムに関する研究としては、ギムブレット（Gimblett 2004）によるものがある。彼は「食が旅行の焦点で、料理学校、ワイナリー、レストランおよびフードフェスティバルにより旅程が組み立てられた場合」（Gimblett 2004: xiv）に、カリナリーツーリズムかガストロノミックツーリズムになると定義している。地域のレストランがその第 1 の現場で、その存在理由は「季節、成熟、新鮮さ、腐りやすさなどの食を経験する特異性」（Gimblett 2004: xiv）にあるとしている。

また、ショートリッジ（Shortridge 2004）は、スイスやスウェーデンの居留地となっている町でそれぞれの国の料理を経験するフードツーリズムについての研究を発表している。エリカら（Erica 2010）は、フードツーリズムやワインツーリズムの中での旅行会社の有用性を示唆し、フードツーリズムは、旅行会社が非日常の休日経験を生み出す理想的な機会であると述べている。また、ワインツーリズム[6]の研究（ホール：Hall 2001、テルハ：Telfer 2001、チャーター：Charters 2002）の中においても、地域固有の食や料理法、食文化は、より多くの旅行者を得るためにマーケティング手段として使用される観光資源であると明確に論じられている。

これら多くの研究者による研究成果はあるものの、ホールは、「フードツーリズムの地域の消費者行動に関する研究は珍しく、その結果、私達がもっているフードツーリストの絵はせいぜいスケッチ風のものだけである。フードツーリズムの消費者行動を有効に理解するためには相当量の研究が必要とされる」（Hall 2003:80）と述べている。フードツーリズムの第一人者であるホールのこの引用文が示す通り、海外においてさえフードツーリズムの研究は十分には進んでいない状況にあるといえる。

ホールの説く概念がもっともフードツーリズムについて的確にその全体像を論じていると考えられる。しかし、西欧と日本の食文化や食行動、旅行期間、旅行形態の違いがあり、さらに、フランスで生まれた「Gastronomy（美食学）」の歴史や実践、階級文化の中での食などの歴史的な背景の相違もあり、そのまま日本に取り入れることができない部分もある。また、彼らの研究はフードツーリズムの旅行者行動を分析し、観光拡大における有用性を説いているが、地域振興の考え方は希薄であり、日本のフードツーリズムの概念や研究にそのまま活用することは難しい。

1.2.2 日本におけるフードツーリズム研究

日本においては、食や食文化の研究成果は膨大な量になるが、それらを観光、ツーリズムと結びつけたフードツーリズムの研究は少ない。しかし、近年、各領域からの研究成果が発表され始めている。

今日的な観光現象であるB級グルメやご当地グルメ、B級ご当地グルメ[7]と観光を論じた研究としては次のようなものがある。原（2007）は、ブームの中にある讃岐うどんのうどん屋巡りを、前述したホールの定義からフードツーリズムであるとし、讃岐うどんブームの実態をサーベイし、その客層の分析を行い、讃岐うどんの観光資源としての魅力を探り、観光振興を論じている。田村（2008）は、全国各地のB級グルメを紹介し、B級グルメを活用し地域を元気にする方策、地域再生の可能性を、自治体格差研究の視点から述べている。

ブランド論からは中嶋・木亦（2009）が、B級グルメの代表格である富士宮やきそばを事例として、アーカー（Aaker, D. A.）やケラー（Keller, K. L.）らのブランド論を用いて、緻密な論理展開で、「地域の食」を活用した一過性のブームとならない地域ブランド構築モデルを論じている。村上（2010）は、ご当地グルメの産業構造をポーター（Porter, M. E.）の競争戦略論をベースに5つの競争要因を用いた分析により、一定の協力関係を持つ特定地域での飲食店の集積が競争優位構築の要素だと導き出している。また、村上（2011）は、B級ご当地グルメの市場性を考察し、その差別化要因から郷土料理、発掘型、開発型に類型化し、発掘型の優位性に着目している。

その他、B級グルメなどの庶民食と観光の関係に注目した研究には角元（2009）、森田（2010）などがある。今日、社会現象化している地域の庶民食と観光に係わるさまざまな学問領域からの研究は、本研究に多くの示唆を与えてくれたが、フードツーリズム全体の一部の現象の考察であることは否めない。

観光資源としての「地域の食」に着眼した研究には次のようなものがある。大森（2009）は、観光客の来訪動機と食に関する調査を、食の素材が比較的豊富で、官民で「食による観光」を推進している宮城県石巻市で行い、食が観光の第一義的な目的となる傾向は高まるが、直接観光行動として単純に結びついてはいないと指摘し、食による観光促進は他の観光要素の誘因との結び付きを考慮しながら展開することが求められるとしている。

メディアにおける「地域の食」の露出量に着目した、松谷（2010）は、旅行情報誌に掲載される、「地域の食」に関する量を10年前と緻密に比較研究し、観光資源としての食が重要性を増してきたこと明確に示し、消費者が求めている観光資源である食を重視した観光振興の必要性を論じている。また、丹治（2008・2009）は、観光における食の重要性とその役割を整理し、さらに、観光行動や観光地経営と食の関係に焦点をあて観光領域における食の研究の整理を行っている。

ツーリズムにはとらわれず、地域資源としての食に注目した研究、すなわち食を地域資源とした地域活性化、あるいは地域ブランドづくりの研究については、関満博とそのグループによる事例研究が顕著な研究業績である。食による地域ブランド戦略に関する事例研究（関・遠山2007）、B級グルメによる地域ブランド戦略に関する事例研究（関・古川2008a, 2008b）、ご当地ラーメンによる地域ブランド戦略に関する事例研究（関・古川2009）、食と農業の農商工連携による地域ブランド戦略に関する事例研究（関・松永2009）など、シリーズ刊行や論文を通して食や食に係わる地場産業によるさまざまな地域ブランドづくり、まちづくりの実態と方法を紹介、分析している。また、いくつかの事例研究の中においてフードツーリズムの有用性を示唆している。関（2008b）は、地域には文化に根ざした食の宝の山が眠っているとし、それを活用して地域再生をする方策を示している。その他に、都甲（2009）や関川ら（2010）の食による地域ブランドづくりの研究もある。

これらの研究は、地域の食を地域ブランド化し、地場産業の振興、地域の活性化の可能性を示したものだが、その結果として、その食が観光資源となることも示唆している。フードツーリズムを活かした観光まちづくりの道筋の多様性を示していると考えられる。

　このように、日本のフードツーリズムの研究は、2000年代の後半から、社会的な現象ともなったB級グルメやご当地グルメとそれに係わる観光についての研究から始まった。また、地域活性化の一手段として、農業や地場産業の振興をテーマとした食という商品開発についての研究も並行して進んでいる。

　しかし、「地域の食」は、B級グルメやご当地グルメだけではなく、高級食材や高級料理も以前より大きな観光資源となっており、食の購買や体験なども地域観光の大きな要素になっている。「地域の食」と交流人口を拡大させるツーリズムとの係わりに関して、全体像を把握し、そのバリエーションと今後の可能性を探る必要がある。

1.2.3 フードツーリズムの類型に関する研究

　フードツーリズムの類型における研究論文でもっとも引用され、議論されるのは、ホールら（Hall 2003）が示した「旅行動機付けとしての食に対する特別の関心の重要性」に基づいたフードツーリズムの類型化である。

　図1-2は、その概念図である。横軸は、「旅行動機付けとしての食に対する関心の重要度」であり、左が最強で右に行くほど弱いものになる。左が「高い関心度」で「食が主な目的」に次ぎ、「中間の関心度」で「食がひとつの大きな目的」、さらに右が「低い関心度」で「食が補助的な目的」となる。縦軸は、「旅行者数」を表し、上に行くほど旅行者数が多くなることを示している。この2つの軸により大きく4つに分類している。

①高い関心度のフードツーリズム

「グルメツーリズム（Gourmet Tourism）」、

「ガストロノミックツーリズム（Gastronomic Tourism）」、

「クイジーンツーリズム（Cuisine Tourism）」、

いずれも、訪問する第1の動機、主な目的が食であり、目的地での主な活動が食に関係のあることで、まさに「食べるための旅行」である。日本語に置き

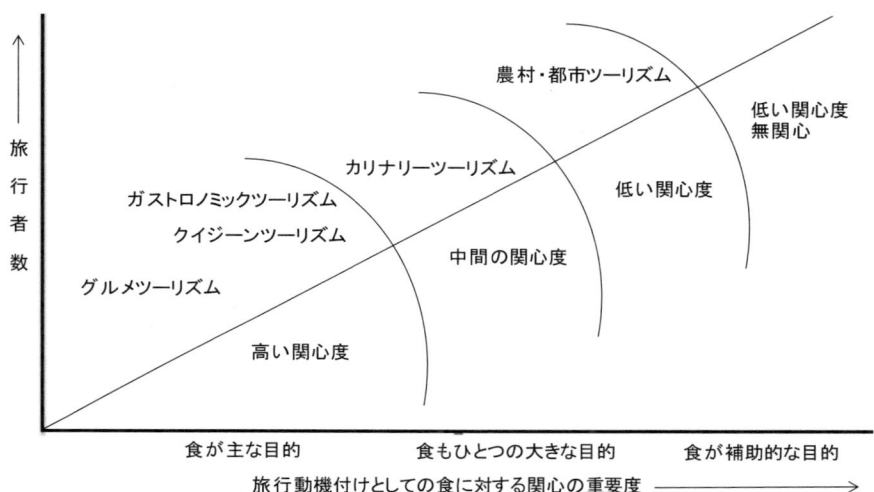

図1-2 フードツーリズムの類型（Hall 2003）

換えるのは難しいが、「グルメツーリズム」は「食通の旅」、いわゆる「本当のグルメ旅」であり、「ガストロノミックツーリズム」は「美食・高級料理の旅」、「クイジーンツーリズム」は「料理店・キッチンの旅」となる。明確な差異、ニュアンスの違いは理解しえない。

②中間の関心度のフードツーリズム

「カリナリーツーリズム（Culinary Tourism）」、

目的地の活動が食の他に並列的にある旅行で、「食がひとつの大きな目的」となっている旅行を指す。フードツーリズムとほぼ同義語で使われることが多い。日本語では「料理の旅」、「食べ歩き」が近い。ユニークで印象的な食を求める旅で、目的地での食の活動が明確に存在する旅行といえる。「ワインツーリズム（Wine Tourism）」もこのカテゴリーに包含される。

③低い関心度のフードツーリズム

「ルーラルツーリズム（Rural Tourism）」、

「アーバンツーリズム（Urban Tourism）」、

いずれも、食に関しては低い関心度のもので、日頃と「ちょっと違った食」をそれぞれの目的地で楽しむ活動である。「農村の旅」「都市の旅」になる。
④無関心
食に対して特別な関心を示さない旅行。しかし、目的地では食事をとることになるが、その食は、旅行の補助的な目的でしかない。このカテゴリーはフードツーリズムに含まれない。

　鈴木（2007）は、ホールのこの類型を紹介し、これらのフードツーリズムの類型を食文化の違いなどから「そのまま、わが国に取り入れるのは困難がつきまとう」（鈴木2007:18）と指摘とている。例えば、西欧で言う「Gourmet」は、日本で言う「グルメ」や「食通」と意味も異なり、ニュアンスも違う。「Gastronomic」は「美食」を指すが、日本においての「グルメ」との差異は不明確である。西欧においては、フランスで生まれた「Gastronomy（美食学）」の歴史や実践が背景にあり、その中で理解されている。また、「Gourmet」や「Gastronomic」そのものが、西欧の階級文化に深くかかわりながら成立しているものとも考えられ、日本人の感覚では理解が難しい。

　前述の通り、ロング（Long 1998）は、フードツーリズムをカリナリーツーリズムと称し、「『他』のフードウェイ（foodways）への故意的な、探検的な参加と参加の準備」と定義し、「他」を、文化、地域、時間、宗教、社会経済的クラスの5つのカテゴリーに分類（Long 2004）できるとしている。

　文化とは、例えば民族的な文化の違い、歴史文化の違いによって現れる食の違いである。地域とは、物理的な場所の違い、地域固有の食材、地元料理などのことである。テロワール[8]の概念が、ここでは重要な役割を果たすとしている。時間とは、昔から祭りで食べている歴史的、伝統的な料理とか、逆に新しく開発された未来の食品などを指す。宗教とは、宗教上の食事要件とか、戒律にしたがった料理、教会の祭事用料理などのことである。社会経済的なクラスとは、特権階級の宮廷料理や高級レストラン、逆に労働者階級の家庭料理や庶民料理などのことである。いずれにしても、日常生活の中では体験できない、「他」の料理を体験する場合の、様々な切り口からのカテゴライズであるが、日本の一般旅行者の国内旅行における観光行動の類型に取り入れるのは難しい。

アメリカの旅行会社のインターネットサイトでは、SIT のひとつとしてのカリナリーツアー（料理旅行）を３つのタイプに分類して販売している。①料理学校の休日、②有名レストランを訪ねる旅、③特別な食の生産地を訪ねる旅、である。

①は、１週間程度の料理学校体験ツアーで、フランス、イタリア、スペインなどの観光地が目的地に設定されていて、数多くの参加があると言われている。日本では郷土料理教室やそば打ち教室などのツアーは存在するがメジャーではない。②は、有名レストラン、有名シェフのいる店や、人気の市場などを訪問するツアーで、日本のいわゆる「グルメツアー」に似ている。③は、１つの食に焦点をあてその生産地、生産工場などを訪ねる旅で、例えば、コスタリカやニカラグアへのコーヒー栽培地訪問、スリランカや日本への茶畑ツアー、ベルギーやスイスへのチョコレートツアーなどの体験型旅行である。シンプルな分類で、購買する消費者にとっては分かりやすい分類に思われる。しかし、あくまでツアー造成する旅行会社サイドからの分類であり、日本のフードツーリズムの類型化に援用するのは困難である。

日本においては、尾家（2010c）が、フードツーリズムに観光価値と美味価値の評価を数値化し、分類を試みている。「観光の付加価値」と「美味の付加価値」の２軸を用いて、様々なフードツーリズムタイプを論理的に分類ししたことは、フードツーリズム研究の進化といえる。

1.3 フードツーリズムの定義

フードツーリズムの定義に関しては、前述したホールら（Hall 2003）の「フードツーリズムは、食料の第一次生産者、第二次生産者、フードフェスティバル、レストラン、および食を味わったり、経験する特定の場所への訪問が、主要な動機付ける要因となる旅行」（Hall 2003:10）という旅行動機、関心度の視点からの定義が、もっともフードツーリズムの全体的な概念を網羅的に表現していると考えられる。しかし、動機付けではなく、明確な目的意識、さらに実際の目的地での活動も規定する必要があると思われる。

日本の研究においては、尾家（2010a）が、フードツーリズムを 1980 年代

以降に現われた、デスティネーション・サイドで旅行商品化するというプロセスを持つ、旅行目的を明確にしたニューツーリズムのひとつのカテゴリーであるとしている。「食を楽しむことが旅行者にとって観光アトラクションになり、旅行者の観光体験になることがフードツーリズムの条件」（尾家 2010c:23）であり、「美味な食を構成する生産物、食材、料理人、食文化、景観、サービス、伝統の味、器などがすべて観光資源となりえ」（尾家 2010c:24）それらが組み合わさって食文化となり、観光アトラクションとなると論じている。そして、フードツーリズムとは、「食を観光動機とした観光旅行であり、食文化を観光アトラクションとする観光事業である」（尾家 2010c:24）と定義している。

さらに、尾家（2010c）は、前述したように、観光と食の関係を「観光の付加価値」と「美味の付加価値」の2軸を用いて分類し、関係性を論理的に整理している。また、尾家（2011b）は、観光と食の関係を、生産空間とレストラン等の食の空間、すなわち「場所」と「味覚」との結び付きから、事例を通して食が観光動機になり得るかを考察している。ようやく、日本においてもフードツーリズム研究が進み始めていると考えられ、尾家の定義は、本研究に大きな示唆を与えている。

どんな動機、目的で旅行をしても、旅行者は基本的にはその目的地において3食の食事をとることになる。旅行頻度が上がり、日本各地、さらに海外旅行を経験した旅行者が増える中で、当然その3食にもこだわりを持ち、豪華なもの、珍しいもの、旬なもの、なによりも美味なものを求めるようになる。つまり、旅行目的が他にあっても、食は重要な観光行動の一部になってきた。しかし、この現象はフードツーリズムではない。

フードツーリズムにおける「地域の食」はただ食べるという行為ではなく、わざわざ食べに行く行為である。ホールの指摘する「主要な動機」「高い関心度」やロングの言う「故意的に」「探検的に」が最大のポイントになる。さらに尾家の言うように「食を楽しむ」ことが原点となろう。

フードツーリズムはSITのひとつのカテゴリーとして位置づけられる。つまり、目的が明確に特定された旅行である。さらに、地域において食や食文化を観光資源として旅行者を誘引する着地型旅行というニューツーリズムの側面も持っている。したがって、地域の人々や文化、風土に触れ、地域そのものと交

流することも重要な要素となる。フードツーリズムはそれらすべてを包含した新しい旅行、観光の概念である。

　筆者は、「日本のフードツーリズム」を「食旅」と名付け、それを「『食』や『食文化』が、行く動機付けとなった旅行、デスティネーションの選択の基準となった旅行、主要な目的になった旅行、旅行中の活動の重要な部分となった旅行、その土地固有の『食』や『食文化』が旅行者を誘引する重要な『観光資源』とするために行う『食』や『食文化』の保護、育成、創出やアピール活動とそれにより誘致された旅行」（安田 2007b:31）と旅行者側からの旅行という観光現象の側面と、観光地側から見た旅行者誘致活動の側面の両面から定義した。

　また、筆者は、前述の定義を、平易にまとめ「地域の特徴ある食を楽しむ旅行と地域の特徴ある食を観光資源とした観光事業」（安田 2010b:19）と定義しなおした。これにおいても、旅行と観光事業を含めた。

　しかし、フードツーリズムは、先行研究のサーベイの中からも明確に示唆されているが、旅行者の観光活動であり、それが多くの旅行者に定着して顕在化している観光現象ととらえるべきで、「地域の食」に係わった旅行そのもの、あるいはその旅行の概念、考え方と捉えることが妥当と考えた。地域サイドで行われる、食を観光資源とした旅行者誘致活動、観光まちづくりの諸活動は、「フードツーリズムを活かした観光活動、観光事業」であると整理すべきであろう。

　本稿ではフードツーリズムを「地域の特徴ある食や食文化を楽しむことを主な旅行動機、主な旅行目的、目的地での主な活動とする旅行、その考え方」とシンプルに定義する。なお、「地域の食」とはすでに定義したように、「地域住民が誇りに感じ食している、その土地固有の食材、加工品、料理、飲料、およびのその食に係わる空間、イベント、食文化」のことである。また、「食や食文化を楽しむ」としたのは、食が空腹を満たすだけのものではなく「楽しむ」活動であること、食自体を味わうだけではなく食を通して地域の人々との交流や風土を楽しむこと、また食の「購買」や「体験」、さらに今後生み出される新しいスタイルの「楽しみ方」も含めての概念と捉えたからである。

註

1) 農林水産省認定「農山漁村の郷土料理百選」(財団法人農村開発企画委員会 HP:http://www.rdpc.or.jp/kyoudoryouri100 2012.4 より)
2) 1963年に制定された、観光に関する基本的な国の方針。国際親善の増進、国民生活の向上などを目標とした。2006年全面改正され観光立国推進基本法が制定された。
3) 2012年5月現在、日本の世界遺産は16箇所が登録されている。内訳は自然遺産4、文化遺産12。いずれも、観光地として評価され観光客数を伸ばした。
4) 日本の四季折々の多種多様な花を観賞することを目的とした旅行。ニューツーリズムのひとつとされている。
5) 宮本常一、日本を代表する民俗学者。戦前から昭和の高度成長期にかけ日本各地をフィールドワークし、多くの観光資源を発掘している。
6) ワイナリーやブドウ畑を訪ねワインの試飲や地元の食事を楽しむ旅行。欧米やオーストラリアなどワイン生産国で盛んで、研究も進んでいる。第1部第4章で詳述する。
7) 研究者、メディアなどが使い分けているがそれぞれの定義は明確でない。B級グルメは安価で美味しい庶民食、ご当地グルメは地域活性化の中での庶民食を意識して使用されることがある。B級ご当地グルメも同様である。
8) ワインツーリズムにおいて使われる用語。山下(2009)は、テロワールの概念を「土地に根ざす味わい」「ワインに表現された土地の個性」と説明している。

第2章
フードツーリズムの歴史的展開

2.1 フードツーリズムの変遷

2.1.1 フードツーリズムの胎動—1945年〜1963年

　フードツーリズムの現状を消費者調査などによって明らかにする前に、フードツーリズムの歴史的な展開について概観し、今日の日本のフードツーリズムのポジショニングを明確にしていく。

　神崎（2002）によれば、人類の歴史、約300万年のほとんどは「食べるための旅」つまり、食料を求めての狩猟や採集の移動の旅であったとしている。さらに、神崎は、「旅と食の様相の変化」を明らかにするために、食することの難易度の視点から、①ひもじさがつきまとう難儀な旅—食事のほとんどを自給・自足しなくてはならなかった中世以前。②行程が立てやすくなった旅—宿屋と食堂・茶屋で飲食が供給されるようにった近世。③近代交通で快適性が高まった旅—選択肢が多様に広がり、食が楽しめるようになった近代以降、と時代を3期に分類している。つまり、いかなる時代においても人が居住地から離れ旅に出ることと食は不可分なことであり、長い間、旅自体が、そして旅先での食事は苦難を伴うことであった。時代の推移とともに、様々な装置系と制度系が整備され、旅先で食することの難易度が下がり、やがて食を楽しめるようになっていった経緯が理解できる。しかし、地域の食が旅行動機になり、明確な目的となるフードツーリズムが普及するのは、実際にはレジャーとしての旅が定着する戦後になってからになる。

　戦後、日本の観光は短期間で飛躍的な発展を遂げる。溝尾（2009）は、その発展要因を3つ挙げ、第1は、旅行する需要側の変化、すなわち旅行参加層の変化、価値観の変化、所得の増大である。第2に、観光関連基盤の変化、すなわち交通機関の多様化と利便性の向上である。第3に、旅行業者の発展

である。1970年代以降になると、これらにより旅行容易化の全ての条件が揃ったとしている。

　これらの変化を前提として、溝尾は、戦後の観光史を表2-1のように5つに区分している

　第Ⅰ期：観光の萌芽期（1945～1963年）、第Ⅱ期：旅行拡大期（1964～1973年）、第Ⅲ期：旅行需要低迷期（1974～1982年）、第Ⅳ期：観光高揚期（1983～1997年）、第Ⅴ期：観光事業立て直し期（1998年～）である。この分類は、旅行動向、観光政策、経済動向などの面から区分したもので、日本の観光が急激に発展する過程や、様々な歴史的な事象による低迷期を経て今日に至る経緯が明瞭に理解することができる優れた歴史区分と考えられる。

　フードツーリズムの形成も、この観光史に登場する様々な観光に係わる環境の変化の中で変遷していることが分かる。それを踏まえて、この観光史の時代区分を前提として、旅行者側から見ると旅行の動機、目的の対象となる「地域の食」、地域側から見ると旅行者を呼ぶ観光資源となる「地域の食」、その食の質、カタチ、またその旅行を推進する主体、客体となるその旅行を楽しむ旅行者の旅行形態などから、① 1945年～1963年、② 1964～1989年、③ 1990年～、の3区分として考察することとする。

　①は本格的なフードツーリズムの誕生以前、胎動期であり、戦後観光史の第Ⅰ期にあたる。②は旅行会社によるパッケージツアーの誕生によるグルメツアーの時代、フードツーリズムの誕生から成長の時代で、旅行会社が日本のツーリズムを牽引してきた時期であり、第Ⅱ期、第Ⅲ期、第Ⅳ期の中ごろまでに相当する。③はB級グルメの登場に象徴される地域主導の時代であり、さまざまなバリエーションができるフードツーリズムの拡大の時代で、第Ⅳ期の後半から、第Ⅴ期に当たる。「地域の食」に係わる旅行動向、観光現象からの時代区分であり、表2-1が観光史と対比した一表である。

　戦後、1946年に修学旅行はいち早く復活し、その後、経済の飛躍的な発展に伴い、貸し切りバスなどを利用して団体で行く職場旅行、いわゆる慰安旅行が増加する。その受け皿として、都市近郊に大型温泉街が形成されていき、品数重視の団体用の旅館会席料理が一般化する。もちろん、それは庶民にとって豪華で贅沢な料理であったが、全国の旅館が画一的な料理を提供していくこと

第 2 章　フードツーリズムの歴史的展開

表2-1　戦後観光史とフードツーリズムの時代区分

戦後観光史の時代区分		観光に関する主な出来事	フードツーリズムの時代区分	食に関する主な出来事
第Ⅰ期 1945-1963	観光の萌芽期	修学旅行再開 旅行あっ旋業法施行 大型職場旅行急増 国鉄周遊券制度開始 スキー旅行・海水浴旅行ブーム	①フードツーリズムの胎動 1945-1963	旅館団体会席料理普及 味覚狩り旅行一般化 旅館団体会席料理高級化
第Ⅱ期 1964-1973	旅行拡大期	東京オリンピック 海外旅行自由化 東海道新幹線・名神高速開業 大阪万博開催 ディスカバー・ジャパン・キャンペーン 国内パッケージツアー発売開始	②フードツーリズムの誕生・成長 1964-1989	高級シティーホテル登場 「味覚クーポン」発売 小京都・離島ブーム 『るるぶ』発行 カニ三昧ツアー人気 グルメツアー定着・拡大 「アンノン族」旅行活発
第Ⅲ期 1974-1982	旅行需要低迷期	オイルショック・旅行低迷 沖縄海洋博・沖縄キャンペーン 神戸ポートピア・地方博ブーム 東北・上越新幹線開通 観光による地域振興始まる		食べ放題ツアー人気 買い物バスツアー登場 温泉・グルメブーム 旅館料理個性化・洗練化 喜多方ラーメンブーム ご当地ラーメンブーム
第Ⅳ期 1983-1997	観光昂揚期	東京ディズニーランド開園 メディアバスツアー隆盛 国鉄分割民営化 日本航空民営化 海外旅行1000万人突破 「屋久島」等世界遺産登録	③フードツーリズムの拡大 1990-	B級グルメ登場・拡大 グリーンツーリズム登場 「道の駅」登場 讃岐うどんブーム B級グルメブーム
第Ⅴ期 1998-	観光事業立て直し期	バブル崩壊経済不況 「観光まちづくり」登場 ビジット・ジャパン・キャンペーン 愛知万博開催 観光立国推進基本法 観光庁設置		B-1グランプリ開催 オーベルジュが注目 「名古屋めし」ブーム 『ミシュランガイド』発刊

出典：戦後観光史については溝尾良隆（2009）『観光学の基礎』pp167-198 より筆者作成、フードツーリズムについては筆者作成

になった。大量の料理を一度に配膳できること、また、彩りが重視され「赤もの」と言われる、マグロ、エビ、牛肉がどの地域でも使われ、品数も統一されていき、豪華に見えるものの地域の個性を失くしていった。

　1955年には国鉄の周遊券制度[1]が開始され、1960年代に入ると、レジャー、バカンスという言葉が流行語になるほど、観光産業は活発になる。個人旅行では、家族や若者の、海水浴やスキー旅行が盛んになる。また、「地域の食」と係わりをもつ旅行としては、ミカン狩り、イチゴ狩り、シイタケ狩り、いも掘

りなどの味覚狩りが気楽な家族旅行として楽しまれていた。

このように、日本人にとっての新たな旅行形態が誕生し定着していくが、画一的なものであった。人々は豊かになり、旅先の食事も豪華になっていったが、どの地域、どの旅館でも出される同じような旅館会席料理に多くの人は満足していた。まだ「地域の食」、地域らしい食が重要視される風潮はなかった。

1960年代の高度経済成長期を迎え、レジャーとしての旅行需要が高まり、定着していく中で、徐々に、他地域との差別化をはかるため、地元の四季の食材を料理に活かした会席料理の提供を始め、団体旅行の誘客をはかる温泉地や旅館も出現し始めた。恒例の職場旅行や夏休みの家族旅行を何度も経験した一般の人々も、旅先での食事にこだわりを持ち始めてきた時期である。

2.1.2 フードツーリズムの誕生・成長─1964～1989年

本格的なフードツーリズムの動きは、1964年の東京オリンピック、さらに1970年の大阪万国博覧会により、国内旅行が大きく活性化されてからになる。1964年は、東京オリンピックが開催され、東海道新幹線の開通、名神高速道路の開業、各地でのホテル開業ラッシュなど観光インフラが整備され、海外観光旅行も自由化される。「観光元年」[2]といわれる年である。

1970年、約6,400万人もの入場者を動員した大阪万国博覧会の後の国鉄利用を促進するために、国鉄は「ディスカバー・ジャパン・キャンペーン」を開始する。「日本を発見し、自分自身を再発見する」というコンセプトで、旅行需要の喚起と新しい旅のスタイルの提案が狙いであった。同年10月に国鉄の提供で、テレビの旅番組の草分けとなる「遠くへ行きたい」[3]の放送が開始され、日本人の旅意識に大きな影響を与え、個人旅行が活発になる。

1970年の冬、日本交通公社（現JTB）はオフ期対策のために「味覚クーポン」[4]という、「地域の食」を意識した廉価な宿泊クーポンを発売している。屋外の観光に適さない冬期に、「地域の食」に焦点を当てアピールした画期的な商品であり、ヒットした。1971年、日本交通公社は国内パッケージツアー「エース」を発売する。その後、日本旅行の「赤い風船」、近畿日本ツーリストの「メイト」、東武トラベルの「ユニック」など続々登場する。

国内パッケージツアーは、旅行会社が自ら企画造成し、自ら値付けして販売

する独自の商品であった。旅行会社が代売のビジネスモデルから脱却するエポックメーキングとなる出来事でもあった。旅行会社はこれ以降、多くの観光地を開拓し、様々な目的の旅行をつくっていくことになる。「赤い風船」の当初の企画の中で集客が最も多かったのは、「味覚」をタイトルに入れた「奥能登 SL と味覚の旅」であった[5]。

パッケージツアーの登場が、旅行動機と旅行目的が明確となった本格的なフードツーリズムを誕生させた。その後、各社が様々なパッケージツアーを企画し、とくに冬期の北陸や山陰地方、北海道へのカニ三昧ツアーを企画し集客に成功する。カニだけでなく、伊勢エビ、アワビ、フグ、ブランド牛など、高級食材の会席料理、コース料理が注目され、「グルメツアー」として商品造成された。同時に、京都の京懐石、豆腐料理、金沢の加賀料理などの伝統的な高級料理も旅行商品化された。

1970 年代中頃より「アンノン族」が登場した。1970 年に創刊された若い女性向きの雑誌『an・an（アンアン）』（旧・平凡出版）と、1971 年創刊の『non-no（ノンノ）』（集英社）は、旅行特集を美しい写真とともに掲載し注目を集めた。アンノン族とは、これらの記事や写真に刺激され、雑誌を片手に特定の観光地を旅する若い女性たちのことである。彼女達は、小京都と呼ばれる観光地などを、名所旧跡を急いで巡るのではなく、美味しい地域のグルメを味わい、ゆっくりした時間を楽しむ旅をした。女性を意識した地域のグルメづくりがこの頃から始まった。

1973 年、今までの旅行ガイドブックとは違った行動的な女性をターゲットにした旅行情報誌『るるぶ』（JTB パブリッシング）が発行される。誌名は、「見る」「食べる」「遊ぶ」の末尾を取ったものである。この動詞は、旅の活動の 3 大要素であり、3 大目的であった。旅行中の「地域の食」が脚光を浴び始めたのである。

この頃から地域の高級食材の料理、伝統的な高級料理などを観光資源とし、大手の旅行会社の主導の中で、グルメツアー、味覚ツアー、美食ツアー、食べ放題ツアーなどが企画され、旅行者の支持を受けた。1980 年代は温泉地の旅館で地域のグルメを楽しむ、温泉・グルメブームとなった。基本的には、「地域の食」は、地域の旅館、ホテルで食されていた。

しかし、この時期は、オイルショックの影響による長期にわたる景気低迷期を迎えていた。旅行に関しては「安近短」[6]という言葉が誕生している。旅行需要の低迷の中、国鉄のデスティネーション・キャンペーン[7]、沖縄本土復帰とその後の航空会社主導による沖縄キャンペーン、「神戸ポートピア」[8]の成功による地方博[9]の各地での開催など、観光による地域振興の取組みが始まった時代でもある。しかし、その主体は、旅行会社、国鉄、航空会社、都道府県や大都市であり、市町村単位の地域ではなかった。

その後、東京ディズニーランドが開業し、各地にテーマパークが誕生する。大規模リゾート開発も並行して進行する。ふるさと創生事業[10]の取組み、海外旅行ブーム、外資系ホテルの進出、国鉄の民営化[11]など観光産業が再び拡大発展する。しかし、高額となるパッケージツアーは振るわず、低価格のメディアバスツアー[12]が台頭してくる。グルメツアーは徐々にメディアバスツアーが対応していくようになる。

この時期の、フードツーリズムの主体、すなわちマーケターは、大手旅行会社であった。パッケージツアーや食を前面に謳った宿泊プラン、様々なキャンペーンにより、「地域の食」を大きな観光資源として育てていった。それをさらに加速させたのが、国鉄や大手私鉄などの運輸機関のキャンペーンと、メディアである。

女性誌や旅行雑誌で前述したもののほか、一般女性誌などでも旅とグルメが定番記事になってきた。テレビにおいては旅番組、グルメ番組が増え始める。前述の「遠くへ行きたい」を始めとし、「ごちそうさま」（日本テレビ、1971年）、「食いしん坊！万才」（フジテレビ、1974年）、「いい旅・夢気分」（テレビ東京、1986年）などである。また、グルメ漫画もグルメブームに影響した。『包丁人味平』（原作：牛次郎、漫画：ビッグ錠、1973年）、『美味しんぼ』（原作：雁屋哲、作画：花咲アキラ、1983年）など、その後様々なパターンの作品が登場した。

2.1.3 フードツーリズムの拡大―1990年～

バブル経済の崩壊による経済不況、少子高齢化、人口減少の顕在化などを背景に、地域の衰退が目立ち始め、地域は自立への道を模索し始める。

1980年代後半から各地に独特のラーメン文化が形成され、福島県喜多方市の喜多方ラーメン[13]がご当地ラーメンとして全国の注目を集め、小規模な地域に多くの旅行者を呼び、観光まちづくりの成功事例をつくった。ラーメンによる観光まちづくりを開始する以前の1975年は入込観光客数が5万人程度であったが、1993年103万人と初めて100万人を突破する[14]。ご当地ラーメンブームの到来である。これは、旅行会社や鉄道会社の仕掛けではなく、地域からの発信によるものであった。地域振興をはかる全国各地で、地元の食材や名物料理、庶民食をアピールし、旅行者を誘致する地域が出現した。

1990年代に入ると、B級グルメ、ご当地グルメなども続々と名乗りを上げ、その一部は旅行者を安定的に呼び寄せる観光地となった。1990年代の宇都宮餃子、2000年代の富士宮やきそばなどがその代表例となる。そして、2006年ご当地グルメ日本一決定戦「B-1グランプリ」[15]の開催で、B級グルメブーム、ご当地グルメブームが全国に拡大する。立地は地方の小都市が中心であり、地域自らの仕掛けによるものであった。

郷土食として歴史のある讃岐うどんは、1990年代後半から、テレビ番組や出版物、映画の影響を受け爆発的な讃岐うどんブームをつくり、うどん屋巡りをする旅行者を呼び寄せる。以前から地域には定着していたお好み焼き、たこ焼き、おでんなども再認識されブームに加わり、昼食やおやつに適した庶民グルメが脚光を浴びる。2000年代に入ると、全国の様々な地域で、地域の食材を使った創作型のB級グルメが観光まちづくりの決め手として競うようにつくられるようになった。いずれも、食する場は、中心市街地に立地する小店舗であり、その店舗の集積が観光資源となったのである。

この時期、地域の食材や加工品の購買を主な目的とした旅行も定着してきた。朝市や観光市場などへの旅は以前より行われていた。また、有名市場や直売センター、食品加工工場などへ訪れ、ショッピングをすることを目的としたパッケージツアーは、買い物バスツアーとも呼ばれ、1980年代より旅行会社やバス会社などが企画していたが、マイカーで出かける買い出しドライブが増加した。この買い出しドライブが顕在化したのは、1993年、「道の駅」[16]の登場からである。また、並行して各地に農産物直売所、ファーマーズマーケット、フィッシャーマンズワーフなどが設置されていった。地域の農業者、漁業者が

積極的に観光に参加してきたことにより定着していく。

「地域の食」の生産過程の体験を主な目的としたグリーンツーリズム[17]と呼ばれる農漁業の体験も、小中学生や高校生の校外学習、団体職員の研修の場として盛んになり始める。このグリーンツーリズムという言葉は1992年に登場した。近年、体験型の旅行として、また着地型企画旅行[18]としても定着し始めている。

そば打ち体験、味覚狩りのようなカジュアルのものから、農業体験、漁業体験、酪農体験など本格的な体験型旅行も増加している。各地に一般の旅行者を対象とした大規模の観光農園も誕生している。農業者、漁業者、食品加工業者などが積極的に係わってきており、農商工連携[19]での取り組みも多くなっている。

また、旅行者を引き付ける食資源を多数持つ、大都市でのフードツーリズムが注目されはじめる。大都市にある様々な食資源は、戦後、都市の形成とともに自然発生的に生まれてきたグルメである。とくに、2005年に開催された愛知万博を契機に全国区となった「名古屋めし」が象徴的である。食資源は多様で高級料理から地域の住民が普段に食べる低額の庶民食まで、多数の名物料理を持つのが特徴である。名古屋のほかに札幌、福岡などが注目された。

さらに、各地域での本格的な「食農連携」[20]の取組みによる、新しい「地域の食」を創出の動きも出てきた。地元の食材を活かした多彩な料理を提供する宿泊施設を持つレストラン「オーベルジュ」[21]の開店、高級レストラン、料亭などを格付けして紹介する『ミシュランガイド』[22]の対象地域の拡大などの新たな動きも、今後のフードツーリズムに影響を及ぼしてくると考えられる。

1990年代以降、大手旅行会社の影響力は希薄になる。既存のパッケージツアーではこれらの素材を捉えきれなくなったからである。旅行会社は、1980年代後半から活発になる新聞広告により集客するメディアバスツアーで、これらの「地域の食」という観光素材に対応していくことになる。

この時期の実際のフードツーリズムの推進主体は、地域である。食資源は地域固有の料理、食材に限定され、食の場は地域の飲食店、生産現場に広がっていった。マーケターは地域の人々や組織で、観光協会、旅館組合だけではなく、商工会議所、青年会議所、飲食業者組合、商店会、さらに、その食や店舗と関

係のない有志の市民が中心となった市民団体やNPOである。また、農業者、漁業者、食品加工業者などの生産者が前面に登場してきたのが特徴的である。

　地域においては、地元中小旅行会社、あるいは地域の諸団体による旅行業登録により、着地型企画旅行を造成し商品化されるケースも見られるようになった。これらの背景には、まちづくりの主体として期待された市民団体のためのNPO法[23]（1998年）、中心市街地活性化法（1998年、2006年改正）、第三種旅行業者が募集型企画旅行を取り扱うことを可能にした、旅行業法改正（2007年）などの制度系の整備があった。

　2010年代に入り、リーマンショック後の世界的な景気低迷、さらに、2011年3月の東日本大震災による未曾有の災害、長引く原発問題など、ツーリズムの世界にも大きな影響を与えている。また、インターネット環境の著しい発展も旅行スタイルを変えていく可能性がある。フードツーリズムの今後の展開に注目しなくてはならないであろう。

2.2 フードツーリズムの拡大のメカニズム

2.2.1「地域の食」と推進主体の拡大

　フードツーリズムの歴史的な展開を辿り、フードツーリズムの今日的なステータスを明確にしてきた。日本のフードツーリズムは、変化してきたのではなく拡大してきたことが分かる。

　日本における、本格的なフードツーリズムの動きは、1964年の東京オリンピック、さらに1970年の大阪万国博覧会により、国内旅行が大きく活性化されてからになる。その最大の牽引役は、旅行会社の企画造成したパッケージツアーであった。1970年から1980年代にかけて、旅行会社の主導により、グルメツアーが定着し、各地の高級食材、高級料理が観光資源となっていった。つまり、マスツーリズムが今日のフードツーリズムをつくりあげ、普及させた。このグルメツアーも、大きな流れとして今日も続いている。

　1990年から2000年代には、フードツーリズムは拡張し、地域が主体となって、B級グルメやご当地グルメが生まれ、郷土料理が見直され、さらに、買う食や体験する食も観光資源になっていく。並行して多種類の名物料理を有する

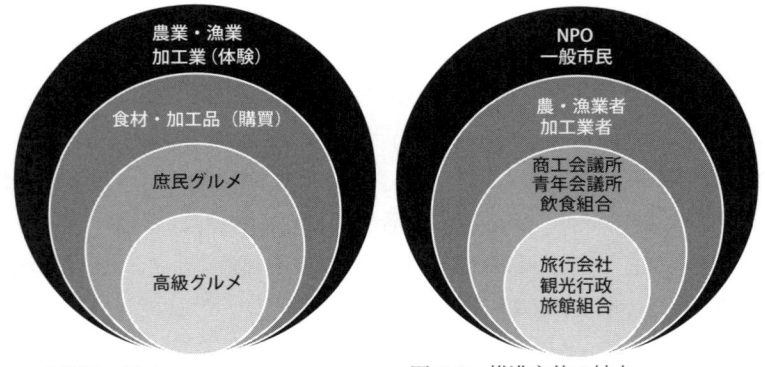

図2-1 食資源の拡大　　　　図2-2 推進主体の拡大

　都市におけるフードツーリズムも注目されてくる。フードツーリズムは、日本の観光の発展、旅行者の成熟と合わせて、確かな観光現象として顕在化し、存在感を示してきた。それは、「地域の食」のカタチやそれを推進する担い手の変化の中で拡大した。
　図2-1は、「誘客の源泉」となる、食という観光資源、すなわち食資源の拡大を表した図である。フードツーリズムの始まりは、日頃なかなか食べることのできない、贅沢で、希少な、旬な高級料理を、その地元まで食べに行く旅行である。高級グルメを楽しみに行く、いわゆるグルメツアーであった。いわば、当初の食資源は「特別なモノ」であった。
　しかし、その後、社会と時代の価値観の変化や地域の観光振興の取組みなどから、日本全国どこでも食べられそうな、ラーメンや焼きそば、餃子などの廉価な庶民食までが観光資源となり、地味な存在だった郷土料理も見直された。新鮮でとれたての野菜や魚介類、食加工品の買物もその対象になり、農業や漁業という生産過程までが観光資源となった。決して「特別なモノ」が否定されたのではなく、ちょっと特徴ある「普通のモノ」へと拡大していったのである。
　もうひとつの拡大は、推進主体者である。図2-2は、その拡大を図で表したものである。当初、フードツーリズムを牽引したのは旅行会社である。パッケージツアーを企画造成し、食を観光資源とする多くの観光地を開発し、大量の旅行者をその観光地に送客してきた。地域での推進主体は、地域行政の観光課や

観光協会、地域観光の担い手である旅館組合や温泉組合など、地域の観光事業に携わる人々であった。

　フードツーリズムの拡張により、その主体が拡大していった。B級グルメなどの庶民食においては、商工会議所、青年会議所、飲食業者組合、同業者組合、商店会、さらに、その食や店舗と関係のない有志の市民が中心となった市民団体やNPOが観光の表舞台に出てきた。買う食や体験する食においては、今まで観光事業とは距離を置いていた農業者、漁業者、食品加工業者などが前面で活躍しはじめた。その流れの中で、一般市民も主体の一役を担うようになってきた。

　この拡大の背景は、フードツーリズムを活かした観光まちづくりの取組みが始まったことがある。つまり、フードツーリズムは発地の旅行業界における旅行ビジネスから、地域における観光まちづくりへと軸足が移ってきたことを意味する。確実に地域の担い手が主役として登場してきたが、発地の旅行会社や地域の観光行政もまだ重要な役割を担っている。フードツーリズムの推進主体は拡大したと考えるべきであろう。

2.2.2 拡大のメカニズム

　戦後、日本の観光は高度経済成長を背景に飛躍的な発展を遂げる。所得の増加、余暇時間の増大、価値観の変化、交通機関、宿泊設備などの観光インフラの整備、旅行会社の発展、観光地開発などにより、レジャーとしての観光が定着し、大量化、大衆化されていった。いわゆるマスツーリズムの普及である。この観光現象により、多くの人々が容易に、安心して様々な地域への旅行を楽しむようになり、観光業界や特定の地域に大きな経済効果をもたらした。しかし、次第に自然環境の破壊や文化遺産の劣化、地域コミュニティの崩壊、経済波及効果の地域外への流出など、マスツーリズムによる地域での弊害が顕在化していった。

　こうしたマスツーリズムに対峙する形で、1980年代後半から、エコツーリズム[24]やサスティナブル・ツーリズム[25]、オルタナティブ・ツーリズム[26]など、マスツーリズムの欠点を解消し、新しい時代のニーズに応える、様々な観光の考え方が登場した。その中で、敷田・重盛（2006）は、地域社会や旅行者の「自

律性」に着目した、地域の内発性などの視点をもつ観光として「自律的観光」がこれから注目されるとしている。

　自律的観光は、石森（2001）が、地域社会の人々や集団が固有の自然資源や文化資源を持続的に活用することによって地域主導で創出される観光であるとし、その重要性を早くから指摘している。石森は、「これまでに世界および日本の各地で展開されてきた観光開発は基本的にマスツーリズム対応を主要な前提としており、しかも観光開発の対象となる地域社会の外部の企業が開発主体になるケースが圧倒的に多かった」（石森 2001:7）とし、このような外部企業による観光開発のあり方を「外発的観光開発」と呼んでいる。この外発的観光開発は、マスツーリズムを発展させたが、一方で負のインパクトを生み出してきた。外部企業や旅行会社によって観光のあり方が規制されたり、条件づけられるという意味で、マスツーリズムは「他律的観光」を生み出してきたとしている。

　石森（2002）は、自律的観光について、観光サービスの提供者となる観光地の立場から、地域外の観光業者や資本にコントロールされるのではなく、地域社会の側が自らの意思や判断で観光サービスを提供することが重要であると論じている。一方、観光サービスの受益者である旅行者の立場から、旅行者の個別の好みや意思によって観光サービスの内容を決めたり、選択できたりすることが重要であると述べている。

　これに対して、敷田・重盛（2006）は、旅行者の自律を単純に選択や決定の問題として捉えるのではなく、観光サービスのデザインから提供、享受までに至る観光プロセスへの旅行者の「参加度合い」という視点で検討する必要があると指摘している。「参加度合い」は、参加者の「主体性」によって区分できるとし、旅行者が「主体的、自主的に観光プロセスに参加しているか、または消極的であるかどうかは、その間に明確な区分はなくとも明らかに差が認められ、観光における参加度合いには、消極的な状態から主体的な状態まで幅がある」（敷田・重盛 2006:248）と述べている。

　観光プロセスへの消極的参加とは、「観光業者が企画した観光サービスを単純に享受しているだけの状態」（同上:248）で、一方、主体的参加とは「観光サービスのデザインに対してアイデアを出すだけのレベルから、他の観光客へ

働きかけるレベル、そして観光客自身が観光サービスのデザインに意識的に係わるレベルまで段階的にある」(同上：248) としている。つまり、旅行者の主体性の高まりとともに、旅行者の持つ知識やノウハウを地域の観光サービスのデザインプロセスにどれだけ活かせるかということである。敷田・重盛は、この主体的参加を、エコツーリズムの現場での具体事例を挙げ解説し、「観光客の主体的な参加は、サービスを提供する観光地とその受け手の観光客という固定された関係を変化させる可能性をもっている」(同上：249) と論じている。

自律的観光と旅行者の参加度合いの主体性の高まりが、新しいカタチの観光を成立させていくことが理解できる。旅行者の主体的参加については、まず、自らの趣味嗜好により、自らの意思で、デスティネーションを決定し、デスティネーションにおける活動を決めていくことが重要で、さらに、その観光サービスの評価を発信したり、他の旅行者に積極的に勧めたりすること、と考えるのが現実的であろう。その旅行者の積極的な活動が、地域の観光に影響を与え、観光サービスの改善や創出が生み出される仕組みが、自律的観光を発展させていくものと考えられる。

この「自律的観光」の進展の中で、敷田・重盛 (2006) の説く「地域の自律の度合い」と「旅行者の参加の度合い」の視点は、日本のフードツーリズムの拡大を検証するには極めて優れた考え方だと思われる。本稿では、その手法を援用し、筆者の解釈によりフードツーリズムの拡大のメカニズムを考察していく。

日本のフードツーリズムの拡大には様々な要素が関係している。まずは、フードツーリズムが登場し成長する 1960 年代後半から今日までの、日本経済の変化であり、それに伴う社会構造や個人の価値観の変化がある。この 40 数年間は、高度経済成長の時代から低成長の時代へと日本人は様々な経済環境を体験した。

しかし、マクロでみると、この間、日本人の生活は確実に豊かになり、旅をレジャーとして楽しむようになってきた。そして、旅行は決して特別なことではなく、日常生活の一部として欠かせないものになってきた。団体で決められたところへしか行かなかった旅行から、個人が趣味嗜好に合わせて様々なタイプの旅行を楽しむようになっていった。食についても、ありとあらゆる食材を

容易に手に入れられるようになり、様々な種類の料理を満腹になるまで食べられるようになった。いつの頃からか「飽食の時代」といわれるようになった。

旅行は富裕層の贅沢な遊びではなく、庶民の所得の増大や余暇の拡大を背景に、だれもが楽しむことのできるレジャーとなり、社会もそれを容認し、さらに奨励するようになってきた。食についても、飢えることのない生活が前提となり、贅沢することも食を減らしダイエットすることも自由に選べる時代になり、食について語ることを是とする社会になった。旅や食が、テレビの情報番組や雑誌特集、インターネットサイトの欠かせないアイテムとなっている。

これら社会と時代の価値観の変化が、フードツーリズムの拡大に大きく係わっているが、この拡大のメカニズムを解明するには、主体となる地域と客体となる旅行者の関係を明らかにすることが必要である。すなわち、前述した自律的観光の議論における、地域の「観光地としての自律の度合い」と、「旅行者の参加の度合い」の関係である。

主体である地域は当初、地域固有の高級食材、高級料理を観光資源としてのカタチにし、旅行者の誘致を始める。もちろん、地域自体も様々なプロモーション活動をしたと思われるが、実体的には旅行会社のパッケージツアーに組み込まれることにより、多くの旅行者を呼び込み、食の観光地となっていった。これは、観光地としての自律度合いの低い状態、他律的観光である。

客体である消費地に住む旅行者は、「旅行に行きたい」「美味しいものを食べに行きたい」と考え、旅行会社の店頭を訪れパンフレットをもらい、新聞広告を眺め、自分の行きたいコースを選択する。あるいは、旅行会社のカウンターで、良いコースがないかを尋ね教えてもらう。そして、その地に訪れ美食を楽しむ。この現象はフードツーリズムであり、それに対する意欲的な対応といえる。しかし、このパターンは、旅行者の参加度は低く、消極的参加であるとする。

図2-3は、敷田・重盛（2006）の作成の概念図を援用し、フードツーリズムにおける、「観光地の自律の度合い」と、「旅行者の参加の度合い」の関係を表し、フードツーリズムに係わる食資源をプロットした図である。フードツーリズムが始まった当初の高級料理や高級食材は、図の右下に位置する。つまり、旅行会社という外部への依存率が高く、地域の自律性は低い。また、旅行者も旅行会社が企画したパッケージツアーなどを単純に享受している状態であるこ

第 2 章　フードツーリズムの歴史的展開　　43

```
観光地の自律の度合い
自律的観光　　　　　　　　　　他律的観光

主体的参加
　　フードツーリズム
　　B級グルメ
　　ご当地グルメ
　　郷土料理
　　買う食
　　　　体験する食
　　　　　　高級料理
　　　　　　高級食材
消極的参加

旅行者の参加の度合い
```

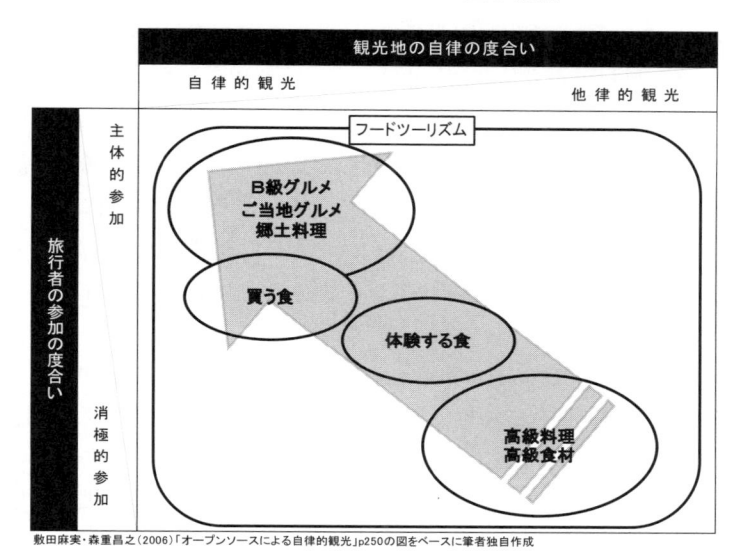

敷田麻実・森重昌之（2006）「オープンソースによる自律的観光」p250の図をベースに筆者独自作成

図 2-3　フードツーリズムにおける自律と参加の関係

とから、消極的参加と位置付けられる。ここで言う、消極的参加とは、地域の観光サービスをデザインすることへの参加度合いという意味で、ツアーへの参加意欲が低いという意味ではない。

　その後、地域に大きな変化がやって来る。衰退する地域においての活性化への取り組みである。その中で、交流人口の増大を目指す観光振興に着目し、さらに地域に存在する地域固有の食を観光資源とする動きが出てくる。送客能力を持つ旅行会社の力を利用しつつも、徐々に旅行会社の影響力から脱却し、観光まちづくりという概念を前面に掲げ、自らの方針のもとに、フードツーリズムを活かした観光まちづくりに取り組む地域が増えてきたのである。つまり、観光地としての自律の度合いを高めてきたのである。

　一方、団体旅行から個人旅行のシフトが始まり、それぞれの旅行者の趣味嗜好による個人旅行が志向され、旅行者のニーズが多様化、個性化が進むと、旅行会社はフリープランや宿泊プランなど新たな旅行形態を充実させ、観光地開発も行いデスティネーションの幅を広げる。旅行者は選択の幅が広がり、その選択肢を享受する。

さらに、旅行者の主体性が高まると、旅行会社の提供するものだけでは満足できず、自ら「地域の食」の情報を集め、自らの意思によりデスティネーションやそこでの活動を楽しみ始めていく。そこにはインターネットの普及による情報収集の大量化、容易化という背景があった。その旅に満足すると、旅行者はリピーター化しその地域の改善を求めるようになり、あるいは、ブログやSNSなどによりその地域や食を評価し、口コミとして発信していった。つまり、旅行者は地域の観光サービスをデザインすることへの参加度合い高めていき、主体的参加者となっていったのである。

地域での観光地としての自律の度合いの高まりと、旅行者の参加の度合いの高まりにより、図で表されているようにB級グルメやご当地グルメ、郷土料理、買う食、体験する食などに拡大していったものと考えられる。もちろん他の多くの要素も複雑に係わってはいるが、これがフードツーリズムの拡大の基本的なメカニズムである。

ただし、フードツーリズムにおいて、他律的観光であり消極的参加とされる、旅行会社によるパッケージツアーによるグルメツアーを否定するものではない。もちろん、地域は自律の度合いを高めていくべきだし、旅行者も地域の観光に自ら係わっていく傾向は高まると予想されるが、このようなグルメツアーもフードツーリズムのひとつのパターンであることを認識する必要がある。

註

1) 国鉄が設定した周遊指定地を訪れる切符で運賃が2割引になる制度。1955年に発売開始され、1998年から周遊きっぷに制度変更された。
2) 観光業界、観光学会で呼ばれている。旅行者数推移などの観光統計も1964年からのものが多い。
3) 1970年の放送開始から今日まで続いている長寿番組。読売テレビ制作、日本テレビ系列で放送。
4) 各地の特色のある盛り合わせ料理や鍋料理を用意し、4名以上で設定した低廉な宿泊プラン。『日本交通公社七十年史』pp587-590より。
5) 日本旅行「赤い風船」発売当時の担当者の回想。『日本旅行百年史』pp558-570より。
6) 安く、近場で、短期間の旅行のこと。1970年代に旅行業界で誕生した言葉。

7) 国鉄（JR）と自治体等が協業で展開する観光キャンペーン。1987年「きらめく紀州路」以降、今日まで続いている。DCと言うことが多い。
8) 「神戸ポートアイランド博覧会」1981年、神戸市の主催で、人工島ポートアイランドで開催された博覧会。約1600万人を動員した。その後の地方博ブームの火付け役となった。
9) 地方自治体等主催の博覧会。1981年神戸で開催した「ポートピア」以降地方博ブームがおこる。
10) 竹下登首相（当時）が発案、1988年各市区町村に対し地域振興に使える資金1億円を交付した政策。
11) 1987年、日本国有鉄道（国鉄）をJRとして6つの地域別の旅客鉄道会社などに分割し民営化した。
12) 新聞広告とカタログにより販売する低価格を売りにするパッケージツアー、近畿日本ツーリストの「旅の友」（後にクラブツーリズム）、阪急交通社の「トラピックス」、JTBの「旅物語」などがある。
13) 市内には120軒ほどのラーメン店が集積。札幌ラーメン、博多ラーメンとともに日本三大ラーメン。
14) 2008年4月の現地での蔵のまち喜多方老麺会、喜多方観光協会への取材と関係資料による。
15) B級グルメでまちおこしをしている団体が「B級ご当地グルメ」を持ち寄り、その人気を競う競技会。2006年より開催され、2012年は北九州市で開催、61万人の来場者を集めた。
16) 国土交通省に登録された、休憩施設と地域振興施設が一体となった道路施設。1993年103箇所が登録、2012年3月現在、全国に987箇所ある。
17) 1992年、農林水産省により提唱された、農山漁村地域において自然、文化、人々との交流を楽しむ滞在型の余暇活動。
18) 目的地に所在する旅行業者が企画造成販売するパッケージツアー（募集型企画旅行）。
19) 農林水産業者と商工業者が有機的に連携し、新商品、新サービスの開発等に取り組むこと。
20) 農業と食品製造業、食品加工業や外食・中食産業、流通・小売業等と有機的に連携すること。
21) 主に郊外や地方にある宿泊設備を備えた地産地消を謳うレストランである。フランスが発祥。
22) フランスのタイヤメーカーのミシュラン社のガイドブック。レストランの星の数による格付けが有名。2007年、東京版を発売、以降、京都・大阪・神戸版、東京・横浜・湘南、北海道版が発行されている。
23) 特定非営利活動促進法のこと。特定非営利活動法人（NPO法人）について規定した法律である。1998年に施行される。

24）自然や地域の文化・歴史・暮らしなどを、その持続可能性を考慮しながら体験する観光の考え方。
25）持続可能な観光と訳される。自然環境や文化財、地域社会と共生し、将来にわたって楽しむことができる観光の考え方。
26）マスツーリズムを批判的にとらえ、マスツーリズムに取って替わる（alternative）観光を意味する語、またその考え方。

第 3 章
フードツーリズムの現状

3.1 観光と食に関する旅行者意識

3.1.1 旅行動機と食

　フードツーリズムにおける、最初の問題意識は、「地域の食」が本当に旅行者の動機付けになるのだろうか、であった。さらに、本当に旅行者は、「地域の食」を求めているのだろうか、「地域の食」は地域に多くの旅行者を呼ぶことができるのだろうか、という疑問である。そこで、一番の重要な要素は、消費者、旅行者の観光行動と観光意識を探ることである。ツーリズムの研究や業界で利用されている、毎年発行される信頼性の高い調査結果から、旅行、観光と食の係わりを検証していく。

　図 3-1 は、日本交通公社観光文化事業部が毎年発表している『旅行者動向 2011』[1]より作成した「旅行の動機」の推移表である。予め用意された 20 数個の「旅行の動機」の選択肢から複数回答で選択してもらったものである。この数年、順位に大きな変動はない。1 位になっているのは、「日常生活から解放されるため」で、回答者全体の 7 割弱が選択している。旅の本質的な機能、効果でもあり、旅行に求める普遍的な動機といえよう。2 位は「旅先でおいしいものを求めて」であり、3 位の「保養、休養のため」、4 位の「思い出を作るため」という旅の本質的、根源的な要素と思われるものを引き離している。2009 年と比べると下がっているが、2008 年以前と比べると高い状態が続いている。

　表 3-1 は、「旅行の動機」の性年齢層別の上位 5 位を表した表である。「旅先のおいしいものを求めて」が、男性 50 代以外はすべて 2 位以上で、男性の 60 代、70 歳以上、女性 70 歳以上においては 1 位になっている。高齢になるほど、「日常生活からの解放」より「旅先のおいしいもの」が、その動機になっ

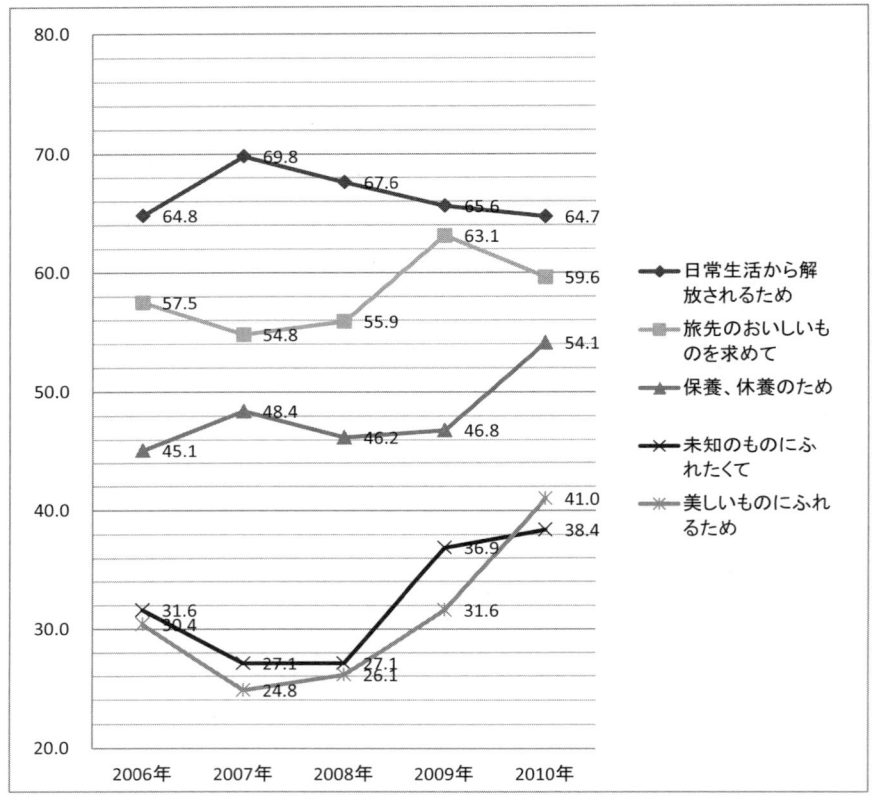

出典:『旅行者動向2011』(日本交通公社観光文化事業部2011)より筆者作成
図3-1　旅行の動機の上位5位の推移（複数回答）2006-2010年

ているのは興味深い。

　いずれにしても、各層にはその時期のライフスタイルが反映される旅行の動機が上位に登場している。そのなかで、「旅先のおいしいものを求めて」の位置付けは、性年齢の枠を超えて高位にあり、旅行先での食の魅力が強い動機付けとなることを示している調査結果といえよう。

　表3-2は、同じく『旅行者動向2011』より抜粋し作成した「国内旅行・海外旅行問わずに行ってみたい旅行のタイプ」の10年間の上位を一表にしたものである。30数タイプの旅行タイプから自分の好みのものを複数回答で選択

第 3 章　フードツーリズムの現状

表 3-1　旅行動機の性年齢別上位（複数回答、n = 3,773）　2010 年

順位	1 位	2 位	3 位	4 位	5 位
全体	日常生活から解放	旅先のおいしいもの	保養・休養のため	美しいものにふれるため	未知のものにふれたい
男性 20 代	日常生活から解放	旅先のおいしいもの	保養・休養のため	未知のものにふれたい	思い出を作るため
男性 30 代	日常生活から解放	旅先のおいしいもの	保養・休養のため	思い出を作るため	家族の親睦のため
男性 40 代	日常生活から解放	旅先のおいしいもの	保養・休養のため	思い出を作るため	家族の親睦のため
男性 50 代	日常生活から解放	保養・休養のため	旅先のおいしいもの	家族の親睦のため	未知のものにふれたい
男性 60 代	旅先のおいしいもの	保養・休養のため	日常生活から解放	美しいものにふれるため	未知のものにふれたい
男性 70 歳以上	旅先のおいしいもの	保養・休養のため	未知のものにふれたい	美しいものにふれるため	日常生活から解放
女性 20 代	日常生活から解放	旅先のおいしいもの	保養・休養のため	思い出を作るため（同率 3 位）	未知のものにふれたい
女性 30 代	日常生活から解放	旅先のおいしいもの	保養・休養のため	思い出を作るため	美しいものにふれるため
女性 40 代	日常生活から解放	旅先のおいしいもの	保養・休養のため	美しいものにふれるため	家族の親睦のため
女性 50 代	日常生活から解放	旅先のおいしいもの	保養・休養のため	美しいものにふれるため	未知のものにふれたい
女性 60 代	日常生活から解放	旅先のおいしいもの	保養・休養のため	美しいものにふれるため	感動したい
女性 70 歳以上	旅先のおいしいもの	保養・休養のため	日常生活から解放	美しいものにふれるため	未知のものにふれたい

出典：『旅行者動向 2011』（日本交通公社観光文化事業部 2011）より筆者作成

するもので、旅行者の志向する旅行目的や旅行中での活動、旅行に対する潜在的な欲求をつかむことができる。

　上位 5 位に登場する旅行タイプはこの 10 年間ほとんど変わらないが、順位は微妙に変動している。2010 年の 1 位は、「温泉旅行」であった。2 位の自然や景勝地を見てまわる観光旅行である「自然観光」は、2009 年に「温泉旅行」を抜いて 1 位になったが、2 位に戻った。「グルメ」は 3 位に位置している。「グルメ」は 2001 年、2003 年、2005 年に「自然観光」を押さえ 2 位になっている。なお、この調査での「グルメ」の定義は「美味しいのを食べる旅行」と極めてシンプルなものである。

　4 位以下は、歴史遺産や文化的な名所を見に行く「歴史・文化観光」、ディズニーランドや USJ[2)] などのテーマパークや遊園地で楽しむ旅行「テーマパー

表 3-2　行ってみたい旅行タイプ（複数回答）2001 － 2010 年

順位	1	2	3	4	5
2010 年	温泉旅行 13.8%	自然観光 12.9	グルメ 10.5	歴史・文化観光 8.4	テーマパーク 6.7
2009 年	自然観光 49.5	温泉旅行 47.3	グルメ 46.3	歴史・文化観光 45.5	海浜リゾート 37.7
2008 年	温泉旅行 55.0	自然観光 44.4	グルメ 42.4	歴史・文化観光 40.9	海浜リゾート 33.0
2007 年	温泉旅行 49.2	自然観光 41.3	グルメ 37.4	歴史・文化観光 35.3	海浜リゾート 28.2
2006 年	温泉旅行 51.3	自然観光 43.3	グルメ 43.2	歴史・文化観光 36.3	海浜リゾート 31.3
2005 年	温泉旅行 56.8	グルメ 47.3	自然観光 42.5	歴史・文化観光 39.3	テーマパーク 35.9
2004 年	温泉旅行 52.4	自然観光 48.2	グルメ 41.8	歴史・文化観光 39.4	海浜リゾート 38.7
2003 年	温泉旅行 53.5	グルメ 43.3	自然観光 41.7	テーマパーク 39.5	歴史・文化観光 37.5
2002 年	温泉旅行 57.9	自然観光 45.7	テーマパーク 41.0	歴史・文化観光 39.2	グルメ 37.4
2001 年	温泉旅行 60.1	グルメ 45.9	自然観光 45.7	テーマパーク 43.4	歴史・文化観光 35.0

※ 2009 年までは回答者数を 100 とする％を表記。2010 年は総回答数を 100 とする表記方法に変更されている。
出典：『旅行者動向 2011』（日本交通公社観光文化事業部 2011）より筆者作成

ク」、海辺でゆったり過ごす旅行「海浜リゾート」が続いている。

　日本人の好む旅行タイプは、日本人の旅の歴史の中で醸成されてきたものである。庶民が旅に出はじめたのは江戸時代中期からで、当時一般庶民も神社仏閣への参詣の旅と、病気治療の湯治の旅は許されていた。神社仏閣への参詣の旅の延長線上にあり進化したのが、歴史ある神社仏閣を中心とした歴史遺産や名所を見てまわる観光旅行である「歴史・文化観光」であり、病気治療の湯治の旅の、延長線上にあり進化したのが、温泉を楽しむ旅行「温泉旅行」である。さらに、明治期に入りイギリス人宣教師ウェストン（Weston）[3]らの影響により、庶民の間にも流行し定着したのか、日本の自然美や風景を求める旅であり、自然や景勝地を見てまわる「自然観光」である。

　「自然観光」「歴史・文化観光」と日本独特となる「温泉観光」の 3 つが、いわば日本人の行ってみたいと思っている 3 大旅行タイプであった。その 1 角に「グルメ」の観光が加わり、4 大旅行タイプになってきた様子が表から読

み取れる。

　このように「グルメ」は、行ってみたい旅行タイプの常に上位にランクされてきた。旅行の目的を明確にする個人旅行が増え、その目的は多様化し、個性化する傾向が進む中で、「地域の食」は間違いなく旅行の目的として、確固たるポジションを築いていると言える。

3.1.2 観光関連調査と食

　旅行だけでなく、日本人の余暇活動全般を見る。表3-3は毎年発表される『レジャー白書』（日本生産性本部2011）の中の「余暇活動の参加希望」の上位10種目（複数回答・2010年）の表である。

　トップは例年「国内観光旅行」で、80％程度の人が余暇に行ってみたいと答えている。2位に「ドライブ」が入り、3位が「海外旅行」で、日本人のレジャー、余暇活動の中での「旅行」人気は根強いといえる。

表3-3　余暇活動の参加希望上位10種目
（複数回答、n = 2,415）2010年

順位	余暇活動種目	希望率（％）
1	国内観光旅行	79.5
2	ドライブ	59.2
3	海外旅行	53.1
4	動物園・植物園・水族館	53.0
5	外食（除日常的）	47.3
6	映画	46.9
7	ピクニック・ハイキング・野外散歩	41.4
8	音楽会・コンサート	39.6
9	宝くじ	38.8
10	音楽鑑賞	38.4

出典：『レジャー白書』（日本生産性本部2011）より筆者作成

　5位に「外食（除日常的）」がある。この外食は、食べることを目的に旅行に行くという意味ではなく、各地の都心や近くのまちで、例えば週末に家族とファミリーレストランに行く、デートでオシャレな食事をする、誕生日に豪華な食事を食べに行くといった、一般の人々の「ちょっとの贅沢」である。

　食生活が豊かになった現在、美味しいものを家族や恋人、友人と一緒に「上げ膳据え膳」で食べてみたい、という欲求は多くの人が持ち、実際に実行している。その流れの中で、美味しいものを食べる目的で、「国内観光旅行」や「ドライブ」により、居住地から離れた場所に出かけたいという欲求も多く存在していると推測することができる。日本人のレジャーのなかで占める「旅」と「食」の位置付けは極めて大きなものといえる。

表 3-4 旅行先の選択における主な基準
（複数回答、n = 3,181）2008 年

順位	主な基準	率（％）
1	宿泊施設	29.2
2	旅行でリラックスする	26.5
3	食べ物	23.1
4	行きたいスポットがある	22.8
5	旅行の仲間	19.3
6	趣味・テーマにあったものがある	14.1
7	安全性	11.1
8	住まいからの距離	7.8
9	旅行先の知名度	4.9
10	会いたい人がいる	3.6

※「旅行日数」「旅行費用」は除く
出典：『観光の実態と志向』（日本観光協会 2010）より筆者作成

表 3-4 は、『観光の実態と志向』（日本観光協会 2010・現日本観光振興協会）の中の、「旅行先の選択における主な基準」（複数回答 2008 年）の問いに対する調査結果である。つまり、旅行に行くことになり、そのデスティネーションを選択するときに、何を基準にするかを聞いたものである。

　選択基準の前提となる「旅行日数」と「旅行費用」を除くと、1 位は「宿泊施設」であった。やはり、国内旅行に行く時の最大の関心事は、宿泊施設、つまり旅館やホテルに関することであろう。行ってみたい具体的な旅館やホテルによりデスティネーションを決定しているようである。2 位は「旅行でリラックス」することで、観光スポットを急ぎ足で周遊する旅行ではなく、のんびり、ゆっくり、癒しを旅行のデスティネーションに求めているようである。それゆえに、旅行中にリラックスする場所である宿泊施設が上位に来ているのであろう。

　3 位は「食べ物」であった。本来の観光目的である「行きたいスポットがある」を僅差だが上回っている。美味しい食事ができるから、珍しいものが食べられるから、という理由でデスティネーションを選択している実態が分かる。「行きたいスポット」すなわち、自然景観や歴史遺産、名所旧跡、観光施設と同等レベルに、デスティネーション選択の基準として食があると言うことができる。

　本稿においては、フードツーリズムを活かした国際観光の促進、つまりインバウンドの増大については、論を深化させないが、実際に地域を訪れる旅行者は日本人ばかりではなく、海外から訪れる外国人旅行者を無視することはできない。日本は 2008 年 10 月に発足した観光庁が中心となり、観光業界などの民間も一緒になりビジット・ジャパン事業[4] を推進している。2010 年に訪日

外国人旅行者1,000万人を目標としたが、2010年には過去最高となったものの、861万人にとどまった。2011年は、東日本大震災の影響があり622万人に激減している[5]。

しかし、官民一体となった取り組みや中国をはじめとしたアジアの国々の経済成長などにより、日本を訪れる訪日外国人旅行者の数は、少しの足踏みの期間はあるものの、今後は着実に増えると予測される。特に、FIT[6]と呼ばれる、個人旅行者、すなわち団体旅行やツアーに参加して来訪する旅行者ではない、旅行者自身が旅行を計画し、航空などの交通機関や宿泊を手配し、旅行を楽しむ人たちの増加が予想されている。そして彼らは、東京・富士山・京都・大阪という定番のゴールデンルート[7]だけではなく日本各地の特徴のある観光地に足を延ばしていくと考えられている。

表3-5は『JNTO訪日外客訪問地調査』(日本政府観光局2011)の中の、「訪日外国人観光客が訪日前に期待したこと」(複数回答)の上位の表である。1位は「食事」であった。2008年まで、1位は「ショッピング」であったが、「食事」が2009年に初めて1位(58.5%)となり、2010年にさらに増加し、60%を超えた。

表3-5 訪日観光客が訪日前に期待したこと
(複数回答、n = 12,338) 2010年

順位	訪日動機	率(%)
1	食事	62.5
2	ショッピング	53.1
3	歴史的・伝統的な景観、旧跡	45.8
4	自然、四季、田園風景	45.1
5	温泉	44.3

出典:『JNTO訪日外客訪問地調査』(日本政府観光局2011)より筆者作成

たしかに、東京銀座のデパートの前には外国人旅行者を乗せた観光バスがとまり、大きなショッピングバッグを抱えた外国人を見ることが多くなった。秋葉原も同様で、店内の放送に様々な外国語のアナウンスが流れている。日本のショッピングは魅力的なものであることが分かるが、それ以上に、「食事」が期待されている。

3位以下は「歴史的・伝統的な景観、旧跡」「自然、四季、田園風景」「温泉」と続く。言い換えると、これらは「歴史・文化観光」「自然観光」「温泉観光」で、日本人、外国人問わず人間を旅に誘う力がある観光資源であり、「日本の食」にはそれを上回る期待が寄せられていると理解できる。

表 3-6　訪日観光客が特に満足した食事
（複数回答、n = 12,277）2010 年

順位	満足した食事	率（％）
1	寿司	44.0
2	ラーメン	24.0
3	刺身	19.7
4	うどん	10.8
5	天ぷら	9.7
6	魚介・海鮮料理	8.8
7	蕎麦	7.8
8	お好み焼	5.7
9	とんかつ・カツ丼	5.4
10	しゃぶしゃぶ	5.0

出典：『JNTO 訪日外客訪問地調査』（日本政府観光局 2011）より筆者作成

表 3-6 は、「訪日観光客が特に満足した食事」（複数回答）である。すでに英語にもなっている、寿司、刺身、天ぷらが上位に並んでいるが、庶民食である、ラーメン、うどん、そば、お好み焼きも訪日観光客に満足感を与えていることが分かる。外国人においても、日本旅行中の食行動の多様化が進んでいることが分かる。訪日外国人も、FIT が増加する中で、個性的な魅力を持つ地域に足をのばし、地域固有の食材を使った伝統料理や郷土料理、B 級グルメ、ご当地グルメなどに喜びを感じていくのではないかと思われる。

3.2 フードツーリズム調査による旅行者行動

3.2.1 フードツーリズム調査の概要

　フードツーリズムの研究を進めるにあたり、消費者や旅行者の行動や意識を把握するために、オリジナルのインターネット調査を行った。調査設計にあたっては、前項で分析を試みた既存の公開調査や旅行実態研究のためのグループインタビュー、各都市・観光地でのフィールドワークでの取材、インタビューなどの結果を基にした。

　最初の調査は、2007 年 3 月に実施し、調査対象は全国の 18 〜 69 歳の男女、過去 3 年以内に海外旅行かつ宿泊を伴う国内旅行経験者で、調査方法はインターネット調査[8]である。有効回答数は 2,200 サンプルを得た。質問項目は、最近 5 年間での食事を目的とした旅行経験、食事を目的として行ったことのある都市・観光地、その都市で食べたものとその費用、食事を目的にした旅行先の意向度などで、あらかじめ用意した国内 50 都市・観光地から選択方式により実施した。50 都市は、同年 3 月にインターネットにより実施したプレ調査から選定した。

また、印象に残った旅先での食事のことなどオープンアンサー（自由回答）もとった。この調査では、各都市の食に関する関与度、食事費用、経験度を数値化し、類型化を試みその特徴を分析した。さらに、海外都市も同時に調査対象とし、食を目的とした海外旅行の行動や意識の把握も試みた。詳細の結果は『食旅入門―フードツーリズムの実態と展望』(安田 2007b)において発表した。極めて精度の高い調査であったが、提示した国内 50 都市の評価、選択方式だったので、50 都市以外の新しい動向を掴むことかはできなかった。

2 番目の調査は、2009 年 10 月に実施し、調査対象は全国の 20 ～ 69 歳の一般消費者の男女、調査方法はインターネット調査[9]である。有効回答数は 600 サンプルを得た。質問項目は、最近 5 年間での、地域の「食」を主な目的とした旅行経験、最も印象に残っている「食」と都市・観光地、今後の「食」を主な目的とした旅行意向、最も行きたい「食」と都市・観光地を、自由回答方式で確認した。

さらに、前調査やそのコメント、インタビューの中から出てきたキーワードにより用意した 8 つの分類、すなわち①高級食材、②旅館で地元グルメ、③地元の高級料亭・高級レストラン、④伝統的な郷土料理、⑤ B 級グルメ、⑥特徴ある食の空間、⑦体験する食、⑧買う食、の「経験」と「意向」、それぞれの食と都市・観光地を確認した。詳細の結果は『食旅と観光まちづくり』(安田 2010b)において発表した。自由回答方式を使ったので、日本のフードツーリズムの新しい流れは把握できたが、提示した 8 つの分類に重複する地域もあり、課題を残した。

3 番目の調査、2011 年 8 月に実施した。東日本大震災後、半年ほど経過した時点である。調査対象は首都圏・関西圏に住む 20 ～ 69 歳の一般消費者の男女、調査方法はインターネット調査[10]である。有効回答数は 600 サンプルを得た。質問項目は、最近 5 年間での、地域の「食」を主な目的とした旅行経験、最も印象に残っている「食」と都市・観光地とその食に使った 1 人当たりの費用、今後の「食」を主な目的とした旅行意向、最も行きたい「食」と都市・観光地を自由回答方式で確認した。

さらに、自由回答では上位には登場してこないが、前調査などで確認された、①地域の食の購買、②地域の食の体験、③ワイン・酒、を主な目的とした旅行

表 3-7　フードツーリズムに関する調査の概要

	2011 年調査				2009 年調査				2007 年調査			
調査対象者	20 〜 69 歳男女　一般消費者				20 〜 69 歳男女　一般消費者				18 〜 69 歳男女　国内・海外旅行経験者			
調査対象地域	首都圏・関西圏				全国				全国			
調査期間	2011 年 8 月 30 日〜 31 日				2009 年 10 月 16 日〜 10 月 20 日				2007 年 3 月 22 日〜 3 月 28 日			
調査方法	インターネット調査				インターネット調査				インターネット調査			
調査機関	JTB コミュニケーションズ				旅の販促研究所（JTB グループ）				旅の販促研究所（JTB グループ）			
有効回答数	600 サンプル				600 サンプル				2,200 サンプル			
有効回答内訳		全体	男性	女性		全体	男性	女性		全体	男性	女性
	全体	600	300	300	全体	600	300	300	全体	2,200	1,078	1,122
	ヤング層	200	100	100	ヤング層	200	100	100	18-29 歳	403	182	221
	ミドル層	200	100	100	ミドル層	200	100	100	30 代	434	217	217
	シニア層	200	100	100	シニア層	200	100	100	40 代	434	216	218
	ヤング層（20 〜 34 歳）ミドル層（35 〜 49 歳）シニア層（50 〜 69 歳）				ヤング層（20 〜 34 歳）ミドル層（35 〜 49 歳）シニア層（50 〜 69 歳）				50 代	452	228	224
									60 代	477	235	242
質問項目	・地域の「食」を主な目的とした旅行経験 ・最も印象に残っている「食」と都市・費用 ・今後、「食」を主な目的とした旅行意向 ・最も行きたい「食」と都市 ・3 類型の経験・意向と食・都市・費用 ・食・都市・費用は自由回答方式				・地域の「食」を主な目的とした旅行経験 ・最も印象に残っている「食」と都市 ・今後、「食」を主な目的とした旅行意向 ・最も行きたい「食」と都市 ・8 分類の経験・意向と食・都市 ・食・都市は自由回答方式				・食事を目的とした旅行経験 ・食事を目的として行ったことのある都市 ・その都市で食べたものとその費用 ・食事を目的にした旅行先の意向度 ・50 都市・観光地から選択（プレ調査より） ・海外 50 都市も同時調査			

筆者作成

の「経験」と「意向」とそれぞれの食と都市・観光地、食に使った費用を確認した。

　表 3-7 は、3 つの調査の概要を整理した表である。本稿では、直近の調査である、2011 年に実施したフードツーリズムに関するオリジナル調査の結果を中心に分析し、今日の日本のフードツーリズムの現状と今後の可能性を考察していく。

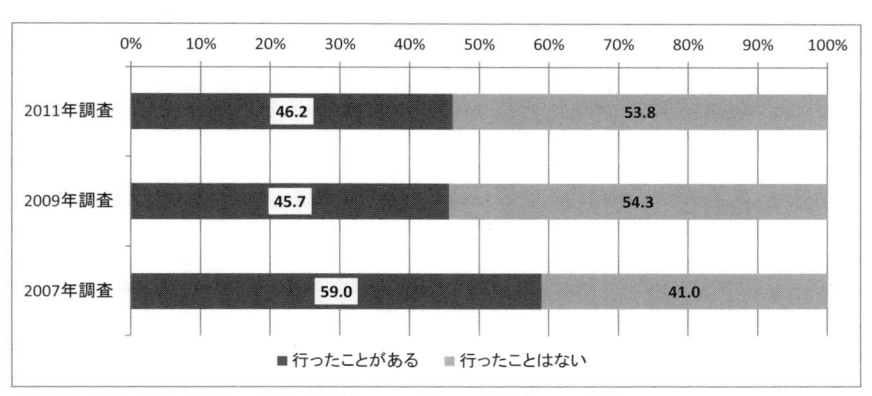

第3章　フードツーリズムの現状

| | 0% | 10% | 20% | 30% | 40% | 50% | 60% | 70% | 80% | 90% | 100% |

2011年調査　46.2　｜　53.8
2009年調査　45.7　｜　54.3
2007年調査　59.0　｜　41.0

■ 行ったことがある　　■ 行ったことはない

筆者調査（2011・2009・2007）　2011・2009年、n = 600　　2007年、n = 2,200
2007年調査の「行ったことがある」は「第1の目的として」「第1の目的ではないが主要な目的として」を合算

図 3-2　「地域の食」を目的とした国内旅行の「経験」

3.2.2 フードツーリズムの「経験」と「意向」

　図 3-2 は、前項の調査概要で示した 3 回のフードツーリズムに関する調査における、「地域の食」を目的とした国内旅行の「経験」を表した図である。しかし、調査対象者、調査地域、サンプル数、設問などが相違し、本来、一表に並べることのできない調査結果の数値である。したがって、時系列でフードツーリズムの現状を把握するための図ではないことに留意しなくてはならない。

　調査対象は、2007 年調査は全国の 18 ～ 69 歳の男女、過去 3 年以内に海外旅行かつ宿泊を伴う国内旅行経験者である。つまり、海外旅行まで経験している、それなりに旅行をしている人、旅行好きな人が対象となっている。2009 年、2011 年調査は 20 ～ 69 歳の一般消費者の男女で、全く旅行経験のない人、旅行ができない人、旅行が嫌いな人も含まれている。調査対象地域は 2009 年が全国、2011 年は東日本大震災後ということもあり、特殊要素が入らないようにするため、最大消費地である首都圏・関西圏としている。

　設問も相違している。2007 年調査は、「最近 5 年間で、食事を目的として国内旅行に行ったことがありますか？①食事を第 1 の目的として行ったことがある、②食事を第 1 の目的ではないが主要な目的として行ったことがある、③食事を目的として国内旅行に行ったことがない」と、3 つの選択肢から選ぶ

	0%	10%	20%	30%	40%	50%	60%	70%	80%	90%	100%
2011年調査					79.7					20.2	
2009年調査					77.2				22.8		
2007年調査				72.0					28.0		

■ 行ってみたい　■ 行ってみたくない

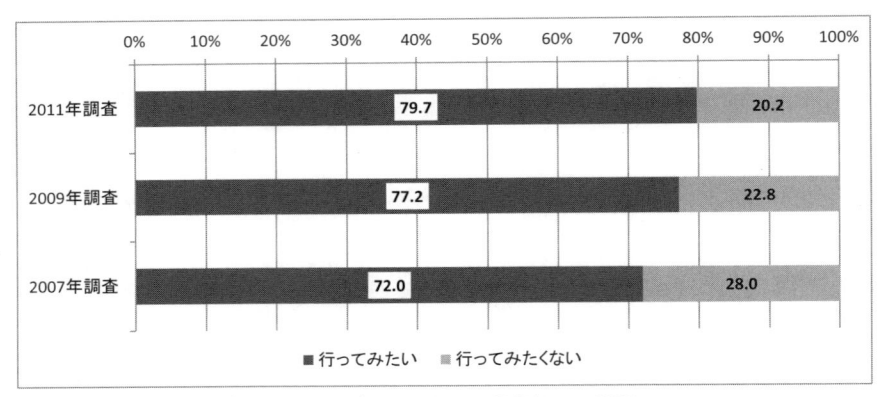

筆者調査（2011・2009・2007）　　2011・2009年、n = 600　　2007年、n = 2,200
2007年調査の「行ってみたい」は「第1の目的として」「第1の目的ではないが主要な目的として」を合算

図 3-3 「地域の食」を目的とした国内旅行の「意向」

ものだった。

　2009年調査での質問は、「あなたは、最近5年間に地域の『食』を食べることを主な目的とした国内旅行をした経験はありますか。※日帰り旅行も含めてお知らせください。□はい□いいえ」であった。2011年調査では、「あなたは最近5年間で『地域の食』を主な目的とした国内旅行をしましたか？（「地域の食」を食べる、購入する、生産・製造を体験するなどの旅行、日帰りを含む）□はい□いいえ」であり、ニュアンスの相違がある。

　直近の2011年調査では、「経験」があると回答したものは46.2%で、半数近くの人がすでに「地域の『食』を食べることを主な目的とした国内旅行をした経験」があると答えている。2009年調査でも、「経験」があると回答したものは45.7%で、極めて近似な数値となっている。2007年調査においては、「①食事を第1の目的として行ったことがある、②食事を第1の目的ではないが主要な目的として行ったことがある」を合算して、「行ったことがある」とし59.0%と、半数を大きく超える数値となった。この内訳は、①20.9%②38.1%である。

　この図においては、各調査を比較したり、時系列で見ていくのは適当ではないが、国内旅行において「地域の食」を目的として旅行に行ったことのある人

は、すでに半数近くいると考えるのが妥当である。ただし、2007年調査の経験者の内訳が示す通り、「主な目的」の中にも他の目的も含まれている場合もあると考えられる。

　図3-3は、「地域の食」を目的とした国内旅行の「意向」を示した図である。見方は「経験」の図と同様になる。

　2007年調査での質問は、「最近5年間で、食事を目的として国内旅行に行ってみたいですか？①食事を第1の目的として行きたい、②食事を第1の目的ではないが主要な目的として行きたい、③その都市に行ったら是非食べて見たい、④その都市に行って機会があれば食べたい、⑤特に食べたいとは思わない」と、5つの選択肢から選ぶものであった。2009年調査での質問は、「今後、地域の『食』を食べることを主な目的とした国内旅行に行ってみたいですか。※日帰り旅行も含めてお知らせください。□はい□いいえ」であった。直近の2011年調査では、「今後、『地域の食』を主な目的とした国内旅行をしたいと思いますか？（「地域の食」を食べる、購入する、生産・製造を体験するなどの旅行、日帰りを含む）、□はい□いいえ」であった。

　直近の2011年調査において、「今後、『地域の食』を主な目的とした国内旅行をしたい」と回答したものは79.7％で、8割近くの人が今後の「意向」を示した。2009年調査においても、77.2％の人が「意向」を示している。「経験」同様に、両者の数値は極めて近いものとなっている。2007年調査では、5つの選択肢の内「①食事を第1の目的として行きたい、②食事を第1の目的ではないが主要な目的として行きたい」を合算したものを「行ってみたい」とした。72.0％が「意向」を示しており、その内訳は① 42.7％② 29.3％であった。

　「地域の食」を目的とした旅行の「意向」は、かなり高いレベルで確実に存在していると考えていいであろう。もうすでに、「地域の食」が、旅行の大きな動機や目的、デスティネーションでの活動になっていて、さらに、それらが顕在化していく可能性は高いと考えることができる。

　図3-4は、2011年調査における、「地域の『食』を食べることを主な目的とした国内旅行」の「経験」と「意向」の、性別、年齢層別、地域別に集計した図である。年代層は、ヤング層（20～34歳）、ミドル層（35～49歳）、シニア層（50～69歳）に分類した。この分け方は、テレビ視聴率の集計区

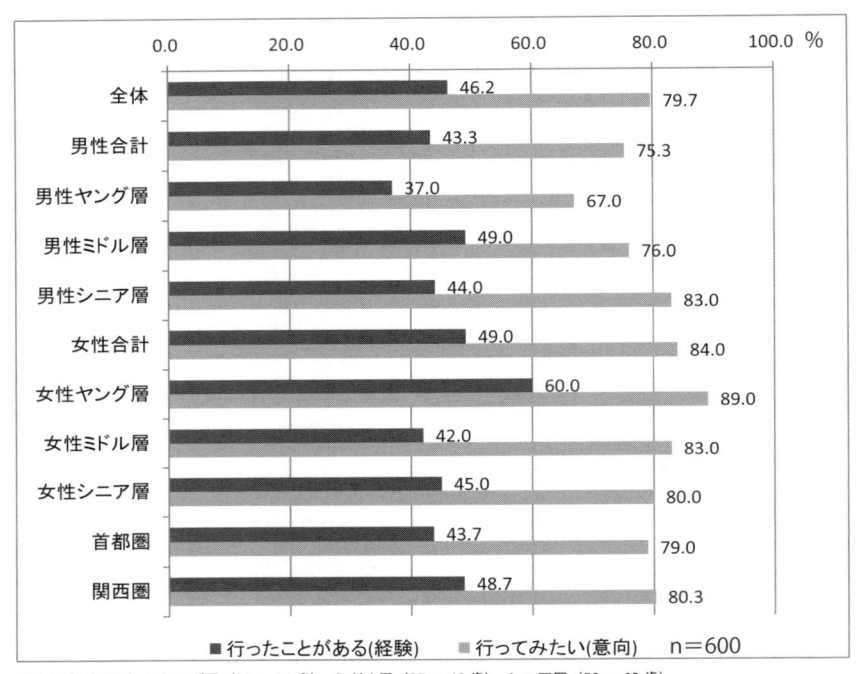

	行ったことがある(経験)	行ってみたい(意向)
全体	46.2	79.7
男性合計	43.3	75.3
男性ヤング層	37.0	67.0
男性ミドル層	49.0	76.0
男性シニア層	44.0	83.0
女性合計	49.0	84.0
女性ヤング層	60.0	89.0
女性ミドル層	42.0	83.0
女性シニア層	45.0	80.0
首都圏	43.7	79.0
関西圏	48.7	80.3

n=600

筆者調査（2011）※ヤング層（20〜34歳）　ミドル層（35〜49歳）　シニア層（50〜60歳）
※首都圏（東京、神奈川、埼玉、千葉）関西圏（大阪、兵庫、京都、奈良、滋賀、和歌山）

図 3-4　「地域の食」を目的とした国内旅行の「経験」と「意向」（性・年齢層・地域別 2011 年）

分[11]に合わせた。旅行者の行動や意識を概観するマーケティング分析には適していると判断した。

　男女別で見ると、「経験」は男性が 43.3％に対し、女性は 49.0％と 6 ポイント高かった。なかでも、女性ヤング層の「経験」は 60.0％と突出している。女性ミドル層、女性シニア層の「経験」は 42.0％、45.0％と全体の平均値に近い。男性ヤング層の「経験」が 37.0％と全体の平均値から 10 ポイント近く低い。今日の旅行市場の全体の傾向と似ていて、旅行自体への興味が低く、実際の行動が少ないためと考えられる。男性ミドル層の「経験」は 49.0％と女性ヤング層に次いで高い。これは業務出張やその前後での旅行経験などが含まれていると思われる。男性シニア層は全体の平均値並みになっている。

食に対する意欲、行動力は男性より女性のほうが強いようである。2007年、2009年の調査においてもこの傾向は、はっきりと確認されている。これは女性が、旅行以外の日常生活の行動でも感じられるように、外出先での食に対するこだわりの強さからきているものと考えられる。そのこだわりは、食や旅に関する情報の感度のよさ、あるいは情報源の広さなどとも関係しているものと思われる。

「今後、『地域の食』を主な目的とした国内旅行をしたい」という「意向」は、男性が75.3％、女性が84.0％と、男性に比べ女性が9ポイント程度高く、「経験」と同じ傾向を示した。なかでも、女性ヤング層は89.0％と「経験」同様に突出し、ほぼ9割が「意向」を示している。女性ミドル層、女性シニア層の「意向」は83.0％、80.0％と8割を超えた。男性シニア層の「意向」は83.0％と男性の中では群を抜いた。長い旅行経験から、食という目的を明確にした旅を求め始めているようである。男性ミドル層は76.0％と全体の平均値を下回った。

「意向」についても、「経験」とほぼ同様な傾向を示した。この結果から、フードツーリズムのターゲットは、旅と食に対して感度の良い女性であると言える。最重点ターゲットは女性ヤング層である。さらに、男女ともミドル層、シニア層の潜在的な需要も感じ取ることができる。また、図を概観すると多少の凸凹はあるものの、半数近くが「経験」し、7～8割の「意向」があり、フードツーリズムは老若男女に受け入れられる可能性があるとも捉えることができる。

首都圏と関西圏の「経験」は、それぞれ43.7％、48.7％で、関西が5ポイントほど高かった。「食い倒れ」の大阪を中心とした関西圏は、食に対するこだわりが強いイメージがあるが、そのイメージ通りの結果となった。しかし、「意向」については、首都圏が79.0％、関西圏が80.3とほぼ同じ数値で、地域差は確認できなかった。

3.2.3 「経験」と「意向」の都市・観光地と食

表3-8は、2011年調査で、「『地域の食』を主な目的とした国内旅行」をしたと答えた人に対して、「『地域の食』を目的として行かれた国内旅行の内、最も印象に残っている旅行について、その都市・観光地、食の具体的な内容、その食に消費した1人当りの額をお知らせ下さい」という質問の結果を集計し

表 3-8 「地域の食」を主な目的とした国内旅行で、最も印象に残っている「地域の食」とその都市・観光地、単価の上位 20（n = 277、人・円）2011 年

順位	都市・観光地	都道府県	地域の食の名称	人数	平均単価	最大単価	最小単価
1	高松	香川県	讃岐うどん	21	1,362	5,000	300
2	札幌	北海道	カニ・海鮮料理・寿司・ラーメン・ジンギスカン・スープカレー	19	5,499	20,000	1,000
3	伊勢志摩	三重県	伊勢エビ・アワビ、松阪牛・伊勢うどん	15	6,947	20,000	500
4	京都	京都府	京懐石・京料理・湯豆腐料理	10	6,850	21,000	1,500
5	那覇	沖縄県	沖縄料理・沖縄そば・ステーキ・アグー豚	9	3,011	8,000	500
6	名古屋	愛知県	櫃まぶし・味噌カツ・きしめん・名古屋コーチン・手羽先	7	4,211	10,000	980
7	飛騨高山	岐阜県	飛騨牛	6	4,250	8,000	1,500
7	大阪	大阪府	たこ焼き・お好み焼き・串揚げ	6	2,583	6,000	1,000
7	城崎	兵庫県	カニ料理	6	13,667	25,000	5,000
7	博多	福岡県	ラーメン・モツ鍋・海鮮料理	6	5,133	20,000	600
11	函館	北海道	イカ・海鮮料理・朝市	5	4,300	10,000	1,000
11	仙台	宮城県	牛タン	5	4,100	8,000	1,500
11	喜多方	福島県	ラーメン	5	1,240	3,000	700
11	勝沼	山梨県	ワイナリー巡り・ぶどう狩り	5	5,140	8,000	1,700
11	長野	長野県	そば	5	1,840	5,000	1,000
11	金沢	石川県	加賀料理・海鮮料理	5	4,600	9,000	3,000
17	淡路島	兵庫県	淡路牛	4	6,500	10,000	3,000
17	広島	広島県	お好み焼き	4	1,625	3,000	1,000
17	呼子	佐賀県	イカ料理	4	3,900	10,000	600
20	富良野	北海道	カレー・ラーメン	3	1,667	3,000	500
20	小樽	北海道	寿司・海鮮料理	3	4,167	5,000	2,500
20	宇都宮	栃木県	餃子	3	767	1,000	300
20	奈良	奈良県	柿の葉寿司・地元料理	3	4,000	8,000	1,000
20	出石	兵庫県	そば・そば打ち体験	3	4,567	10,000	1,200
20	尾道	広島県	ラーメン	3	1,900	3,000	700
20	下関	山口県	フグ料理	3	22,000	50,000	8,000
20	高知	高知県	皿鉢料理・カツオ	3	2,667	3,500	2,000
20	鹿児島	鹿児島県	黒豚料理・白熊	3	3,867	6,000	600

筆者調査（2011）

た上位の表である。選択方式ではなく純粋に想起されたものを自由に記入回答してもらったもので、日本各地に分散する結果となった。

その中で1位は香川県の高松だった。回答者全員が、食べた食は讃岐うどんと回答している。平均単価は1,362円と極めて安い。しかし実際の一杯はもっと安価であるので、数か所で食べた、つまりうどん屋巡りをしている様子が分かる。2位は、北海道の札幌で、印象に残っている食は、カニ、海鮮料理、寿司、

札幌ラーメン、ジンギスカン、スープカレーと多様である。平均単価は5,499円とやや高額になっているが、最小単価が1,000円、最大単価が20,000円と大きな幅を持っているのが特徴的である。

　3位は「美(うま)し国」と称され、それが観光誘致のキャッチコピーにもなっている三重県の伊勢志摩[12]であった。高級食材である伊勢エビ、アワビが並ぶが、実際地域の違う松阪市の高級食材である松阪牛も入っている。もちろん伊勢志摩のホテル、旅館、レストランでも松阪牛は出されている。平均単価は6,947円と高額になるが、名物である伊勢うどんも入っているため最小単価は500円である。

　4位は京都で、食べた食は分散しており、京都ならではの京懐石、京料理、豆腐料理が並んだ。平均単価は6,850円と高額であった。5位は、沖縄の那覇で、沖縄料理[13]、沖縄そば、ステーキ、アグー豚が挙げられた。廉価な沖縄そばが入っているため、平均単価は3,011円と高額にはならなかった。最大単価は8,000円と高額である。6位は、名古屋で、いわゆる「名古屋めし」と呼ばれる特徴ある名物が並んだ、櫃まぶし、味噌カツ、きしめん、名古屋コーチン、手羽先である。平均単価は4,211円と中位になったが、最小単価980円、最大単価10,000円と幅が広かった。

　7位には、岐阜県の飛騨高山、大阪、兵庫県の城崎、福岡県の博多が並んだ。飛騨高山はブランド牛である飛騨牛が挙げられた。ブランド牛は各地で「地域の食」として存在感を示しているが、20位以内に入ったのは17位の兵庫県の淡路島の淡路牛になる。大阪は、いわゆる「粉もん」[14]と呼ばれる庶民食であるたこ焼き、お好み焼きと串揚げが挙げられた。「カニ王国」と呼ばれる城崎は、全員がカニ料理を挙げた。平均単価は13,667円と極めて高額である。これは、20位にランクされたフグ料理の山口県下関の22,000円に次ぐものである。博多は福岡市のことを指すようであるが、全員が博多と答え、博多ラーメン、モツ鍋、海鮮料理を挙げている。平均単価は5,133円だが、最小単価は600円、最大単価は20,000円と大きな幅があった。

　11位は、北海道の函館、宮城県の仙台、福島県の喜多方、山梨の勝沼、長野、石川県の金沢が並んだ。函館はイカなどの海鮮料理と朝市での食の買物が挙げられた。仙台は全員が牛タンを挙げている。牛タンは昼食においては比較的廉

価な食事となるが、夕食においては高級な料理となる。喜多方も全員が喜多方ラーメンを挙げ、平均単価は1,240円と低い。勝沼は日本を代表するブドウ栽培地であり、ワイナリー巡り[15]とブドウ狩りが挙げられた。長野は信州そばが挙げられ、平均単価は1,840円であった。金沢は加賀料理と海鮮料理が挙げられ、平均単価は4,600円と高額になった。17位は前述の淡路島のほか、広島、佐賀県の呼子が並び、広島は広島焼きと呼ばれるお好み焼きを全員が挙げた。平均単価は1,625円と低い。呼子も全員がイカ料理を挙げている。

20位は北海道の小樽、栃木県の宇都宮、奈良、兵庫県の出石、広島県の尾道、下関、高知、鹿児島と並んだ。小樽は寿司、海鮮料理で平均単価は4,000円を超えている。宇都宮は、全員がいわゆるB級グルメの代表格である宇都宮餃子を挙げた。上位20位の中では、最も低い、平均単価767円だった。奈良は柿の葉寿司と、地元の料理が挙がった。出石は出石そばとそば打ち体験[16]で、体験が高額で単価も高くなっている。尾道は全員が尾道ラーメンを挙げた。下関はフグ料理で前述のように上位20位の中で最高の平均単価を示した。高知は皿鉢料理[17]とカツオが挙げられたが、平均単価は高くなかった。鹿児島は黒豚料理とともに、スイーツである白熊[18]が挙げられた。

全体をみると、日頃なかなか食せない地元ならではの高級食材を使った料理、伊勢エビ、アワビの伊勢志摩、カニの城崎、フグの下関、海鮮の函館、小樽、呼子、和牛の飛騨高山、淡路島などと、伝統ある高級料理である京懐石の京都、加賀料理の金沢などが、上位に多くあることが分かる。一方、1位になった讃岐うどんの高松はじめ、1,000円前後の庶民的な地域の名物も挙がっている。ラーメンの喜多方、尾道、お好み焼きの大阪、広島、そばの長野、出石、餃子の宇都宮などである。

さらに、高額な料理から庶民的な料理まで多くの料理が並んだ、札幌、名古屋、博多などの大都市も上位にランクされている。那覇もこの傾向にある。数少ないが、勝沼のワイナリー巡りやブドウ狩り、出石のそば打ち体験など、他と一線を画す食をテーマとした旅も挙がった。

旅行に、日頃食べられない、高級で、豪華で、珍しいものを求めるのは、「グルメ旅」として、分かりやすいが、決して、高価でもなく、またその料理自体は珍しくもない、地域で育った庶民の料理に対しても、強い印象が残っている

表3-9 「地域の食」を主な目的とした国内旅行で、今後、最も行ってみたい都市・観光地と「地域の食」（n = 478、人）2011年

順位	都市・観光地	都道府県	地域の食の名称	人数
1	札幌・北海道	北海道	カニ・海鮮料理・寿司・ラーメン・ジンギスカン・スープカレー	103
2	那覇・沖縄	沖縄県	沖縄料理・沖縄そば	34
3	高松・香川	香川県	讃岐うどん	26
4	博多	福岡県	ラーメン・モツ鍋・海鮮料理・水炊き	22
5	仙台	宮城県	牛タン	18
6	京都	京都府	京懐石・京料理・湯豆腐料理・川床料理	17
7	函館	北海道	イカ・海鮮料理・朝市	15
8	名古屋	愛知県	櫃まぶし・味噌カツ・名古屋コーチン・味噌煮込みうどん	10
8	高知	高知県	皿鉢料理・カツオ	10
10	小樽	北海道	寿司・海鮮料理	8
10	福井	福井県	カニ料理	8
10	城崎	兵庫県	カニ料理	8
13	広島	広島県	お好み焼き・牡蠣	7
13	下関	山口県	フグ料理	7
15	盛岡	岩手県	わんこそば・冷麺	6
15	長野	長野県	そば・農業体験	6
15	鹿児島	鹿児島県	黒豚料理	6
18	富山	富山県	カニ料理・ホタルイカ	5
18	伊勢志摩	三重県	伊勢エビ・アワビ	5
18	長崎	長崎県	卓袱料理・ちゃんぽん・トルコライス	5
18	熊本	熊本県	馬刺し・ラーメン	5
18	宮崎	宮崎県	地鶏料理・チキン南蛮・マンゴー	5

筆者調査（2011）

ことは、今日の日本のフードツーリズムの特徴となろう。また、札幌、名古屋、博多などの大都市においても、高額な料理から庶民的な料理までバリエーション豊かな個性的な料理が旅行者を引き付けている。

　一方、表3-9は、「今後、『地域の食』を主な目的とした国内旅行をしたい」と回答した人に対して、「『地域の食』を目的として、最も行ってみたい旅行先はどこですか？　その都市・観光地、食の具体的な内容をお知らせ下さい」という質問の結果を集計した上位の表である。経験と同様、選択方式ではなく純粋に想起されたものを自由に記入回答してもらったもので、観光地名、市名、都道府県名など混在して出てきており、本来一表として比較することは適当ではないが、参考として見てもらいたい。今日の日本人が求める「地域の食」の傾向がよく分かる。

　1位は、他を大きく引き離し札幌・北海道であった。札幌、北海道と回答し

たものを合算したものである。カニ、ウニ、イクラ、海鮮料理、寿司、札幌ラーメン、ジンギスカン、スープカレーと名物と呼ばれるものがすべて挙がっている。札幌以外の北海道の各都市名で答えたものは、別扱いとした。7位に、イカ、海鮮料理、朝市の函館、10位に寿司、海鮮料理の小樽がはいっている。

2位は那覇・沖縄で、那覇、沖縄と回答したものを合算した。沖縄料理と沖縄そばが挙がった。食だけでなく、一般観光とのセットで考えている人が多いと思われる。

3位は高松・香川で、高松、香川、讃岐の回答を合算した。全員が讃岐うどんを挙げ、うどん屋巡りと書かれているものも多かった。

4位は、博多で博多ラーメン、モツ鍋の庶民的な料理だけでなく、名物の水炊きも挙がった。5位は仙台で全員が牛タンを挙げた。6位は京懐石、京料理、湯豆腐料理、川床料理が並んだ京都であった。川床料理とは、京都の鴨川、貴船、高雄などの料理店で夏に楽しめることのできる、川の上や川のよく見える屋外の座敷で提供される料理のことで、納涼床とも呼ばれる。7位はイカ、海鮮料理の函館で、朝市での買い物も挙がった。8位は、櫃まぶし、味噌カツ、名古屋コーチン、味噌煮込みうどんといわゆる「名古屋めし」が並んだ名古屋と、皿鉢料理とカツオが挙がった高知であった。

10位は小樽、福井、城崎が並んだ。小樽は寿司、海鮮料理、福井、城崎は全員がカニ料理を挙げた。13位は広島と下関だった。広島は、お好み焼きだけではなく牡蠣が挙がった。下関は全員がフグ料理を挙げている。15位は盛岡、長野、鹿児島が並んだ。盛岡はわんこそばと冷麺が挙がった。長野はそばのほか、農業体験をしたいという回答があった。鹿児島は黒豚料理であった。

18位は富山、伊勢志摩、長崎、熊本、鹿児島が並んだ。富山はカニ料理のほか、ホタルイカが挙がった。長崎は、卓袱料理[19]、ちゃんぽん、B級グルメといわれるトルコライスが並んだ。熊本は馬刺しに熊本ラーメンが、宮崎は、地鶏料理、チキン南蛮、完熟マンゴーが挙がった。

行ってみたいという、「意向」を概観すると、まずは、圧倒的に「食の王国」といわれる、札幌、北海道に集中していることが分かる。また、経験に登場してきたB級グルメに代表される廉価な庶民料理は、上位にある讃岐うどんと、お好み焼きの広島、そばの盛岡、長野などと少ない。「意向」としては、やは

り高級志向となり、京都の京懐石、京料理やカニ料理、フグ料理などが上位になる。また、多彩な料理を持つ大都市も上位に来ている。博多、名古屋である。那覇・沖縄は、食以外の観光地としての魅力がかなり反映されているものと推測されるが、札幌・北海道に次いでいるのも特徴的である。

註

1) 『旅行者動向2011』（日本交通公社観光文化事業部2011）調査対象：全国16歳以上の個人、調査方法：インターネット調査、調査時期：2010年12月、標本数：3,773人。時系列のものは、本誌よりそのまま転載、各年の調査対象、調査方法、調査時期、標本数は毎年ほぼ同じ。
2) ユニバーサル・スタジオ・ジャパン（Universal Studios Japan）の略。映画をテーマにした西日本最大のテーマパーク。
3) 日本に3度長期滞在し、日本各地の山を登り『MOUNTAINEERING AND EXPLORATION IN THE JAPANESE ALPS』（日本アルプスの登山と探検）などを著した。その影響により、日本人の自然美や風景を求める旅が流行した。
4) 2003年からスタートしたビジット・ジャパン・キャンペーンを引き継いだ、訪日外国人誘致事業。
5) 日本政府観光局（JNTO）発表数値。
6) Foreign Independent Tourist または Free Individual Traveler の略、海外個人旅行のこと。
7) 外国人、特に中国人旅行者の定番コース、成田空港から入国し、東京の観光スポットを巡ってから、箱根、富士山、名古屋、京都等を経由し関西を観光し、関西国際空港から帰国するルート。
8) JTBグループの旅の販促研究所の旅行企画パネル（ipsos日本統計調査㈱のパネルをベースにしたもの）によるインターネット調査。
9) JTBグループの旅の販促研究所において楽天リサーチ㈱のパネル利用によるインターネット調査。
10) JTBコミュニケーションズにおいて㈱マーシュのパネル利用によるインターネット調査。
11) M1＝男性20〜34歳、M2＝男性35〜49歳、M3＝男性50歳以上、F1＝時20〜34歳、F2=女性35〜49歳、F3＝女性50歳以上、に分類されている。
12) 三重県南部の一帯を指す名称。社団法人伊勢志摩観光コンベンション機構の「伊勢志摩地域」は伊勢市・鳥羽市・志摩市・玉城町・度会町・南伊勢町。一般旅行者は正確には認識していない。
13) 沖縄県の郷土料理のこと。琉球料理とも呼ばれる。琉球王朝時代の宮廷料理を

指すこともあるが、ゴーヤーチャンプルーなどの単品の家庭料理を指すこともある。
14) 小麦粉などの粉をベースにした食品の総称。近年、全国で使用され始めた語。
15) ワインを生産、貯蔵するワイナリーやブドウ畑を訪れる旅で、ワインツーリズムとも呼ばれる。
16) 手打ちそばづくりの体験教室。そば生産地で多く行われて、数時間から数カ月と期間もまちまちである。
17) 高知県の郷土料理。大皿に刺身、カツオのたたき、寿司などをのせた宴会料理。
18) かき氷の上に練乳をかけて果物を盛り付けたスイーツ、市内の喫茶店で提供されている。
19) 長崎市を発祥の、中華料理と西欧料理が混ざり合った、大皿に盛られたコース料理、円卓を囲んで味わう形式をもつ。

第4章
フードツーリズムの類型

4.1 旅行者意向による分類

4.1.1 旅行者関与度による8つの分類

　筆者（2007b）は、1回目の調査結果からフードツーリズムの類型化を試みた。ホールら（Hall 2003）が示した「旅行動機付けとしての食に対する特別の関心の重要性」の概念を意識し、各都市とその食に対する関心の度合い、すなわち「食べに行きたい」という「意向」の強さを「関与度」とし、その数値化を試みた。

　あらかじめ用意した食の名物がある50都市・観光地（東京、大阪は除いた）と代表的な食事を提示し、「行きたい」の「意向」の強さを確認した。①食事を第一の目的として行きたい、②食事を第1の目的ではないが主要な目的として行きたい、③その都市に行ったら是非食べてみたい、④その都市に行って機会があれば食べてみたい、⑤特に食べたいとは思わない・知らない、の5つの選択肢を提示した。①を10点、②を5点、③を3点、④を1点、⑤を0点として、加重平均し「関与度」とした。

　図4-1は、食の都市・観光地の「意向」と「関与度」の上位のグラフである。「食事を第一の目的として行きたい」のトップは青森県の大間であったが、「関与度」の上位10位は、札幌（カニ・ジンギスカン・札幌ラーメン）、松阪（松阪牛）、大間（本マグロ）、越前（越前ガニ）、高松（讃岐うどん）、横浜（中華料理）、下関（フグ料理）、香住・城崎（松葉ガニ）、小樽（寿司）、博多（屋台料理・魚介料理・博多ラーメン）の順であった。なお、カッコ内は提示した料理である。

　図4-2は、算出された各都市・観光地の「関与度」を横軸にとり、右に行くほど関与度が高くなる。経験したと答えた者の「その食事に使った1人当た

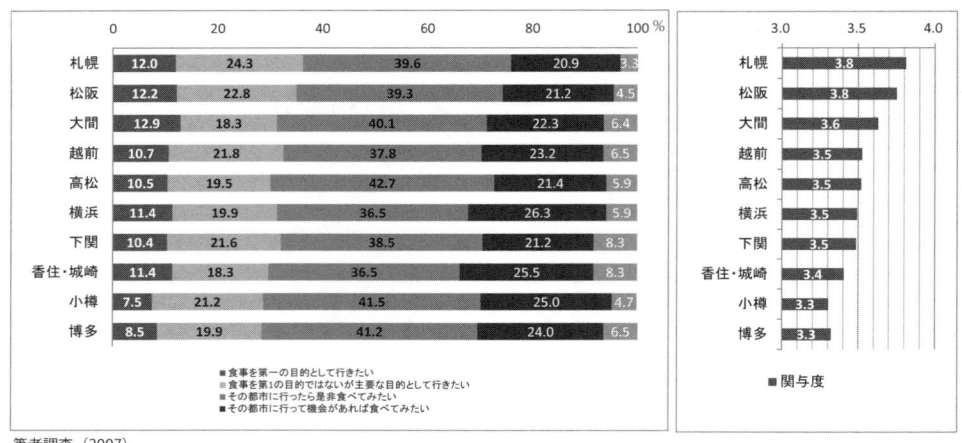

第 1 部　フードツーリズム論

図 4-1　食の都市・観光地の「意向」と「関与度」上位 10（2007）

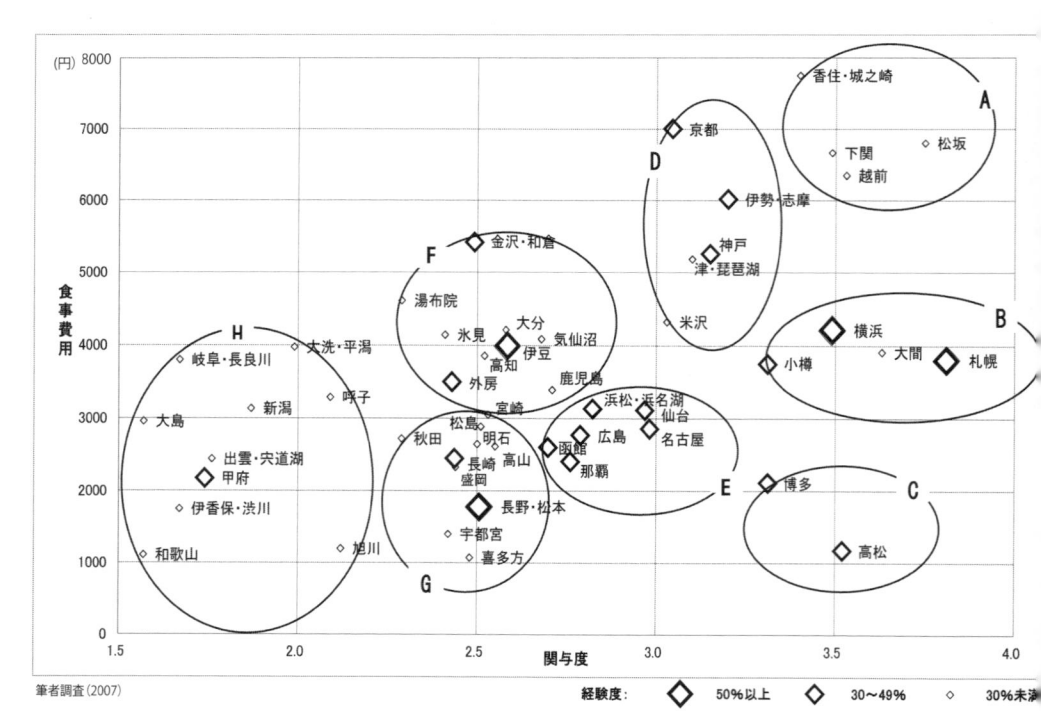

筆者調査（2007）

図 4-2　フードツーリズムのマトリックス（2007）

第 4 章　フードツーリズムの類型

表 4-1　フードツーリズムの旅行者関与度による 8 つの分類（2007）

	分類	関与度	食事費用	経験度	都市・観光地の特徴	代表都市・観光地
A	高級グルメ都市	極高	極高	低	カニ・フグ・和牛の高級食材都市	下関、松阪、香住・城崎
B	グルメ都市	極高	中	高	魚介・中華の名物都市	札幌、横浜、大間
C	B級グルメ都市	極高	低	中	ラーメン・うどんのB級グルメ都市	博多、高松
D	美食都市	高	高	中	懐石・伊勢海老・和牛の名物都市	京都、神戸、伊勢・志摩
E	食べ歩き都市	高	中	中	名物の多数ある大都市	名古屋、仙台、那覇
F	ちょっと美食都市	中	高	中	特徴ある食材のある都市	金沢・和倉、伊豆、氷見
G	これから食べ歩き都市	中	低 - 中	低 - 中	安価な名物のある都市	長崎、喜多方、宇都宮
H	まだまだ食べ歩き都市	低	低 - 中	低	食が名物までに至っていない都市	甲府、新潟、呼子

筆者調査（2007）より作成

りの食事代」を「食事費用」として縦軸にとった。上方に行くほど食事費用が高い都市・観光地となる。また、◇の大きさは、その都市・観光地でその食を「食べたことがある」人の割合、これを「経験度」と呼び、50％以上、30 ～ 40％台、30％未満と 3 分類した。図はこれらの要素を座標にマッピングした、マトリックスである。

この「関与度」「食事費用」「経験度」のマトリックスから、類型化を試みた。マトリックス上の分布から、A から H のグルーピングをすることができ、それぞれその特徴から次のように名付けた。

A：高級グルメ都市、B：グルメ都市、C：B 級グルメ都市、D：美食都市、
E：食べ歩き都市、F：ちょっと美食都市、G：これから食べ歩き都市、
H：まだまだ食べ歩き都市

例えば、A の高級グルメ都市は、関与度が極めて高く、食事費用も極めて高いが、経験度は低い。カニ、フグ、和牛などの地域特産の高級食材のある都市・観光地群である。表 4-1 に、それぞれの分類の、関与度、食事費用、経験度の関係と都市・観光地の特徴と代表的な都市・観光地を整理した。

食べに行きたいという「関与度」をキーワードにした類型化の試みであった。この時点の消費者、旅行者の意識や行動の中での、日本のフードツーリズ

ムを概観することができたと確信しているが、予め用意した 50 都市からの選択、50 都市への評価、という方式により、現実に拡大、創出される「地域の食」を観光資源とした観光まちづくりの都市・観光地はつかみきれなかった。また、「名物を食べに行く」というシーンのみに焦点を当てたので、「地域の食」に対する、旅行者の新しい行動、すなわち「地域の食」を購買するとか、「地域の食」の生産過程を体験するとか、「地域の食」の空間を楽しむとかの実態を把握することができないという弱点があった。

4.1.2 旅行タイプによる 8 つの分類

筆者（2010b）は、2009 年 10 月に 2 回目のフードツーリズムに関する調査を実施し、「地域の食」を主な目的とした旅行の経験や意向とそれぞれの「食」と都市・観光地を確認した。この調査では、前調査結果や対象者からのコメント、全国各地でのフィールドワークにおける、地元の担い手たちや旅行者への取材、インタビューの中から出てきたキーワードにより用意した 8 つの旅行タイプを予め用意し、そぞれの経験・意向とそれぞれの食と都市・観光地を確認した。すなわち、①高級食材、②旅館で地元グルメ、③地元の高級料亭・高級レストラン、④伝統的な郷土料理、⑤B級グルメ、⑥特徴ある食の空間、⑦体験する食、⑧買う食、である。表 4-2 は、その旅行の内容をまとめたものである。

表 4-2 フードツーリズムの旅行タイプによる 8 つの分類（2009）

分類	旅行の内容
高級食材	地域の特産品などの高級食材やその料理を食べることを主な目的とした旅行
旅館で地元グルメ	旅館で地元の特徴ある食材や料理を食べることを主な目的とした旅行
伝統的な郷土料理	地域の伝統的な郷土料理を食べることを主な目的とした旅行
地元の高級料亭・高級レストラン	地元の高級料亭や高級レストランで地域らしい料理を食べることを主な目的とした旅行
B級グルメ	地域の低価格な庶民的で気軽な料理、いわゆるB級グルメを食べることを主な目的とした旅行
特徴ある食の空間	地域の特徴ある食の空間で食べることを主な目的とした旅行
体験する食	農業体験、漁業体験、郷土料理講習、そば打ち、味覚狩り等、地域の食の生産過程の体験を主な目的とした旅行
買う食	地域で生産される良い食材、食品、加工品をその地元に買いに行くことを主な目的とした旅行

筆者調査（2009）より作成

図 4-3 は、「地域の食」を主な目的とした旅行のテーマ別の「経験」と「意向」を表した図である。前述したが、この調査での「地域の食」を主な目的にした旅行の「経験」は 45.7％で、半数近くの人の

第4章　フードツーリズムの類型

図4-3　フードツーリズムの旅行タイプ別の「経験」と「意向」（複数回答・2009）

（グラフデータ：行ったことがある（経験）／行ってみたい（意向））
- 全体：45.7／77.2
- 高級食材：20.7／37.2
- 旅館で地元グルメ：15.8／28.8
- 地元の高級料亭・高級レストラン：6.2／14.7
- 伝統的な郷土料理：11.8／28.3
- B級グルメ：28.0／32.3
- 特徴ある食の空間：15.2／22.7
- 体験する食：6.8／14.7
- 買う食：26.3／24.5

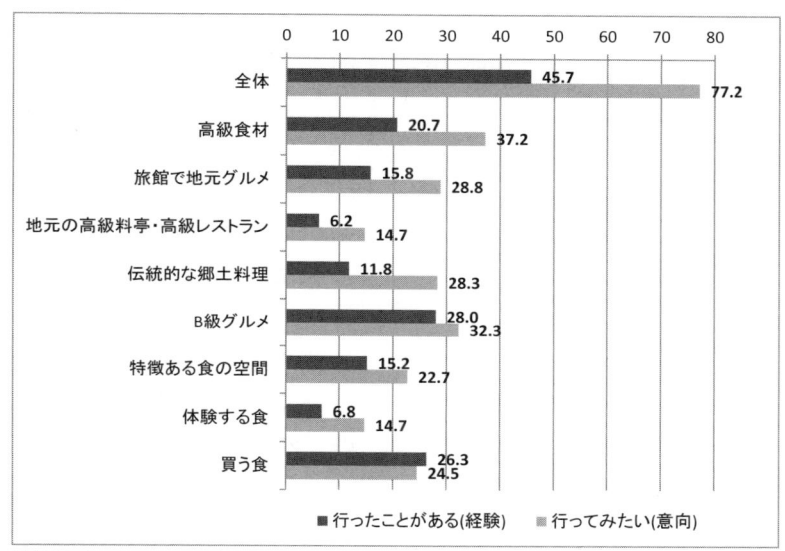

筆者調査（2009）　n = 600（%）

「経験」が確認できた。また、「意向」は77.2％と8割近くあった。

　予め分類した8つのテーマ別の旅行タイプの「経験」のトップは「B級グルメ」で、28.0％と、3割近くあった。続々と誕生する各地域のB級グルメやその情報に反応し、実際に食べることを目的に旅をしていることが確認できた。2位は「買う食」の26.3％で、予想以上の経験があった。新鮮なその土地ならではの食材やできたての加工品を買いに、有名市場や道の駅、加工工場などに行く旅で、主に日帰りドライブが多い。また、観光バスによる買い物ツアーも人気がある。すでに定着しているフードツーリズムのタイプである。

　3位は「高級食材」の20.7％。カニ、エビ、フグ、和牛などの高級ブランド食材に反応し、いわゆる本場に食べに行っていることが分かる。このタイプは宿泊を伴うことが一般的で、高級食材を素材とした高級料理を夕食として満喫する。

　4位以下は、「旅館で地元グルメ」15.8％、「特徴ある食の空間」15.2％、「伝統的な郷土料理」11.8％と続く。旅行で旅館に宿泊した経験者は多いはずだが、

そこでの地元ならではのグルメを目的とし、「経験」したと思っている人は案外少ない。「体験する食」と「地元の高級料亭・高級レストラン」は、まだ定着していないと考えられた。

　「意向」のトップは「高級食材」で、37.2％だった。「経験」では３位だったが、今後行きたいという観点からは、カニ、エビ、フグ、和牛などを本場で食べてみたいという人が多いことが確認できた。実際に行くことができるかどうかは別として、新鮮な高級食材を素材とした料理を本場で満喫したいという思いは、誰にでも少なからずある。

　２位は「Ｂ級グルメ」で32.3％だった。Ｂ級グルメやご当地グルメの情報は、テレビの旅番組や情報番組、雑誌の特集などで多くの人に届いている。しかも、容易に実現できそうなところが注目されたのであろう。３位は「旅館で地元グルメ」28.8％、４位は「伝統的な郷土料理」28.3％とほとんど同じ割合で続いた。旅館でのんびり、ゆっくりとして、地元ならではの美味しいグルメを味わいたいという思いは根強い。また、旅先で都会では味わえない伝統的な郷土料理を食べたいという人も少なくない。

　５位は「経験」では２位だった「買う食」の24.5％、６位は「特徴ある食の空間」22.7％。特徴ある食の空間は、具体的なイメージがわかなかったのかも知れない。７位は同率で、「地元の高級料亭・高級レストラン」と「体験する食」が並んだ。

　2009年の調査では、「観光まちづくり」を意識し、発地からのアプローチではなく、着地においての観光まちづくりのキーワードとなりうる８つの分類を提示して、その「経験」、「意向」とそれぞれの食と都市・観光地を探っていたが、例えば、京都や伊勢志摩は「高級食材」にも「旅館で地元グルメ」「地元の高級料亭・高級レストラン」にも登場するという現象が起こった。高松の讃岐うどんも「伝統的な郷土料理」と「Ｂ級グルメ」に登場し、ラーメンやお好み焼きも「Ｂ級グルメ」として上位に入るととともに、「特徴ある食の空間」では、ラーメン横丁、屋台村、お好み村として登場する。現在の日本のフードツーリズムを的確に分類したものとはいえず、課題を残すこととなった。

　しかし、消費者、旅行者が高級食材や高級料理だけを求めているのではなく、Ｂ級グルメや郷土料理などの廉価な地域食に目が向いていることが確認でき、

食べるという行動だけではなく、「地域の食」を購買する、体験するなどの楽しみ方が確実に始まっていることも、結果の数値からだけでなく、すべてに記入してもらったコメントからも読み取ることができた。

4.2 フードツーリズムの類型化

4.2.1 類型化の指標

　本稿では、先行研究におけるフードツーリズムの分類や、筆者自らが試行してきた分類の試みから得た知見を踏まえて、2011年の調査結果を基に独自の類型化を試みる。

　その類型は、可能な限りシンプルで、すべてのフードツーリズムを網羅する必要がある。フードツーリズム自体の最も重要な要素は、「地域の食」が旅行動機になることであり、旅行目的になり、主要な活動になることである。つまり、旅行動機、旅行目的、目的地での活動が明確に識別される分類が求められる。また、その類型が、観光まちづくりの諸活動、具体的にはマーケティング活動の差別化が明瞭で、実際的に活用の示唆となるものでなくてはならない。

　類型化の指標の一つは、「地域の食に対する観光行動の質」である。旅行者の観光行動自体が多様化、個性化している今日の旅行おいて、「地域の食」という観光資源に対しても多様な係わりがあり、多様な楽しみ方があると考えるべきである。観光行動の質から、フードツーリズムを大きく分類すると、「地域の食」を「食べに行く」という、食に対する直接的な観光行動と、「地域の食」を「食べに行く」のが主な目的ではない楽しみ方、いわば、食に対する間接的な観光行動に2分類することができる。

　前者は、食の本来の機能である「食べる」がその観光行動となる。しかし、それは、空腹を満たし生命を維持するための行動ではなく、美味を快楽として得たり、珍しいものを食することにより好奇心を満足させたり、食を味覚だけでなく視覚や臭覚、聴覚、触覚など五感で楽しんだり、食が盛りつけられた食器や食事をする場所の雰囲気やそこから見える景色、同行者との会話や食に携わる地元の人々との交流など、地元で「食べる」ことで満たされ、満足感を得ることである。もちろん、「食べる」という行動には、ビール、酒、焼酎、ワ

インなどのアルコール飲料や茶、コーヒー、ジュースなどを「飲む」という行動も含まれる。

　後者は、「地域の食」を「食べに行く」のが主な目的ではない楽しみ方、「地域の食」を地元に「買いに行く」、「地域の食」の生産過程を地元に「体験しに行く」という間接的な観光行動である。「地域の食を楽しむ」ことがフードツーリズムであるので、これらもフードツーリズムと明確に位置付ける必要がある。「買いに行く」「体験しに行く」は、食を買うことを楽しみ、体験することを楽しむのだが、ほとんどの場合は結果的にはどこかの時点ではその食を「食べ」それにより満足感を得ることになる。

　もう一つの指標は、その「地域の食」にかかった費用、「1人当たりの単価」である。日本の旅行市場は、特定の富裕層だけではなくほとんどすべての一般消費者が参加している。ここまでの調査結果からも明らかなように、旅行中の食に、豪華、贅沢だけを求める傾向は、主流ではあるものの大きく変化している。また、「地域の食」に接する場面は、朝食、昼食、夕食のほかに、間食、夜食、宴会など多様であり、それぞれに適した地域の名物が存在する。当然ながら、その食のシーンによって、消費単価は大きく異なる。

　今日の一般的な日本人が食事に使う費用はどのくらいであろうか。正確な統

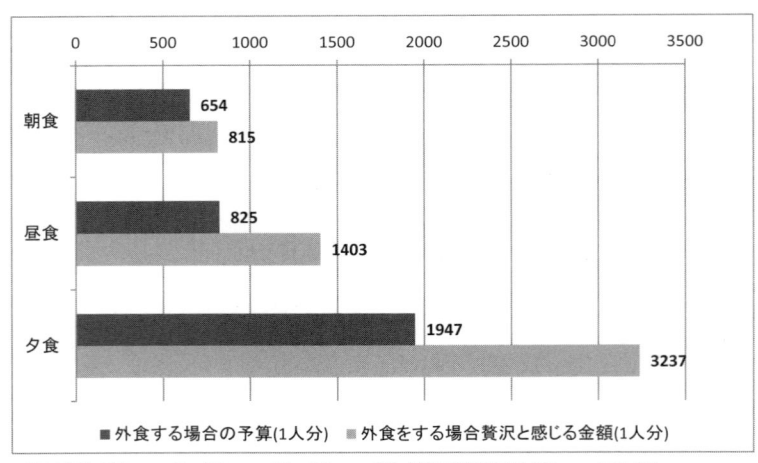

※外食の予算：朝食　n = 92　昼食　n = 421　夕食　n = 298　贅沢に感じる金額：全て　n = 1000（円）
出典：C－NEWS 編集部生活情報マーケティングデータより筆者作成

図 4-4　外食の予算と贅沢に感じる金額（2009）

計データは見当たらないが、旅行とは関係なく、家ではなく食堂やレストランで食事をする外食での費用を見ていく。図 4-4 は、外食する場合の 1 回当たりの 1 人分の平均予算と、外食する場合の 1 人当たりの平均予算として贅沢に感じる金額を調査[1]した結果である。

実際に使っている昼食の平均予算は 654 円、夕食は 1,947 円であった。また、外食をしない人も含めて、贅沢に感じる金額を聞いた平均予算は、昼食 1,403 円、夕食 3,237 円であった。日常の外食で、昼食で使っているのは 500 ～ 1,000 円、1,500 円はちょっと贅沢である、というのが一般的な感覚と考えられる。夕食についても、実際に使っているのは 2,000 円前後で、3,000 円を超えるとちょっと贅沢である、と感じているようである。ともに、今日の一般的な人々の日常の外食に対するコスト意識、金銭感覚と考えて問題ないであろう。

それでは、旅行中の食事にかける費用はどのくらいになるのだろう。本調査（2011）における、「『地域の食』を主な目的とした国内旅行」をしたと答えた人に対して、「『地域の食』を目的として行かれた国内旅行の内、最も印象に残っている旅行について、その都市・観光地、食の具体的な内容、その食に消費した 1 人当りの額をお知らせ下さい」という質問から得られた、食に消費した 1 人当たりの額の平均単価は、5,289 円であった。最大単価は 50,000 円で、最小単価は 50 円であった。

旅行中であり、「地域の食」を主な目的とした旅行であり、最も印象に残っている「地域の食」であるので、当然、日常生活における外食より高額になる。俗に言う、「財布の紐が緩む」状態になる。平均単価、約 5,000 円は、今日の日本人の旅行中で、最も印象に残っている「地域の食」に使用された額としては妥当なところと考えられる。昼食、夕食あるいは間食であったかとの設問を作らなかったためその内訳が把握できないのは、とても残念である。また、「地域の食」の買物も含まれるので、その場で食べる費用とは異なるものも含まれていることに留意しなくてはならない。

最大単価の 50,000 円は下関のフグ料理で、高級老舗料亭のコース料理でお酒を含めれば不自然な金額ではない。また、最小単価の 50 円は、岡山県津山市の「北天まんじゅう」が挙げられていた。全国から買いに来る人がいる黒糖を使った名物饅頭であり、1 個 50 円で販売され、もちろんその場で食べる旅

行者も多い。これも、最も印象に残った「地域の食」に登場するのに違和感はない。

3つ目の指標は、対象となる「地域の食」バリエーション、すなわち「食の種類の数」である。「最も印象に残っている『地域の食』とその都市・観光地」を概観すると、半数は、誰もが名物と感じられるひとつの料理名が挙がっているが、複数挙がっている都市・観光地も少なくなく、中には5、6の料理が挙がっている都市・観光地もある。とくに、庶民食から高級料理までが登場し、最大単価と最小単価の幅が大きくなっているところがある。「食の種類の数」も、類型化の大きな指標となるであろう。

4.2.2 フードツーリズムの6類型

「地域の食に対する観光行動の質」「一人あたりの単価」および「食の種類の数」を指標として、フードツーリズムの類型化を試みる。まず、表3-8（『地域の食』を主な目的とした国内旅行で、最も印象に残っている『地域の食』とその都市・観光地、単価の上位20）の28都市・観光地を対象として考察する。2011年調査で、3名以上が挙げた都市・観光地である。2名以下の都市・観光地は他に91都市挙がったが、サンプル数が少ないので対象外とした。

表4-3は、表3-8（「『地域の食』を主な目的とした国内旅行で、最も印象に残っている『地域の食』とその都市・観光地、単価の上位20（2011））」を「平均単価」の高い順に並べ替えた表に、類型の指標を挿入、加工し、類型イメージを表したものである。

最初に、「観光行動の質」から、フードツーリズムを大きく分類すると、「地域の食」を「食べに行く」という、食に対する直接的な観光行動と、「地域の食」を「食べに行く」のが主な目的ではない楽しみ方、いわば、食に対する間接的な観光行動に2分類することができる。表4-3においては、勝沼以外は、「食べに行く」都市・観光地である。出石、函館は、「食べに行く」とそれ以外の両方の食が挙がっている。

今日の日本のフードツーリズムにおいては、「地域の食」を「食べに行く」旅行が主流であることが分かる。この5年間の中の食を目的とした旅行で「最も印象に残っている『地域の食』」が、「食べに行く」旅行であったことは自然

第4章　フードツーリズムの類型

表4-3　「地域の食」を主な目的とした国内旅行で、最も印象に残っている「地域の食」とその都市・観光地、上位20の類型の指標（2011）

n=277（人・円）

類型の指標⇒				①地域の食に対する観光行動の質		②一人あたりの単価			③食の数	
順位	都市・観光地	都道府県	人数	食べに行く	食べに行く以外（体験・購買）	平均単価	最大単価	最小単価		
20	下関	山口県	3	フグ料理		22,000	50,000	8,000	1	
7	城崎	兵庫県	6	カニ料理		13,667	25,000	5,000	1	
3	伊勢志摩	三重県	15	伊勢エビ・アワビ・松阪牛・伊勢うどん		6,947	20,000	500	4	
4	京都	京都府	10	京懐石・京料理・湯豆腐料理		6,850	21,000	1,500	3	
17	淡路島	兵庫県	4	淡路牛		6,500	10,000	3,000	1	
2	札幌	北海道	19	カニ・海鮮料理・寿司・ラーメン・ジンギスカン・スープカレー		5,499	20,000	1,000	6	マルチ
11	勝沼	山梨県	5		ワイナリー巡り・ぶどう狩り	5,140	8,000	1,700	2	ワイン・酒／体験
7	博多	福岡県	6	ラーメン・モツ鍋・海鮮料理		5,133	20,000	600	3	マルチ
11	金沢	石川県	5	加賀料理・海鮮料理		4,600	9,000	3,000	2	
20	出石	兵庫県	3	そば	そば打ち体験	4,567	10,000	1,200	2	庶民／体験
11	函館	北海道	5	イカ・海鮮料理	朝市	4,300	10,000	1,000	3	高級／購買
7	飛騨高山	岐阜県	6	飛騨牛		4,250	8,000	1,500	1	
6	名古屋	愛知県	7	櫃まぶし・味噌カツ・きしめん・名古屋コーチン・手羽先		4,211	10,000	980	5	マルチ
20	小樽	北海道	3	寿司・海鮮料理		4,167	5,000	2,500	2	
11	仙台	宮城県	5	牛タン		4,100	8,000	1,500	1	
20	奈良	奈良県	3	柿の葉寿司・地元料理		4,000	8,000	1,000	2	
17	呼子	佐賀県	4	イカ料理		3,900	10,000	600	1	
20	鹿児島	鹿児島県	3	黒豚料理・白熊		3,867	6,000	600	2	
5	那覇	沖縄県	9	沖縄料理・沖縄そば・ステーキ・アグー豚		3,011	8,000	500	4	マルチ
20	高知	高知県	3	皿鉢料理・カツオ		2,667	3,500	2,000	2	
7	大阪	大阪府	6	たこ焼き・お好み焼き・串揚げ		2,583	6,000	1,000	3	
20	尾道	広島県	3	ラーメン		1,900	3,000	700	1	
11	長野	長野県	5	そば		1,840	5,000	1,000	1	
20	富良野	北海道	3	カレー・ラーメン		1,667	3,000	500	2	
17	広島	広島県	4	お好み焼き		1,625	3,000	1,000	1	
1	高松	香川県	21	讃岐うどん		1,362	5,000	300	1	
11	喜多方	福島県	5	ラーメン		1,240	3,000	700	1	
20	宇都宮	栃木県	3	餃子		767	1,000	300	1	

（右端の縦軸：高級グルメ ⇔ 庶民グルメ）

筆者調査（2011）

なことだと考えられる。したがって、地域の食を「食べに行く」のが主な目的でない旅行の「経験」や「意向」を確認するには、それらのタイプを提示して個別の設問として聞く必要がある。「食べに行く」のが主な目的でないフードツーリズムについては後述する。

次に、ふたつ目の指標である「一人あたりの単価」から見ていく。表4-3の「食べに行く」食の平均単価に着目すると、実に幅が広い。最大はフグ料理の下関の22,000円で、最小は餃子の宇都宮の767円である。旅行中の記憶に残る食としてある程度高額なものが並ぶことは不思議ではない。しかし、かなり廉価な庶民食も、「最も印象に残っている」食として挙がっていることはフードツーリズムのバリエーションを示している。廉価な庶民食も、実際に旅行動機、旅行目的となっていることが分かる。

この平均単価から、高額な費用が必要となる①高級グルメと、廉価な②庶民グルメ、に分類することができる。その境界はいくらぐらいなのであろうか。前述した、多くの人が外食において夕食の予算としては贅沢に感じる3,000円程度、本調査における全体の平均単価は5,000円程度、この辺りが境目になると思われる。また、食の内容からもその境界は歴然と見えてくる。平均単価4,000円前後あたりより高額なものが「高級グルメ」の範疇としていいであろう。

表4-3においては、フグ料理の下関、カニ料理の城崎、伊勢エビ・アワビなどの伊勢志摩、京懐石・京料理などの京都、淡路牛の淡路島などは、高級食材料理、伝統的な高級料理で「高級グルメ」と言える。以下の金沢、函館、飛騨高山、小樽、仙台、奈良、呼子、鹿児島もその範疇である。皿鉢料理・カツオが挙げられた高知は意外と平均単価が低いが、皿鉢料理は決して廉価な料理ではない。「高級グルメ」に入れるべきであろう。

安いほうから見ていくと、餃子の宇都宮、ラーメンの喜多方、讃岐うどんの高松、お好み焼きの広島、カレー・ラーメンの富良野、そばの長野、ラーメンの尾道、金額的には微妙だが、典型的な庶民食の並ぶタコ焼き・お好み焼き・串揚げの大阪が、「庶民グルメ」の範疇とすることができる。平均単価が1,000円から2,000円の廉価な「地域の食」である。

表4-3において、「高級グルメ」「庶民グルメ」に分類できない都市・観光地

がある。例えば、上位にある札幌である。食として挙がった、カニ、海鮮料理、寿司は明らかに高級グルメに属し、ジンギスカンはやや微妙ではあるが、ラーメン、スープカレーは明らかに庶民グルメに属する。つまり、高級グルメから庶民グルメまで、多種類の食のバリエーションをもつ都市であり、したがって、最大単価と最小単価の幅が広い。

　このような都市・観光地を別の類型とするために、3つ目の指標、「食の種類の数」に注目してみる。28都市・観光地中、ひとつの食が挙がったのは12都市・観光地で、残りは複数の食が挙げられている。複数挙がっているが、たとえば、京都の京懐石・京料理・湯豆腐料理、金沢の加賀料理・海鮮料理、小樽の寿司・海鮮料理どは、あまり違和感がなくいずれも「高級グルメ」で括ることができる。同様に、大阪のたこ焼き・お好み焼き・串揚げ、富良野のカレー・ラーメンなど「庶民グルメ」で括ることができる。

　しかし、前述した、6つの食が挙がった札幌、5つの食が挙がった名古屋、4つの食の挙がった那覇は、いずれも「高級グルメ」から「庶民グルメ」まで、異質の料理が並んでおりどれもがこの地を代表する料理であることが分かる。これらの都市・観光地は「高級グルメ」「庶民グルメ」とは別に分類する必要がある。旅行者を引き付ける「高級グルメ」から「庶民グルメ」まで多数の異質の料理を持つ都市・観光地を「マルチグルメ」と分類する。

　札幌、名古屋、那覇のほかに、4つの食が挙がったのは、伊勢志摩である。伊勢エビ・アワビ・松阪牛・伊勢うどんが挙がったが、伊勢エビ・アワビは高級海鮮食材として括ることができ、松阪牛は同県内の近くはあるが明確に別の地域の食材である。伊勢うどんは歴史ある廉価な名物であり、登場するのは不自然ではない。しかし、伊勢志摩はシーフードを中心とした「高級グルメ」の代表地として位置付けるべきであろう。

　3つの食が挙がった博多は、ラーメン・モツ鍋という「庶民グルメ」と海鮮料理という「高級グルメ」が並び、さらに「意向」の中には、水炊きも挙がっており、「マルチグルメ」に分類されるべきであろう。圏外ではあるか、神戸ステーキから南京町の中華料理、そばメシ、スイーツなどのバリエーションのある神戸もこの分類となるであろう。「マルチグルメ」は多くの旅行者が訪問する都市に形成されるフードツーリズムである。

つまり、「食べに行く」旅行タイプは、①高級グルメ、②庶民グルメ、③マルチグルメの3つに類型化されることが確認できた。

表4-3において、勝沼のワイナリー巡り、ブドウ狩り、函館の朝市での買い物、出石のそば打ち体験など、「地域の食」を「食べに行く」のが主な目的ではない楽しみ方、いわば、食に対する間接的な観光行動のものが挙げられたが、僅かであった。最も印象に残っているひとつにはなっていないと考えられる。しかし、過去の調査や取材などから、「食の購買」と「食の体験」も決して少なくない人たちが経験していることが確認されている。

「食の購買」とは、「地域の食」を食べに行くのではなく、わざわざ地元まで買いに行く旅行、買い物ツアーや買い出しドライブと呼ばれるものなどで、気軽な旅として定着している。表中に登場した函館の朝市もその例である。「食の体験」は、表中に登場したブドウ狩りを始めとした味覚狩りや、近年ブームにもなっている、そばの産地でのそば打ち体験などである。また、本格的な生産地での生産過程を体験する農業体験、漁業体験、酪農体験などで、一般旅行者の参加も増加している。

さらに、欧米では最も一般的で経験者の多いフードツーリズムであるワイナリー巡りである。表中でも勝沼が挙がっている。ワイナリー巡りとは、ワインツーリズムともいわれ、地域のワイナリーやブドウ畑を訪れ、その土地の自然、文化、歴史、暮らしに触れ、つくり手や地元の人々と交流し、ワインやその土地の料理を味わう旅行のことである。「食の体験」に分類することもできなくはないが、対象となる食が「飲み物」であること、その生産地を訪ね、ワインを「飲み」それに合う地元料理を「食べ」、生産現場であるブドウ畑やワイナリーを「見学」し、ワインを「買う」旅である。「食べに行く」タイプと「食べに行く」ことが目的ではないタイプの中間に位置付けられ、別の分類とすべきであろう。

ワインツーリズムと似た旅行タイプに、日本酒や焼酎の生産、貯蔵地である酒蔵を訪ねる酒蔵巡りもある。「飲み物」を対象とし、その生産地を訪れ、「飲み」それに合う地元料理を「食べる」という、きわめて酷似した旅行と捉え、同じタイプに分類することとする。「ワイン・酒」、をもう一つの類型とすることができる。

これらの「食べに行く」ことが目的ではないタイプは「最も印象に残って

第 4 章　フードツーリズムの類型

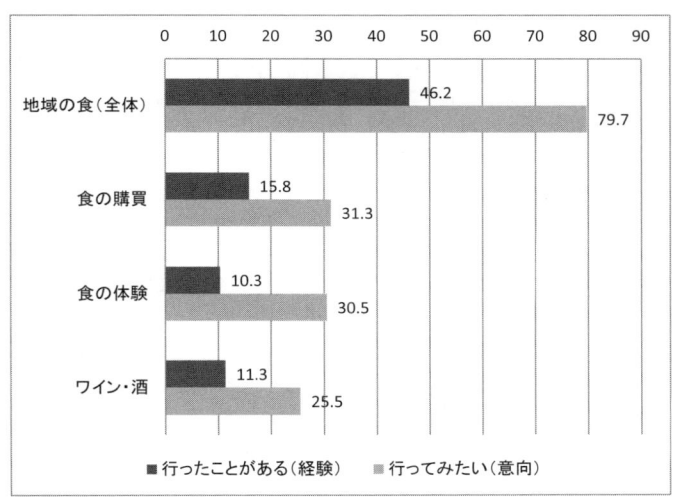

```
         0   10  20  30  40  50  60  70  80  90
地域の食（全体）  ████████████ 46.2
            ████████████████████ 79.7
食の購買      ████ 15.8
            ████████ 31.3
食の体験      ███ 10.3
            ████████ 30.5
ワイン・酒    ███ 11.3
            ██████ 25.5
```
■ 行ったことがある（経験）　□ 行ってみたい（意向）

筆者調査（2011）n＝600（%）

図 4-5 「地域の食」を目的とした 3 タイプの国内旅行の「経験」と「意向」（2011 年）

いる『地域の食』」に登場してこないことを予想して、④食の購買、⑤食の体験、⑥ワイン・酒、の「経験」と「意向」を、個別に設問し、全体調査同様に質問した。図 4-5 は、その結果の表したものである。「経験」は、それぞれ 15.8％、10.3％、11.3％であり、十分に定着している旅行タイプとは言えない。しかし、「意向」は、それぞれ 31.3％、30.5％、25.5％と、3 割近くあり可能性のあるフードツーリズムと考えられる。

　本稿では、①高級グルメツーリズム、②庶民グルメツーリズム、③マルチグルメツーリズム、④食購買ツーリズム、⑤食体験ツーリズム、⑥ワイン・酒ツーリズムを、日本のフードツーリズムの 6 類型として提示する。図 4-6 は、横軸に食に対する観光行動、右は食べる・飲む、左は購買する・体験するをおき、縦軸にその食に使う費用、上に行くほど高額で、下に行くほど低額になる座標をつくり、これら 6 類型をポジショニングした。それぞれの、フードツーリズム全体の中での位置付けが読み取れる。

　表 4-4 は、本調査での、全体のフードツーリズムの 6 類型の費用単価を一表にまとめたものである。全体の単価は、全体調査に「経験」したと答えた人

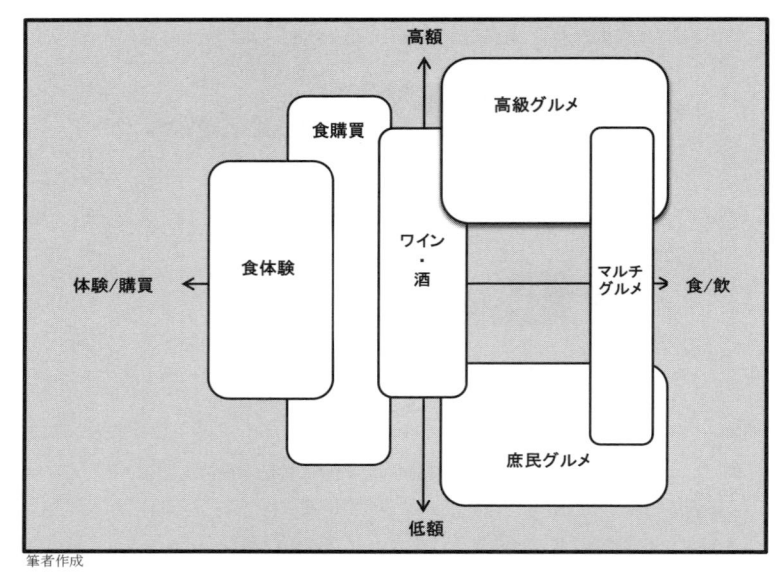

図4-6 フードツーリズムの6類型のポジショニング

筆者作成

　全ての平均値で、高級グルメ、庶民グルメ、マルチグルメは、全体調査に「経験」した人が2名以上いた都市・観光地の加重平均値である。食購買、食体験、ワイン・酒は、3タイプの個別調査に「経験」したと答えた人全員の平均値である。
　この6類型は、現在の日本のフードツーリズムを網羅していると確信する。しかし、ボーダーとなる「地域の食」や旅行者の活動もあり、すべてが明確に分類できるということはできない。
　表4-3においても、出石は出石そばのまちとして有名である。そばを食べに行く旅行であれば、庶民グルメツーリズムとなり、本場でそば打ちを体験することを目的としていけば、食体験ツーリズムになる。そばを名物に持つ都市・観光地であれば同様の問題は起こりえる。函館もイカ・海鮮料理と朝市での買い物が並んだ。食購買ツーリズムと重なる都市・観光地は実際には多数ある。
　また、例えば、仙台の牛タンにおいては、人気の高い「牛タン定食」はどの店でも1,500円程度のもので、昼食だけでなく夕食としても食べられている。

表4-4 フードツーリズムの6類型の費用単価（2011年、単位：人・円）

類型	サンプル数	平均単価	最大単価	最小単価
全体	277	5,289	50,000	50
高級グルメ	91	7,222	50,000	500
庶民グルメ	48	1,643	10,000	300
マルチグルメ	47	4,412	20,000	500
食購買	96	5,183	28,000	100
食体験	52	3,625	15,000	500
ワイン・酒	67	3,628	25,000	500

筆者調査（2011）
全体：全体調査に経験したと答えた人全て
高級グルメ：全体調査に経験した人が2名以上いた都市・観光地
庶民グルメ：全体調査に経験した人が2名以上いた都市・観光地
マルチグルメ：全体調査に経験した人が2名以上いた都市・観光地
食購買：個別調査に経験したと答えた人全て
食体験：個別調査に経験したと答えた人全て
ワイン・酒：個別調査に経験したと答えた人全て

この現象だけ捉えれば、庶民グルメツーリズムと位置付けられるが、夕食に様々な牛タン料理をお酒とともの楽しめば、一人当たり単価は5,000円を超える高級グルメツーリズムの範囲となる。仙台の牛タンは、どちらのケースも旅行者に人気があるが、調査結果の費用単価からは、高級グルメと位置付けられる。

一定規模以上の都市には、安価な庶民グルメから高額な高級グルメまで、多種類の特徴ある料理は必ず存在している。しかし、地域外の旅行者を引き付ける魅力があり、多種類の特徴ある名物料理があるかが問題となる。消費者調査などを前提とする必要があるが、マルチグルメツーリズムの線引きは今後難しくなっていくかもしれない。体験と購買がセットになったような旅行、特定店舗の料理を購買するためにその店舗に食べに行く旅行、特定のワイナリーにそこのワインを購入するだけに訪れる旅行など、分類することが難しい旅行もある。

ポイントは、旅行者の「地域の食に対する思いと行動」である。つまり、「地域の食」が、「主な旅行動機、主な旅行目的、目的地での主な活動」となるかである。例えば、多種類の名物料理をもつ都市であっても、ほとんどの旅行者がその中の庶民グルメを求めて訪問していれば庶民グルメツーリズムのまちとなる。高級グルメツーリズムのまちにも、近年B級グルメが登場しているが、

ほとんどの旅行者が高級グルメを求めて訪問していれば、その地域は高級グルメツーリズムのまちである。そばが名物のまちで、そばを食べに行くことよりも、そば打ち体験をしに行くことが旅行者を引き付けるのであれば、そこは食体験ツーリズムのまちとなる。旅行者の「意向」から捉えることにより、それぞれの定義に従い分類可能になる。6類型の定義については次項で行う。

4.3 フードツーリズムの6類型の定義と現状

4.3.1 高級グルメツーリズム

　高級グルメツーリズムとは、「地域の特徴ある高級食材を用いた料理や地域に古来、伝わってきた会席料理形式の高級伝統料理、地域に立地する際立った個性を有する食事処・レストランで提供される高級料理など、通常の食事より高額となる美食を楽しむことを主な旅行動機、主な旅行目的、目的地での主な活動とする旅行」と定義する。

　「高級食材」とは、日常の食生活でなかなか口にすることのできない、その地域特産の高額な、希少な、旬な食材である。「際立った個性を有する食事処・レストラン」とは、店自体の個性が高く評価されているものと、料理長、シェフ、プロデューサーなど個人の魅力によるものとがある。「通常の食事より高額」は、前述のように、単価4,000円程度より高額なものとする。

　高級グルメツーリズムは、最も歴史のあるフードツーリズムのスタイルである。いわゆる「グルメツアー」と同義語と考えていい。1970年代、レジャーとしての観光が普及し、旅行会社が自ら観光素材を集め企画造成したパッケージツアーの発売から、顕在化したものである。地域の高級料理や高級食材を使った料理がセットされたパッケージツアーが「グルメツアー」と名付けられ、名所旧跡巡りに飽きた熟年層、シニア層のニーズをつかみ定着していった。また、オフシーズンとなる冬期においては、旅行会社にとっても、地域にとっても、旅行者にとっても、最適なパッケージツアーであった。

　それ以前にも、グルメツアーは存在していた。それは、庶民のものではなく、特権階級や一部の富裕者のものであった。例えば、フグ食禁止令の出ていた明治期の下関でのフグ食解禁のエピソードはその時代の特権階級のグルメの旅の

様子がうかがえる。1888 年に伊藤博文が下関を訪れた際に、割烹旅館「春帆楼」で禁止令の出ていたフグを食べ、その味の素晴らしさに感嘆した。そこで伊藤は山口県知事に働きかけたところ、山口県下でのフグ食が解禁されたと言う。このことが下関とフグの強い結びつきを決定づけた[2]。

　明治の中期に、特権階級は旅の中で美味を求めていて、それに対応できる高級割烹が存在していたことが分かる。「春帆楼」は、明治初期には開業していて、今日でも、下関で最も人気があるフグ料理が満喫できる割烹旅館である。今日、この高級グルメツーリズムを支える有名旅館、料亭は、明治期からあるものが多く、それ以前の歴史を有するものもある。カニ料理で有名な、城崎の「西村屋」は江戸安政年間の創業で 150 年の伝統があると言う。高級懐石料理が食べられる京都の「瓢亭」も江戸天保年間に料亭の暖簾をかかげている。松阪の松阪牛元祖「和田金」も明治初期の創業[3]である。

　これらの例から分かるように、いつの世も特権階級は、美味を求め庶民には手の届かない、特殊な食事処で食を楽しんでいた。しかし、これはフードツーリズムではない。しかし、彼らがこの観光現象の先駆的な役割を常に果たしていたということも事実である。また、高級グルメツーリズムは、このように歴史と伝統の中で存在するものであり、容易に参入できないという側面も持つ。観光まちづくりの観点からは、留意しておかなければならない。

　2011 年の調査結果の「経験」上位 20 位の半数以上は高級グルメが占めていたことから分かるように、今日においても高級グルメツーリズムはフードツーリズムの主流である。日頃食べられない、豪華なもの、珍しいもの、旬なものを、本場で食べてみたい、という気持ちは誰にでもあり、フードツーリズムの原点である。その本場に、わざわざ旅をするのは庶民の夢でもある。したがって、旅行者は高額になるのを受け入れる。また、高額ではあるが、都会の消費地で食べるよりは、本物で、新鮮で、安いという感覚もある。

　高級グルメツーリズムは、旅行者にとっての旅行動機、旅行目的となる「地域の食」への求める「魅力」から分類することができる。①高級食材への魅力、②伝統料理への魅力、③個店個人への魅力、である。

①高級食材への魅力
　日本人の嗜好する高級、希少、季節限定の農水産物といえば、カニが筆頭に

挙げられる。日本人の多くは、カニ好きで、カニ料理が日頃食べれらないご馳走と考えている。輸送手段や冷凍技術が十分発達していなかった、20〜30年前までは、新鮮なカニは水揚げされるところでしか食べることができなかった。地元に行けば、新鮮なカニを大量に、様々な調理法で、しかも安く食べることができた。

　特に、日本海側の北近畿、山陰、北陸で水揚げされるズワイガニが人気を博している。北近畿、山陰で水揚げされるズワイガニは、松葉ガニと呼ばれ、また、北陸の越前海岸付近で水揚げされたズワイガニは、越前ガニと呼ばれ、共に高級ブランドガニとなっている。近年は、京都の丹後半島の間人港で水揚げされたものを間人ガニ、兵庫県の津居山港に水揚げされたものを津居山ガニと名付けられ珍重されている。このカニにより、カニの水揚げ場に近い、温泉地や港町が観光地化した。特に有名になったのは、松葉ガニの城崎温泉、香住である。越前カニの越前海岸や芦原温泉も同様である。

　北海道では、毛ガニとタラバガニの人気があり、近年は、花咲ガニを含めて三大ガニと称し、アピールしている。ゆでたカニを豪快に食べるのが魅力的で、カニ食べ放題プランやカニ食べ放題ツアーも多く見られる。これらのカニは、水揚げ場ではない札幌や旭川、内陸の温泉地でも名物として扱われている。毛ガニを普通に食べるようになったのは北海道でも戦後のことである。

　カニの他の対象は、伊勢エビ、クルマエビ、ウニ、アワビ、フグ、マグロ、金目鯛、寒ブリ、ハモなどの高級な海産物と、ブランド和牛、ブランド豚、ブランド地鶏などである。その他としては、松茸、湯葉などの名前が挙がることがある。

　高級食材として定着し、多様な調理法のある伊勢エビ、フグも、高級グルメツーリズムの典型的な「地域の食」である。伊勢エビは、伊勢志摩、伊豆が有名であるが、近年は水揚げ量の多い房総地域も注目されている。フグは、日本最大のフグの集積地である下関が圧倒しているが、水揚げ場であった愛知県の日間賀島、三重県の安乗、福岡県の宗像なども多くの旅行者を呼ぶようになった。

　近年、フードツーリズムの対象として全国区になった例は、宮城県の気仙沼で、特産品としての地域ブランドはすでに確立していたフカヒレを様々な料理

に加工し地域の旅館や食事処で提供することによって観光資源化に成功している。東日本大震災による甚大な被害を受け、その復興が待望まれている。

富山県の氷見の寒ブリは、以前より高級ブランドであったが、旅行者を集めるようになったのは、「ブリしゃぶ」という新しい料理の開発、「氷見フィッシャーマンズワーフ海鮮館」の開設や「魚のまち・氷見」のPRを積極的に開始してからだった。青森県の大間も、全国区の高級ブランドとなっていたマグロが、地域の旅館、飲食店でも食べられるようになり、旅行者を増加させている。

その他では、フグより美味しいと言われる幻の魚クエ、和歌山県の南紀白浜で名物化を目指している。冬に根強い人気のあるアンコウも、茨城県の平潟や大洗で旅行者を集めている。大分県の関アジ、関サバ、城下カレイ、北海道の鵡川シシャモ、兵庫県の明石鯛などの高級ブランドも、観光ともっと強く結び付けることができると思われる。また、新鮮な魚介類をベースとした、寿司が地域の名物となり旅行者を引き付けているところもある。寿司屋通りが有名となった小樽、寿司街道と命名している宮城県の塩竈などである。

ブランド牛[4]は確実に旅行者を呼び始めている。本調査では飛騨牛と淡路牛が挙がったが、松阪牛を始め、米沢牛、神戸牛、近江牛、前沢牛、佐賀牛、石垣牛なども、それを食べに行く旅行者は多い。食肉関係では、ブランド豚[5]も注目されている、鹿児島の黒豚、沖縄のアグー豚などである。ブランド地鶏[6]も高級グルメツーリズムの範囲に入り始めている。名古屋コーチン、秋田比内地鶏、阿波尾鶏などで、地元で食してみたいと思わせるブランド力を持ち始めている。

これらの料理を食べる場所は、旅館の夕食が中心であったが、地域に点在する専門料理店などでの食事も多くなってきた。旅館では、求めている食材だけではなく、一般的な料理も出てきてしまうことが多いからである。決して安くない料理なので、食する場所の設備、雰囲気、景観などにも旅行者はこだわるようになってきている。この高級食材の魅力は、その土地で生産されたものをその土地で食べるという、フードツーリズムの原点であり、地産地消の典型的なスタイルである。

②伝統料理への魅力

地域に長い時間をかけて根付いた伝統的な調理法でつくられた、庶民がなか

なかなか口にすることができない高級料理のことである。基本的には、コースで料理が出される会席料理であるものが多い。日本各地には、このような伝統的な高級料理は多く存在していると思われるが、多くの旅行者を引き付けているものは数少ない。

代表例は、京都の京懐石である。懐石料理とは、本来、茶会の際に亭主が来客をもてなす料理のことであり、茶道の形式に則った食事の形式であった。したがって、献立、食作法、食器などにも一定の決まりがあった。もともと、一汁三菜が一般的であったが、茶会ではなく料理店で供されるようになってから、品数も増し趣向も凝らされるようになった。京都南禅寺近くの「瓢亭」、同じく京都の「柿傳」、「辻留」などが、懐石料理の有名店である。

懐石料理ではないが、京都の旅館や料亭、料理屋などで食べることのできる京料理も、一度は食べたい高級料理として定着している。京料理とは、京都で培われた伝統と技術でつくられた純和風料理のことである。京都の豆腐料理、鱧料理や、夏に鴨川、貴船などで楽しむことのできる川床料理も、京料理である。

上位20位に登場したのは、金沢の加賀会席、加賀料理である。前田家加賀百万石の財力や文化政策を背景に繁栄していた金沢の地で生まれた料理である。全国各地から集められた食材を独自の調理法で創り上げ、九谷焼、輪島塗などの豪華な食器に盛りつけたものである。かぶら寿司やじぶ煮、鯛の唐蒸などが有名で、四季折々の旬の素材も楽しめる。金沢には、高級料亭から気軽に食べることができる料理屋まで数多く立地している。また、周辺の温泉地でも、味わうことができる。

地域の伝統高級料理として、旅行者がそれを目的とするものでは、高知の皿鉢料理、宇治の普茶料理、長崎の卓袱料理などがある。皿鉢料理は高知の郷土料理で、いくつもの大皿に刺身、鰹のタタキ、寿司と組み物といわれる揚物、煮物、酢物などを盛り合わた料理である。もともとは本膳の後の酒宴用料理であったが、今日ではメインの料理として、酒とともに供されている。高知市内の旅館、料理屋で食べることができる。

普茶料理は江戸時代初期に中国福建省から禅宗の一つである黄檗宗[7]の伝来とともに日本へもたらされた精進料理の一種である。動物由来の食材を用いない料理であるが、日本式の精進料理と異なり、葛と植物油を多く使った濃厚

な味で、一つの卓を4人で囲む形式が特徴である。代表的な普茶料理に胡麻豆腐、精進うなぎがある。宇治の萬福寺周辺の料理屋で食べることができる。

卓袱料理は、長崎で生まれた、中国料理と西欧料理、日本料理が混ざり合った宴会料理である。大皿に盛られたコース料理を、円卓を囲んで食べる。尾鰭といわれる吸い物から始まって10品以上が並び、豚の角煮、からすみなども料理のひとつである。長崎市内の専門料理屋で食べることができる[8]。

③個店個人への魅力

その地ならではの高級食材でなく、その地に根付いた高級伝統料理でもなく、料理や空間などの突出した個性を持つ料理店やレストラン、また、群を抜く技やカリスマ性を持つ料理人やシェフのいる料理店やレストランのことである。日本のフードツーリズムの中では、まだ多く見られないが、欧米ではひとつのカテゴリーとなっているフードツーリズムである。

前述した京都の懐石料理、京料理の有名店や金沢の加賀会席の有名店も、特定の店を目的に訪れる旅行者が多いことからこのジャンルと考えてもいいが、同種の料理を提供する店舗集積により、集客しているという側面があり、伝統料理の魅力に分類したほうがいいであろう。同様に、下関の「春帆楼」、松阪の「和田金」なども、圧倒的な知名度と集客力を持っているが、地域の同種の店舗集積の力も否定できない。

日本においてはまだ確立されていない分野であるが、例えば、北海道の洞爺湖のザ・ウィンザー・ホテル洞爺のフランス料理店「ミシェル・ブラス・トーヤ・ジャポン」は、フランスのミシュラン三ツ星店「ミシェル・ブラス」の世界唯一の支店としてホテル内にオープンし、北海道の素材を大切にしたフランス料理を提供している。オープン以来、全国のグルメ志向の富裕層を集客している。

同じく北海道で、洞爺サミットが開催された時に、大統領夫人、首相夫人たちの食事会が行われたことで一躍有名になった、羊蹄山の南山麓の真狩村にあるオーベルジュ「レストラン・マッカリーナ」は、地元の新鮮な野菜をメインにした独自のフランス料理で、全国からの旅行者を受け入れている。

2007年、『ミシュランガイド』東京版が初めて出版され話題になった。以降、京都・大阪・神戸・奈良版、東京・横浜・湘南版、北海道版が発行されている。『ミシュランガイド』はフランスのタイヤメーカーのミシュラン社のガイドブッ

クで、レストランの星の数による格付けが有名で、その評価は世界的に信頼されている。その三ツ星の規定は「そのために旅行する価値がある卓越した料理」[9]であり、フードツーリズム、とくに高級グルメツーリズムの考え方そのものの基準である。今後日本においても、このミシュランの格付けがフードツーリズムに色濃く影響してくると思われる。また、同様に信頼できる格付けや評価、あるいは口コミが新しい流れをつくっていくかもしれない。

オーベルジュも徐々に日本にも定着してきた。オーベルジュとは、「郊外や地方にある宿泊設備を備えたレストラン」[10]のことで、発祥はフランスである。新しいカタチの、食をメインにした宿泊施設と言えるだろう。このレストランでは、その土地の食材を使った料理を楽しむことができる。旅行者を引き付ける人気のオーベルジュも各地にできてきている。オーベルジュの登場は、日本のフードツーリズムに新風を吹き込む可能性がある。

4.3.2 庶民グルメツーリズム[11]

庶民グルメツーリズムとは、「地域の自然風土、歴史文化、食材、食習慣などを背景として、地域の暮らしの中から生まれ、地域住民が日頃より好んで食し、愛し、誇りに思っている、美味しくて安価な、郷土料理、B級グルメ、ご当地グルメなど、地域内に一定の店舗集積が見られる特徴ある庶民的な郷土食を楽しむことを主な旅行動機、主な旅行目的、目的地での主な活動とする旅行」と定義する。

「特徴ある庶民的な郷土食」とは、歴史ある伝統郷土料理から今日的なB級グルメ、ご当地グルメ、創作グルメまで含まれる概念と捉える。「地域内に一定の店舗集積」とは、当該食を提供する店舗がある程度の数があることが前提となる。「安価な」は、前述の通り、単価1,000円前後から2,000円までとする。

観光まちづくりにおいて、今日もっとも脚光を浴びているのが、庶民グルメツーリズムである。とくに、全国の幅広い地域で現実に取り組まれているのがB級グルメ、ご当地グルメと呼ばれている、1990年代以降に顕在化してきた地域の庶民食である。富士宮やきそばや宇都宮餃子、静岡おでん、佐世保バーガー、厚木シロコロホルモンなど全国に数えきれないほどあり、実際に多くの旅行者を集めている。

B級グルメとご当地グルメについては、研究者、メディアなどが使い分けているがそれぞれの定義は明確でない。B級グルメは安価で美味しい庶民食、ご当地グルメは地域活性化の中での庶民食を意識して使用されることが多い。B級ご当地グルメも同様である。

　また、香川県の讃岐うどんのように、郷土食として長い歴史があり、全国的に評価が上がり、多くの旅行者を呼び、ブーム化するものも現われてきた。讃岐うどんは、讃岐出身の弘法大師が中国から持ち帰ったのが始まりと言われ、江戸時代中期にはうどんづくりが行われていたとされ、その歴史は長い。2011年、香川県庁および香川県観光協会はうどんを全面的に推しだした観光キャンペーン「うどん県」をスタートさせている。このような、廉価で歴史のある郷土食では、山梨県のほうとう、吉田うどん、兵庫県の出石そば、岩手県のわんこそばなどがある。

　郷土料理とは、前述したが「それぞれの地域独特の自然風土・食材・食習慣・歴史文化等を背景として、地域の人々の暮らしの中での創意工夫により必然的に生まれたものであり、家族への愛情や地域への誇りを持ちながら作り続けられ、かつ地域の伝統として受け継がれてきた調理・加工方法による料理」[12]を言う。郷土料理は、その地域の食材を使い、他に見られない独特の調理方法でつくることが特徴で、家庭料理と重なる事もある。

　B級グルメと廉価な郷土食との間にあるのが、ラーメンや、それなりに歴史があるお好み焼き、たこ焼きであろう。1980年代後半から各地に独特のラーメン文化が形成され、ご当地ラーメンブームがおこっている。地域に根付き育てられた、それぞれのラーメンは、それなりの歴史があり、個性があった。お好み焼きやたこ焼きなども、観光資源として再評価されている。

　これらの「地域の食」の、共通点は単価が1,000円前後と安いことである。この庶民グルメツーリズムが顕在化したのは、1990年代である。それまでのグルメツアーは、日頃食べられない豪華で、珍しい、旬のものを食べに行くちょっとした贅沢であった。旅行とは贅沢なものであり、遠い観光地に高価なカニ料理をわざわざ食べに行くことは自然な行動であったが、遠い観光地に廉価なラーメンをわざわざ食べに行くことは違和感のある行動と思われていた。

　しかし、1990年代のバブル経済の崩壊により、消費者や旅行者の価値観が

表 4-5　B級ご当地グルメの祭典「B-1 グランプリ」の開催地等

回	開催年	開催地	出展者数	来場者数	グランプリ
1	2006 年	青森県八戸市	10	1.7 万人	富士宮やきそば (静岡県富士宮市)
2	2007 年	静岡県富士宮市	21	25.0 万人	富士宮やきそば (静岡県富士宮市)
3	2008 年	福岡県久留米市	24	20.3 万人	厚木シロコロ・ホルモン (神奈川県厚木市)
4	2009 年	秋田県横手市	26	26.7 万人	横手やきそば (秋田県横手市)
5	2010 年	神奈川県厚木市	46	43.5 万人	甲府鳥もつ煮 (山梨県甲府市)
6	2011 年	兵庫県姫路市	63	51.5 万人	ひるぜん焼そば (岡山県真庭市)
7	2012 年	福岡県北九州市	63	61.0 万人	八戸せんべい汁 (青森県八戸市)

出典：愛Bリーグ HP（http://b-1grandprix.com）より筆者作成

大きく変化した。旅行に「安いもの」を求めて行くこともおかしくなくなったのである。つまり、交通費をかけても、廉価なラーメンをわざわざ食べに行くのは、「カッコイイ」ことになったのである。もちろん、この頃から「安近短」の旅行は、恥ずかしいことでなくなり、格安ツアーや格安航空券などが一般化した時期でもあった。

　1990 年代に入ると、B級グルメ、ご当地グルメなども続々と名乗りを上げ、その一部は旅行者を安定的に呼び寄せる観光地となった。そして、2006 年ご当地グルメ日本一決定戦「B-1 グランプリ」の開催で、B級グルメブーム、ご当地グルメブームが全国に拡大する。このイベントはあらゆるメディアで取り上げられ、観光まちづくりを志向する地域に大きな影響力を与えた。

　イベントでの入賞が、地域に大きな経済効果をもたらす、という実績をつくったからである。また、イベント自体も大きな観光現象となった。表 4-5 は、「B-1 グランプリ」の過去の開催地などを一表にまとめたものである。出展者数も増え、来場者数も増加している。2011 年の姫路大会では、52 万人の来場者があり社会現象化した。2012 年の北九州大会ではさらに来場者数を伸ばした。また、富士宮やきそばをはじめ、グランプリをとったB級グルメは、その後確実に多くの旅行者を集める観光資源へと成長している。

　「安い」以外の共通点は、食する時間と食する場所である。食べるのは、ほ

とんどが昼食、おやつで、夕食に適しているものは少ない。また、近年登場した丼ものやカレーライスを除くと、ほとんどは小麦粉が原料の、いわば主食の米に対する代用食として発達した歴史をもつものが多い。食する場は、旅館やホテルなどではなく、中心市街地に立地する小店舗であり、その店舗の集積が観光資源となっている。

　庶民グルメツーリズムの中で、注目度の高いB級グルメは、一般的な用語になったが、その定義は明確ではない。関は、「安くて旨くて地元の人に愛されている名物料理や郷土料理」（関・古川 2008a: 扉）としており、これが代表的な解釈になっている。

　フリーライターの田沢竜次が雑誌「angle」に連載した内容をもとに、1985年に『東京グルメ通信・B級グルメの逆襲』（主婦と生活社）が刊行され、B級グルメという言葉が広がっていったとされ、もうすでに20年以上使われている。近年は、ご当地グルメ、B級ご当地グルメと言う言葉もほぼ同義語として頻繁に使われるようになった。

　B級グルメのキーワードは、「安い」「旨い」「地元の人に愛される」であるが、安いとはいくら位のことだろう。誰でもが気軽に食べられる値段といえば、1,000円以内、あるいは1,000円前後、と考えていいだろう。それに該当する料理は、ラーメン、焼そば、そば、うどん、お好み焼き、カレーライス、餃子、おでん、焼き鳥、丼物、ホットドック、ハンバーガーなどである。しかし、同じ廉価の庶民食でありながら、そば、うどんやラーメン、お好み焼き、たこ焼きはB級グルメに入れていないケースが多い。

　佐々木（2008）は、「B級グルメ」によるまちおこしを3類型[13]に分けて説明している。すなわち、①元祖、②集積、③独自性、で、元祖とは当該食の発祥の地をアピールする地域、集積とは当該食を扱う既存飲食店の集積を前面に打ち出した地域、独自性とは地域独自の素材や料理を使って地元住民が考案した食を売りとすると地域、としそれぞれの事例を紹介している。また、村上（2011）は、「B級ご当地グルメ」を、歴史・経緯、一次産品との関係、取扱集積の店舗という差別化要因から、郷土料理と発掘型、開発型に分類し、発掘型の優位性を論じている。

　庶民グルメツーリズムを、村上の分類方法などを活用し、歴史・地元食材・

表4-6　庶民グルメツーリズムの分類

	歴史	地元食材	店舗集積	事例
伝統郷土食	◎	◎	○	讃岐うどん等のうどん、戸隠そば等のそば ほうとう・芋煮・だんご汁等の廉価郷土料理
現代郷土食	○	×	◎	喜多方ラーメン等の地域特性のあるラーメン お好み焼、たこ焼き
発掘型B級グルメ	△	△	◎	富士宮やきそば、宇都宮餃子、佐世保バーガー 静岡おでん、駒ヶ根ソースカツ丼、甲府鶏もつ煮
開発型B級グルメ	×	○	△	富良野オムカレー、オホーツク北見塩やきそば 奥美濃カレー、下呂トマト丼、三島コロッケ

筆者作成

店舗集積などから分類すると、表4-6のようになる。①伝統郷土食、②現代郷土食、③発掘型B級グルメ、④開発型B級グルメ、に分類することができる。

①伝統郷土食

　明治期以前の歴史を持つ、地元の食材を使い地域独特の調理方法でつくられ、今日も地域住民に食べ続けられている郷土食で、それを目的に旅行者が訪れているものである。代表は、前述した讃岐うどんで、県内には1,000軒近くのうどん店があると言われている。幾度かブームがおこり、今日でもうどん屋巡りをする旅行者は数多い。本調査においても、「経験」が1位で「意向」も3位と上位になっている。ただし、讃岐うどんの原料となる小麦粉はほとんどが讃岐うどん用に開発されたオーストラリア産である。うどんでは、日本三大うどんと言われる、群馬県伊香保の水沢うどん、秋田県湯沢の稲庭うどんも旅行者を呼んでいる。他には、三重県伊勢の伊勢うどん、山梨県吉田の吉田うどん、長崎県五島列島の五島うどんなどが注目されている。

　うどんと同様、日本の伝統食であるそばもこの分類になる。そばの名産地、有名観光地は日本全国にある。岩手県盛岡のわんこそば、山形の山形そば、新潟県魚沼地方のへぎそば、長野県の信州そば、戸隠そば、兵庫県豊岡の出石そば、島根県出雲地方の出雲そば、などが旅行者を呼んでいる。ここに分類され、旅行者を引き付ける廉価な郷土食として、山梨県のほうとう、山形県の芋煮、大分県のだんご汁などがある。

②現代郷土食

地域毎に独自の味付けや調理法、食べ方などがある、いわゆるご当地ラーメンで、多くは戦後に形成されていったものが多いが、それ以前にルーツをもつものもある。地域の中心市街地に一定の店舗集積があるのが特徴となる。日本三大ラーメンと言われる、札幌ラーメン、博多ラーメン、喜多方ラーメンは、知名度も全国区で、多くの旅行者を引き付けている。他には、北海道の旭川ラーメン、函館ラーメン、青森県の八戸ラーメン、栃木県の佐野ラーメン、富山県の富山ブラック、岐阜県の高山ラーメン、和歌山県の和歌山ラーメン、広島県の尾道ラーメン、徳島県の徳島ラーメン、高知県の須崎鍋焼きラーメン、熊本県の熊本ラーメン、鹿児島県の鹿児島ラーメンなどが、地域特性があり大きな観光資源となっている。

ラーメンに類似したものとしては、長崎のちゃんぽん、長崎県小浜の小浜ちゃんぽん、沖縄県の沖縄そば、長野県伊那地方のローメン、岩手県の盛岡冷麺などがある。同じような歴史背景でつくられ定着している、お好み焼きもこの分類で、特に本場は大阪と、広島焼きと呼ばれる広島が旅行者を引き付けている。タコ焼きも同様で、本場大阪と、明石焼き、玉子焼きとも呼ばれている明石の知名度が高い。

③発掘型B級グルメ

その地域で昔から当り前のように食べられ、住民に愛されてきた郷土食で、その特異性や店舗集積に気付き、観光資源化したものである。1990年代から2000年代前半に登場してきたB級グルメは、ほとんどがこのタイプであった。B級グルメの代表格となった富士宮やきそばや、それとともに三大焼きそばと言われている秋田県の横手焼きそば、群馬県の太田焼きそばも、それぞれの地域で歴史を持つ個性的な焼きそばである。

餃子消費量の多さから、観光資源へと育てた宇都宮餃子、浜松餃子や、静岡おでん、姫路おでん、青森の生姜味噌おでんも、発掘型と言える。北海道帯広の豚丼、八戸のせんべい汁、埼玉県行田のゼリーフライなども人気となっている。1971年、東京銀座にマクドナルドが上陸するはるか以前、1950年代からアメリカ海軍のレシピからハンバーガーが市民の普通の食事となっていた佐世保バーガーも、典型的な発掘型と言える。表4-7は、インターネットサイトgooランキングによる「本場に食べに行きたいB級グルメランキング」[14]で

ある。富良野オムカレーと三崎マグロラーメン以外は発掘型が並んでいる。

④開発型 B 級グルメ

「B-1 グランプリ」が始まってからのものが多い。まちの有志らにより考案、開発され「B-1 グランプリ」や各地方で開催される同様なイベントに出展し、知名度アップを狙い、観光まちづくりに活用しようとするものである。もともと、住民が食べていたものではないので、住民の共感を呼ぶのは難しいため、素材は地域産のものを使用するのが開発型の特徴となる。しかし、多くの旅行者を呼ぶ、観光資源と呼ばれるようになるのは数が少ない。住民との係わりがないところで「地域の食」が考案され、それを活用した安易な観光まちづくりであるとの批判もある。

表4-7　本場に食べに行きたい B 級グルメランキング

順位	グルメ名	都道府県	投票率
1	富士宮やきそば	静岡	100.0
2	浜松餃子	静岡	66.8
3	小浜ちゃんぽん	長崎	64.9
4	富良野オムカレー	北海道	56.5
5	静岡おでん	静岡	51.7
6	久留米やきとり	福岡	37.7
7	厚木シロコロ・ホルモン	神奈川	37.2
8	駒ヶ根ソースかつ丼	長野	34.3
9	横手やきそば	秋田	30.3
10	三崎まぐろラーメン	神奈川	28.8

※投票率：1 位の投票数を 100 とした換算値
出典：「goo 調べ」ランキング調査（2009）
調査方法：非公開型インターネットアンケート（選択回答形式）
調査期間：2009 年 6 月 22 日～6 月 24 日
有効回答者数：1,180 名

2011 年の B-1 グランプリ姫路大会に出展した 63 団体のうち、開発型が 20 団体ほど参加している[15]。多くの地域が、B 級グルメでのまちづくりに挑戦している様子が分かる。開発型で、一定の評価を受けているのは、北海道の富良野オムカレー、北見のオホーツク北見塩やきそば、岐阜県郡上の奥美濃カレー、静岡県三島のみしまコロッケ、富士のつけナポリタンなどであるが、突出しているものはなく、数も少ない。

4.3.3 マルチグルメツーリズム

マルチグルメツーリズムとは、「地域外の旅行者を引き付ける魅力ある、安価な庶民グルメから高額な高級グルメまで、異質な多種類の特徴ある名物料理を有する、地域としての歴史、文化、伝統を広域で共有する都市へ訪れ、それらの名物料理を楽しむことを主な旅行動機、主な旅行目的、目的地での主な活

動とする旅行」と定義する。

「地域外の旅行者を引き付ける魅力ある、安価な庶民グルメから高額な高級グルメまで、異質な多種類の特徴ある名物料理を有する」ことが条件で、前述の調査結果からも、異質な特徴のある名物料理が4～5種類以上、存在している都市となる。

このような現象が起こるのは、一定以上の規模を持つ都市となる。地域としての歴史、文化、伝統を広域で共有する、人口規模が多く、経済、文化、政治などの活動が活発で、生活圏の核となる機能を備えた都市がその可能性を持つ。その意味では、中核都市といわれる多くの都市は、マルチグルメツーリズムに属する可能性があるが、「地域外の旅行者を引き付ける魅力ある」異質な多種類の特徴ある名物料理を有することが条件となり、現状では決して多くは存在しないと考えられる。しかし、都市の観光振興の活動が活発化し、多種類の食が観光資源化され、地域外の旅行者に受け入れられることにより、マルチグルメツーリズムの都市が拡大していく可能性はある。

マルチグルメツーリズムの食資源は多様で、いずれの都市も住民が普段から食べる低額の庶民食から高級料理まで、多数の名物料理を持つのが特徴である。単価も数百円程度のものから 10,000 円を超すものまで幅広い。一定規模以上の都市で生まれたグルメツーリズムである。その対象となる多様な食資源は、戦後、都市の形成とともに自然発生的に生まれてきたグルメが多い。都市においても、地域としての歴史や伝統があり固有の食や食文化を持っている。同時に、域内や近辺に特有な農水産物の生産地を持っている場合が多い。そこに、周辺地、全国からの人々の流入があり、伝統食とは異質な新しい料理が生まれてきている。人口を擁する都市のパワーから生み出された「地域外の旅行者を引き付ける魅力ある」グルメであり、今日でも新しい名物を生み続けている。

ほとんどの食は、戦後全国区になったものであるが、そのルーツに長い歴史を持つものも多い。対象となる都市は、多くの人口を抱える、広域な地方の中核都市でもある。もともとのターゲットは域内に住む数多い住民と、その都市と密接に係わりのある周辺地の住民であった。多くの都市は、観光地としての意識は希薄で、地域固有の料理は特に域外にアピールするものではなかった。それが、都市間交流の活発化により全国区になっていった。このマルチグルメ

を全国区にしたのは、観光の旅行者だけではなく、業務出張者、転勤による赴任者などであった。

2011年調査で、「『地域の食』を主な目的とした国内旅行」をしたと答えた人に対して、「『地域の食』を目的として行かれた国内旅行の内、最も印象に残っている旅行」の上位において、このマルチグルメツーリズムに該当する食の都市は、札幌、名古屋、博多、那覇である

「食の王国」と呼ばれる北海道の、中核都市である札幌は、北海道の政治、経済、文化の中心地であるとともに、観光都市でもある。その札幌には、旅行者を引き付ける多くの食がある。札幌ラーメン、カニをはじめとした海産物、寿司、ジンギスカン、スープカレー、スイーツが挙げられ、今日では札幌フレンチ、札幌イタリアンなど高級料理も注目されている[16]。

名古屋には、近年「名古屋めし」と呼ばれる、名古屋市周辺が発祥の名物、他の地域発祥であっても名古屋地区において独特の発展を遂げた名物がある。廉価な庶民食が中心だが、高額となる料理もある。味噌煮込みうどん、きしめん、小倉トースト、どて煮、あんかけスパゲッティ、味噌カツ、手羽先唐揚げ、台湾ラーメン、天むすとどれもユニークな名物である。高級料理としては、高級地鶏ブランドである名古屋コーチンの料理、愛知県産の鰻を使った櫃まぶしなどがある[17]。

次に博多がある。調査の回答によると、ほとんどの人は福岡ではなく博多と答えている。行政的には、九州の中核都市である福岡県福岡市博多区のことを指すことになるが、回答者の意識は、福岡市の中心の都市部、あるいは福岡市の別称として捉えているようである。この博多にも、庶民食から高級料理までの名物があり。調査結果では、ラーメン、モツ鍋という「庶民グルメ」と海鮮料理という「高級グルメ」の3種類が並んだが、他にも、旅行者を引き付ける地域らしい食がある。

博多で、全国的に有名な食はは、日本三大ラーメンのひとつに数えられる豚骨スープの博多ラーメン、近年一気に認知度を上げてきたモツ煮、およそ100年の歴史をもつ高級郷土料理である水炊き、寿司屋や料理屋、居酒屋で楽しむことのできる玄界灘の海鮮であろう。また、ラーメン、餃子、おでんだけでなく洋食や天ぷらなども味わえる中洲川端屋台も他の地域では味合うこと

のできない食の空間となっている。さらに、うどん発祥の地という説もある博多うどん、屋台が元祖といわれている焼きラーメンなども注目されている。また、辛子明太子は圧倒的な知名度がある[18]。

那覇も、マルチグルメツーリズムに属する都市であり、様々な特徴ある食や料理が名物となり、旅行者を楽しませている。四季が不明瞭で、亜熱帯に属する沖縄では、本土とは異なる特有な食材が使われている。海に囲まれているが、魚料理はあまり発達していない。450年間続いた琉球王国時代の食文化が残されている。この伝統的な料理は、地理的に近く交流のあった薩摩料理、中国料理などの影響を受けている。

明治以降は、本土の一般的な食文化を受け入れたが、日本統治下になった台湾の台湾料理の影響を受けた。また、移民が奨励され、ブラジル、ハワイ、フィリピンなどに多くの県民が移民したことから、これらの地域の料理も定着した。戦後は、米軍の軍政下のもと、アメリカのファーストフードや缶詰料理も浸透定着した。

豚肉を使ったラフテーやミミガー、野菜をいためたチャンプルー、シリシリなどが沖縄料理として好まれている。本土のラーメン同様、独自のスタイルをもつ沖縄そばや、タコスの具を米飯の上にのせたタコライス、缶詰のランチョンポークを使った料理なども、沖縄独特の料理として旅行者を楽しませている。また、高額になるのは、サイズの大きいビーフステーキ、琉球宮廷料理のコースなどもある。近年は、ブランド豚であるアグー豚料理も注目されている[19]。

マルチグルメツーリズムには、他には神戸がその傾向を持つ。牛すじ肉を使ったぼっかけ、中華そばとご飯を混ぜたそばめしなどユニークな庶民食から、南京町の中華料理や豚まん、さらに高級料理となる、世界各国の料理、神戸ビーフのステーキ、すき焼き、しゃぶしゃぶまで揃っている。

「食い倒れの街」大阪も、庶民のグルメから高級グルメまでが揃っている大都市であるが、旅行者の「経験」や「意向」は、お好み焼き、たこ焼き、串揚げであり、広島も牡蠣、瀬戸内海の海鮮料理も有名だが、旅行者の「経験」「意向」は広島焼きといわれるお好み焼きに集中している。現時点では、共に庶民グルメツーリズムに分類したほうが分かりやすい。

4.3.4 食購買ツーリズム

　食購買ツーリズムとは、「地域で生産される特徴ある食材、食加工品、料理を、地域の市場、朝市、道の駅、産地直売所、加工工場などに、新鮮、希少、安価、生産者と触れ合いなどを求めて、購買することを主な旅行動機、主な旅行目的、目的地での主な活動とする旅行」と定義する。いわゆる、買物旅行、買物ツアー、買い出しドライブなどのことであり、「地域の食」の買物が主体となる旅行である。

　近年、ブームになっているフードツーリズムの一形態である。庶民グルメツーリズムと同様、年に1、2回行くイベントとしての旅行ではなく、ちょっと足を延ばして、気軽に行く、実益を兼ねた旅行である。実益を兼ねたとは、地元でしか買えない食材や、新鮮で安い食材の買物を旅行感覚で楽しむという意味である。

　熟年夫婦、熟年女性グループが日帰りまたは1泊程度の募集型の観光バスツアーに気軽く定期的に行くようになったことと、週末の買い出しドライブの流行である。この流行には、高速道路料金の1,000円化や休日特別割引[20]、カーナビの普及[21]、道の駅や産地直売所の増加などが背景にある。

　また、既存の観光地への旅行に際しても、そこでついでに土産として買物するのではなく、そこで買物をすることが当初よりの目的とする旅行が増えてきたことである。これには、地元で購入するという本物志向が強くなってきたからだけではなく、旅先でどれだけ買い物しても宅配便で翌日には自宅に着き、重い荷物をもって帰る必要がなくなったことも背景にある。

　2011年の本調査の結果によると、「『地域の食の購買』を主な目的とした国内旅行」の「経験」は16％と多くはなかったが、意向は31％と3分の1近くあった。表4-8は、「地域の食の購買」を主な目的として行かれた国内旅行の内、最も印象に残っている都市・観光地とその食に消費した1人当りの金額の表である。サンプルが少ないので、傾向を見るにとどめなくてはならないが、結果は全国に大きく分散した。

　1位は那覇で、沖縄料理の食材、泡盛が挙がったが、沖縄に「食の購買」を主な目的として行ったというのは、そのまま受け取りがたい。おそらく沖縄観光に行き、食の購買が印象に残ったという風に捉えたほうがいいかもしれない。

表 4-8 「地域の食の購買」を目的として行かれた国内旅行の内、最も印象に残っている都市・観光地とその食に消費した一人当たりの金額（n = 96、単位：人・円）

順位	都市・観光地	都道府県	地域の食の名称	人数	平均単価	最大単価	最小単価
1	那覇	沖縄県	沖縄食材・泡盛	6	2,800	10,000	200
2	札幌	北海道	カニ・海産物	5	11,200	20,000	3,000
2	高松	香川県	讃岐うどん	5	1,000	2,000	500
4	甲府・勝沼	山梨県	ブドウ・ワイン	4	2,625	5,000	1,000
4	博多	福岡県	明太子	4	3,250	5,000	2,000
5	函館	北海道	カニ・海産物	3	1,433	2,000	800
5	伊豆	静岡県	わさび	3	2,667	3,000	2,000
5	金沢	石川県	カニ・海産物	3	7,333	12,000	5,000
5	和歌山	和歌山県	梅干・海産物	3	5,000	10,000	2,000
5	丹波笹山	兵庫県	枝豆・栗	3	1,400	2,000	700
	全体			96	5,183	28,000	100

筆者調査（2011）

2位以下の札幌、函館、博多、金沢も、同様に観光と合わせて、印象に残るその地の特産物の買い物をしたのではないかと思われる。しかし、例えば、札幌の二条市場、函館の朝市、金沢の近江町市場での買い物を主な目的に旅行をしたということも十分に考えられる。

高松もうどん巡りのあとの買物、甲府・勝沼もブドウ狩り、ワイナリー巡りでの買い物、伊豆も観光後の買い物、つまり「ついで買い」とも考えられる。しかし、和歌山は、観光市場での買い物が目的であり、丹波篠山も特産品の買い物目的であると思われる。このように、「食の購買」は、観光とのついでが多くみられ、明確に買い物だけが目的というのは、まだ数は少ないとも考えられる。

しかし、2009年の調査においての同様な質問に対しては、静岡県焼津の焼津さかなセンター、新潟県寺泊の魚市場通り、千葉県南房総の道の駅、千葉県の銚子漁港魚市場など明確な「食の購買」目的のデスティネーションが挙がった。実際、全国各地には、この「食の購買」目的の旅行を受け入れる施設が続々誕生している。

食購買ツーリズムの対象も、次のように分類することができる。①大観光地の中での有名市場、②歴史伝統のある朝市、③漁港にある観光市場、④道の駅・産地直売所、である。

①大観光地の中での有名市場

もともとは大観光地の中にある地域住民のための市場に、一般の観光客向け土産店では満足できなくなった旅行者が、本物の市場まで足を延ばすようになり、受け入れる市場もその旅行者の消費意欲に応えるようになってきた市場のことである。旅行会社の企画するパッケージツアーで巡る観光スポットから需要が拡大したところと、パッケージツアーでは行かない地元の本物の食材が売られているところへ、旅行者が自ら求めて行くようになり顕在化したところがある。

　札幌の二条市場、函館の朝市、金沢の近江町市場、京都の錦小路市場などが代表例で、実際、これら市場での買い物だけを目的に出かける旅行者は少なくない。札幌の二条市場は、札幌市中央区にある市場で、約60店舗が軒を連ねる。木造の古い建物が並び、トタン屋根やテント張りの通路は、古き良き時代の市場の雰囲気を漂わせていて人気が高い。函館の朝市は、JR函館駅前で開かれる朝市である。約280の店舗がひしめき合い、イカ、サケ、毛ガニ、ウニなど、近海の漁場から水揚げされたばかりの海の幸が並んでいる。

　金沢の近江町市場は、金沢市の中心部、武蔵ヶ辻の南東側にある市場である。香林坊からも比較的近く、約280年の歴史をもち、130以上の店舗がある。魚、エビなど活きのいい海産物をはじめ、加賀や能登の珍しい食材にも出会える。京都の錦小路市場は、京都市中京区のほぼ中央に位置する錦小路通のうち、寺町通から高倉通までの商店街である。東西約390mに広がるアーケードに覆われた石畳の道に、約130店舗が軒を連ねる。魚、京野菜などの生鮮食材や加工食品など、京都独特の食材はここでほぼ揃う。

　これらは、決して観光市場ではないが、どこも多くの旅行者で賑わう。ここに分類される市場に、東京の築地市場がある。旅行者が行くことができるのは、正しくは築地場外市場である。場内の仲卸店は1,677店、場外の小売店は500店を数える。世界一の規模といわれ、海外からの訪日外国人旅行者の観光スポットにもなっている[22]。

②歴史伝統のある朝市

　通常、パッケージツアーの観光スポットの一つとして訪れることが多いが、近年、朝市での買い物だけを目指して、近隣だけでなく遠方から訪れる旅行者が多くなっている。朝市は日本全国、数多くのまちで行われていて、観光化さ

れている。代表的なのは、日本三大朝市といわれる岐阜県の高山の朝市、石川県の輪島の朝市、佐賀県の呼子の朝市や、千葉県の勝浦の朝市、高知県の高知日曜市などである。

高山の朝市は、高山市で開かれる朝市で、陣屋前朝市と宮川沿いの宮川朝市が有名である。高山の朝市は、江戸時代から米市、桑市、花市などの市として栄え、現在は農家の主婦たちによって野菜をはじめ様々な農産物や山の幸が並べられている。輪島の朝市は、輪島市の河井町で開かれる朝市である。朝市通りには約200軒の露店が立ち、市日といわれる「4」と「9」のつく日は300程の露店が新鮮な海産物や野菜を販売する。呼子の朝市は、唐津市呼子町の朝市で、市が立つ朝市通りは午前7時半には漁家や農家の主婦たちが集まりだし、露店が並んでいる。イカの一夜干し、いりこやアジなどの干物などの特産物が販売される。

勝浦の朝市は、千葉県勝浦市で開かれる朝市で、日本三大朝市のひとつに称されることもある。朝6時より70軒余りの店が立ち並ぶ。朝市は16世紀末の天正年間に、当時の勝浦城主が農業、漁業を奨励し、農水産物の交換の場として開設したと言われている。高知日曜市は、高知城下を東西に走る追手筋で開かれる終日市で、日曜のみに朝だけでなく夕方まで開かれ、約1.3kmにわたって並ぶ500軒ほどの露店に海産物はじめ多種多様な品々が並でいる[23]。

朝市は、値札のついていない商品を、販売している地元のおばさん達と交渉して値段を決めていくことが楽しいと言われている。露店は地元の人々との交流の場でもある。また、朝市を活気ある早朝から楽しむには、付近で宿泊しなければならない。宿泊旅行にする可能性を持つ、地域にとっても魅力的な観光資源となっている。

③漁港にある観光市場

1970年代より始まった観光バスで行く買い物ツアーの目的地である。現在も人気があり、特に年末の正月用品の買い出しなどは満員になる。首都圏からでは焼津さかなセンター、銚子漁港魚市場、寺泊の魚市場通り、関西圏からでは和歌山県のとれとれ市場南紀白浜、明石の魚の棚商店街などがメジャーである。

焼津さかなセンターは、最も定番となっているデスティネーションである。

焼津市にある産地卸売市場で、71店舗と1,000名以上を収容できる大食堂が併設されている。遠洋漁業基地として日本屈指の水揚げ高を誇る焼津港と小川港から直送されるマグロやカツオなど、鮮度抜群の魚介類が販売されている。銚子漁港魚市場は、正式には銚子市漁業協同組合直売所で、銚子漁港第一魚市場内にある直販所である。銚子沖には日本屈指の豊かな漁場が広がり、漁港に水揚げされた新鮮な魚介類や干物などが販売されている。

寺泊の魚市場通りは、長岡市にある寺泊名物の市場の並ぶ通りである。国道に面した100mほどの道路沿いに大型鮮魚店が並ぶ。寺泊や出雲崎に揚がる地物を購入できる。

とれとれ市場南紀白浜は、堅田漁業協同組合が運営する海鮮マーケットである。西日本最大級の総敷地面積15,000坪、バス70台、普通車777台の駐車場を完備し、和歌山の新鮮な魚介類など特産品を販売する。明石の魚の棚商店街は、兵庫県明石市にある商店街である。全長約350mあるアーケードで、明石特産の鯛、タコなどの海の幸や練り製品、海産物のなどを扱う店を中心に約110店舗が立ち並んでいる[24]。

④道の駅・産地直売所

旅行会社に頼らない、今日最も注目されている、新しいタイプの食購買ツーリズムである。全国に続々と誕生している、道の駅や産地直売所がその舞台となっている。

道の駅とは、国土交通省により登録された休憩施設と地域振興施設が一体となった道路施設のことで、1993年に103箇所が登録されたのが始まりである。道路利用者のための「休憩機能」、道路利用者や地域の人々のための「情報発信機能」、道の駅を核としてその地域が連携する「地域の連携機能」という3つの機能を併せ持つ施設である[25]。この道の駅が、休憩場所ではなく、産地直売所として、地元の食材を買いに行く旅行の目的地になっている。道の駅内の直売所では、地域の農業者、漁業者と連携し、特産物やとれたての農産物、魚介類を安く販売している。週末などは、朝から賑わう観光スポットとなっている道の駅も誕生している。

首都圏周辺では、千葉県の道の駅とみうら、道の駅富楽里とみやま、道の駅多古、道の駅ちくら・潮風王国、栃木県の道の駅もてぎ、山梨県の道の駅どう

しなどである。関西圏では、大阪府の道の駅能勢くりの郷、兵庫県の道の駅いながわ、道の駅あおがき、道の駅さご、京都府の道の駅舞鶴港とれとれセンターなどである。いずれも、産地直売所があり、地域の特産品や新鮮食材を販売している。愛媛県内子の道の駅・フレッシュパークからりなど、全国区の知名度をもつところも多い[26]。

　また、農産物直売所、ファーマーズマーケット、フィッシャーマンズワーフなどと呼ばれる、地域の生産者農家や漁業者が複数軒集まって、自分たちのつくった農産物や収穫した海産物を持ち寄り、消費者に直接販売する直売所も各地で、誕生している。首都圏では、東京都の秋川ファーマーズセンター、茨城県のJA茨城旭村特産物直売所、物産センターこめ工房、大洗海鮮市場、日立おさかなセンターなどが人気のスポットになっているが、今日、日本全国1万店以上あると言われ、どの地域にも必ず存在する食購買の場となっている。愛媛県今治のJAおちいまばり・さいさいきて屋や茨城県つくばのみずほの村市場、愛知県大府のげんきの郷など、全国的に知られている産地直売所[27]もある。

　道の駅や農産物直売所は農商工連携で、農業者、漁業者、加工業者などが連携して運営されている場合が多い。地産地消[28]の実践である。また、いままで観光と距離を置いていた、農業者、漁業者、加工業者などの、観光への接近、主体的な観光への参入がみられるフードツーリズムである。

4.3.5 食体験ツーリズム

　食体験ツーリズムとは、「地域において、味覚狩り、食加工体験、郷土食講習会、農業・漁業・酪農体験など、地域で生産される食に係わる生産工程の体験や生産者との交流を主な旅行動機、主な旅行目的、目的地での主な活動とする旅行」と定義する。つまり、「地域の食」に係わる「体験型旅行」である。

　ほとんどの旅行者にとって、フードツーリズムとの認識はないが、「地域の食」に係わる「体験型旅行」は徐々に一般旅行者にも浸透しはじめ、注目を集めている。食体験ツーリズムは、歴史が長く家族旅行の定番であるイチゴ狩りやブドウ狩り、イモ掘りなどの味覚狩りから、宿泊滞在して農業、漁業、酪農を本格的に体験するものまで幅広い。後者は、教育効果が期待され学校行事として

表4-9 「地域の食の体験」を主な目的として行かれた国内旅行の内、最も印象に残っている都市・観光地とその食の体験に消費した一人当たりの金額（n＝62、単位：人・円）

順位	地域の食の体験の名称	都市・観光地	人数	平均単価	最大単価	最小単価
1	そば打ち体験	長野・戸隠・山梨・出石等	19	2,568	15,000	1,000
2	ブドウ狩り	甲府・勝沼・石和等	11	2,848	5,000	1,000
3	イチゴ狩り	和歌山・静岡・秩父等	5	3,360	6,800	1,000
4	梨狩り	鳥取	4	3,675	7,000	1,200
5	農業体験	長野・福島等	3	7,167	15,000	1,500
5	桃狩り	山梨・滋賀	3	2,000	3,000	1,000
5	サクランボ狩り	山梨・山形	3	1,333	1,500	1,000
8	うどん打ち体験	香川	2	2,000	3,000	1,000
8	茶摘み	山梨・埼玉	2	2,750	5,000	500
	全体		62	3,625	15,000	500

筆者調査（2011）

盛んに行われるようになってきた。また、一般の旅行者も味覚狩りから一歩進み、そば打ち体験やチーズ作り体験などに参加しはじめ、さらに農業体験、漁業体験にも挑戦する人が増え始めた。

　典型的な食に係わる体験プログラムは、農業漁業体験であろう。このような旅行はグリーンツーリズムと呼ばれている。グリーンツーリズムとは「農山漁村地域において自然、文化、人々との交流を楽しむ滞在型の余暇活動」（農林水産省）[29]のことで、日帰りから長期滞在まで幅広い。農業体験のことはアグリツーリズムとも言い、田植えや稲刈り、収穫、農作業体験などで、味覚狩りも最も気軽な農業体験と言える。各地に一般旅行者を受け入れる本格的な観光農園も誕生している。

　漁業体験はブルーツーリズムとも言われ、漁師体験、海士体験、地曳網体験などがあり、人気を博している地域もある。家畜の飼育体験や乳搾り、チーズづくりなどの酪農体験もある。いずれにしても、参加して自分が作った、とれたて、できたての食材や料理をその場で食べるのだから、その味は格別である。また、地域を訪ね、これらの「地域の食」を、地域の自然や文化、暮らしとともに体験する旅は、エコツーリズムとも呼ばれることもある。

　2011年の本調査の結果によると、「『地域の食の体験』を主な目的とした国内旅行」の「経験」は10％と少なかったが、意向は31％と3分の1近くあった。表4-9は、「地域の食の体験」を主な目的として行かれた国内旅行の内、最も

印象に残っている都市・観光地とその食の体験に消費した1人当りの金額の表である。サンプルが少ないので、傾向を見るにとどめなくてはならない。1位は、そばの生産地、そばが名物の地域で行われているそば打ち体験である。そば打ち体験は、ブームにもなっていて都会においても体験教室があるが、地元産のそば粉を使い、地域独自の作り方を習い、出来上がったそばを試食するのは、地元ならではの体験である。8位に、やはりうどんの本場である香川でのうどん打ち体験が入っている。

2位以下には、ブドウ狩り、いちご狩り、梨狩り、桃狩り、サクランボ狩り、小さな子供のいる家族が短時間で楽しめ、採れたての果実を味わえ、お土産も付く、味覚狩りが上位に並んだ。茶摘みも、味覚狩りの一種になる。5位に、内容は分からないが農業体験が入っている。消費単価からみると、本格的な農業体験のように思われる。

食体験ツーリズムは、①味覚狩り、②食加工体験、③郷土食講習会、④農業・漁業・酪農体験、の4つに分類することができる。

①味覚狩り

最も体験者の多い食体験ツーリズムで、観光農園や観光客向けに開放した果樹園、農園で果実や野菜などの収穫とその場での食を楽しむ観光で、家族旅行やグループ旅行に適している。1、2時間から半日程度の体験プログラムとなる。日本全国で、1年中、何らかの味覚狩りが可能である。イチゴ狩り、リンゴ狩り、ミカン狩り、梨狩り、西洋ナシ狩り、柿狩り、ブドウ狩り、サクランボ狩り、桃狩り、ブルーベリー狩り、キウイ狩り、メロン狩り、スイカ狩り、トマト狩り、枝豆狩り、イモ掘り、サツマイモ掘り、たけのこ掘り、山菜狩り、キノコ狩り、栗拾い、などがある。つまり、日本で栽培されている果物や野菜などは、ほとんどその対象になっていると思われる。

②食加工体験

農水産物をその生産地で加工品にする体験プログラムである。味覚狩り同様、家族旅行やグループ旅行に適し、1時間から半日程度の体験プログラムとなる。加工品の種類は幅広く、ジャムづくり、コンニャクづくり、寒天づくり、豆腐づくり、かまぼこづくり、缶詰づくり、アジの開きづくり、チーズづくり、ソーセージづくり、ベーコンづくり、生キャラメルづくり、まんじゅうづくり、せ

んべい焼きなど多種多様である。

③郷土食講習会

最もポピュラーになっているのは、そば打ち講習会である。2時間程度でそば作りから試食まで完結してしまうものは前述の食加工体験に属するものとも考えられるが、1日ないし数日間、さらに何週間にわたる本格的な講習会もある。うどん打ち講習会も同様である。他には、地元で地元の人に教えてもらう郷土料理講習会、本物の酒蔵で習う酒造り講習会、伝統和菓子づくり講習会など、食加工体験の枠を超えて、ある程度の期間をかけて大人が挑戦する「地域の食」の講習会がある。

④農業・漁業・酪農体験

数時間ではなく、1日または数日から長期間、あるいは反復的に農業、漁業、酪農業の現場で実際の作業を手伝い、体験することである。全国各地に、農家や漁家の民泊や様々な体験プログラムなどが用意されている。

短期間の体験プログラムとしては、農業体験であれば、田植え、稲刈り、草刈り、野菜収穫などである。漁業体験であれば、漁師体験、海士体験、地引き網体験、養殖場エサやり体験、イカ釣り体験などで、酪農体験は、牧場での家畜の飼育体験、乳搾り体験、バターづくり体験などである。長期間のものは、農家、漁家や牧場に滞在し、そこで働く地元の人々と実際の日々の作業を行う。

近年、体験型の旅行が各地域で生まれ、着地型旅行としても定着し始めている。とくに、小中学生や高校生の校外学習の場として、また行政団体の研修としても盛んに行われている。徐々に、一般の個人の旅行者も参加しはじめている。

また、本格的な取り組みとしては、「ワーキングホリデー」[30]と称し、都市住民が交通費自己負担で農村に訪れ農作業を体験し、農家は食事と宿泊場所を提供するという長期の農業体験プログラムを用意している地域もある。また、「ウーフ（WWOOF）」[31]と呼ばれる、農村において労働力を提供する代わりに食事と宿泊場所を用意してもらい、有機農業などを体験する新しい滞在型の旅のスタイルが日本においても徐々に広がっている。

食体験ツーリズムは、このように気軽く参加するものから、本格的に食や農に係わっていくものまで幅広い。近年、一般個人が気軽く参加できる、制度や

施設が整い始めている。また、受入体制の整った大規模な観光農園と呼ばれる体験施設も各地に誕生している。

4.3.6 ワイン・酒ツーリズム

ワイン・酒ツーリズムとは、「ワイナリーやブドウ畑を訪れ、ワインと地元の食、生産者との交流、ワイン産地の風土を楽しむこと、または、日本酒や焼酎などの酒蔵を訪れ、日本酒や焼酎などと地元の食、生産者との交流、酒蔵を核とした街並みを楽しむことを主な旅行動機、主な旅行目的、目的地での主な活動とする旅行」と定義する。

つまり、「地域の食」であるワインや日本酒、焼酎を「飲み」、それに合う地元料理を「食べ」、生産現場であるワイナリーや酒蔵を「見学・体験」し、ワインや酒、焼酎を「買い」、それらが生み出されたワイン畑や街並みを「散策」し、生産者や地域の人々との「交流」を楽しむ旅行である。

2011年の本調査の結果によると、「『地域のワイナリー・酒蔵』を主な目的とした国内旅行」の経験は11％と少ないが、意向は25％程度と今後の可能性を感じられる数値であった。

表4-10は、「地域のワイナリー・酒蔵」を主な目的として行かれた国内旅行の内、最も印象に残っている都市・観光地とその食に消費した1人当たりの金額の表である。サンプルが少ないので、傾向を見るにとどめなくてはならないが、1位は群を抜いて、日本最大のワイン生産地である甲府・勝沼であった。2位は大規模な優良ワイナリーとして有名な島根ワイナリーや奥出雲葡萄園のある出雲、3位は日本初の本格的ワイン醸造場シャトーカミヤの歴史を継ぐ牛久ワイナリーのある茨城県の牛久、4位に十勝ワインの池田町、神戸ワインの神戸が並んだ。

酒蔵巡りでは、日本を代表する酒生産地域であり、大規模な酒蔵があり見学や試飲も十分に楽しめる、伏見と灘五郷が挙げられた。余市、白州、山崎と見学プログラムの整っている大手メーカーのウィスキー蒸溜所が挙げられたのは興味深い。また、単価はばらつきがあり、分析は難しいが、ワイナリーは相対的に高額が支出されていると考えられる。

この結果を見ると、ワインツーリズムは、甲府・勝沼ではかなり活発に行わ

表4-10 「地域のワイナリー・酒蔵」を主な目的として行かれた国内旅行の内、最も印象に残っている都市・観光地とその食に消費した一人当たりの金額（n＝67、単位：人・円）

順位	都市・観光地	都道府県	地域の食の名称	人数	平均単価	最大単価	最小単価
1	甲府・勝沼	山梨県	ワイナリー見学・巡り	25	4,060	25,000	800
2	出雲	島根県	ワイナリー見学・巡り	5	2,380	5,000	1,000
3	牛久	茨城県	ワイナリー見学・巡り	3	2,000	3,000	1,000
4	池田	北海道	ワイナリー見学・巡り	2	6,500	10,000	3,000
4	余市	北海道	ウイスキー工場見学	2	750	1,000	500
4	白州	山梨県	ウィスキー工場見学	2	1,000	1,000	1,000
4	伏見	京都府	酒蔵巡り	2	3,500	5,000	2,000
4	山崎	大阪府	ウィスキー工場見学	2	2,000	3,000	1,000
4	灘五郷	兵庫県	酒蔵巡り	2	1,700	2,000	1,400
4	神戸	兵庫県	ワイナリー見学・巡り	2	2,500	3,000	2,000
	全体			67	3,628	25,000	500

筆者調査（2011）

れているようだが、その他の地域では定着していないと考えられる。上位に挙がったのはいずれも、パッケージツアーで立ち寄る観光スポットとして有名なところであり、ワインツーリズムはこれからの旅行スタイルと考えられる。

1980年代頃より、ワイナリーやブドウ畑を訪れ、ワインと地元の食を楽しむワインツーリズムが、欧米やオーストラリアなどのワイン生産国で盛んになり、今日では余暇を楽しむツーリズムの大きな分野に成長している。ワイン文化の歴史が浅く、ワイン生産量も少なく、ワイン生産地の受入体制が十分ではなかった日本においては、ワインツーリズムの普及は一部の愛好家にとどまっていたが、近年徐々に一般旅行者にも浸透しはじめ、注目されている。

すでに、本格的な国産ワインを生産する有名ワイナリーや、洒落たレストランや宿泊施設を備えたワイナリーには、多くの旅行者が押し寄せるようになってきている。ワイナリーツアーや見学ツアーなどの着地型旅行や体験プログラムも各地でつくられている。自治体や農協、第3セクターやNPO法人などが、観光まちづくりの観点から取り組み始めている例も少なくない。

ワインツーリズムに類似した、アルコール飲料を対象とした訪問旅行である酒蔵巡りも注目されている。酒蔵とは、主に日本酒を醸造または貯蔵する蔵のことをいう。この酒蔵に、見学、試飲、買物をする目的で訪れることを酒蔵巡りといい、数軒の酒蔵を訪れる場合もある。明治期より愛好家の間で行われ、今日にも続く旅行形態である。近年は旅行会社の企画するパッケージツアーに

組み込まれている有名酒蔵もある。

　日本のワインツーリズムに大きな影響を与えている欧米のワインツーリズムについて触れる。ワインツーリズムの発祥はワイン愛好家によるものと考えられる。ワインの美味しさの決め手は、その原材料であるブドウの実であり、そのブドウの実の良し悪しはブドウを栽培する畑（ヴィンヤードと呼ばれる）の地理、気候、土壌に左右され、その土地を取り巻く全ての環境、風土、味わい、個性（テロワールと呼ばれる）が重要な要素となる。そして何よりも、ブドウを栽培し、醸造するつくり手の技や思いも大きな関心事である。ワイン愛好家は自分の好きなワインが、どんなヴィンヤードで、どんなテロワールで、どんなつくり手のもとでつくられたのか興味をもつ。これがワインツーリズムにおける旅行動機の原型だと考えられる。つまり、ワインツーリズムは、単に地元に行って試飲し目当てのワインを購入するだけのものではないといえる。

　石井（2009）は、「ワイン発祥の地は小アジア、ワイン産業発祥の地はヨーロッパ、ワインツーリズム発祥の地はニューワールド」（石井2009:3）とワインに係わる歴史を端的に述べている。

　ワインの起源は極めて古く、諸説あるが、古代文明発祥の地メソポタミアではすでにブドウが栽培され、紀元前4000年頃にはシュメール人によってワインは醸造されていた。その技術がエジプトやシリアに伝わり、紀元前3000年頃にはエジプトにおいてもワイン醸造が行われ、飲用されていたと言われる。

　ワインの生産地は、旧世界と新世界（ニューワールド）とに分類される。旧世界とはフランス、イタリア、ドイツ、スペインなどのヨーロッパ諸国で、この地域でワインを飲む習慣が定着し、ワイン産業が興り、ワイン文化が普及していった。これに対して、新世界とはヨーロッパ人の入植後にワインづくりを始めた、アメリカ、チリ、オーストラリア、ニュージーランド、南アフリカなどのワイン生産の新興国を指す。

　ワインツーリズムという旅行スタイルを世界中に普及させたのは、アメリカのカリフォルニア州サンフランシスコの北東約80kmにあるナパ・ヴァレーである。1800年代後半からブドウ栽培とワインづくりが始まり、禁酒法の時代を経て、1960年代後半から高品質なワインをつくるワイナリーが続々誕生し、ワイン産業の集積がおこる。カリフォルニアワインの評価が高まるととも

に、ワイナリーに訪れる旅行者が増加した。訪問客の増加に合わせて、レストランや宿泊施設が充実し、コンサートや醸造家との食事会の開催、ピクニックテーブルや子供の遊び場まで設置されるようになる。もちろん、ブドウ畑やワイナリーの内部を公開し、ワインの試飲はもちろん、ワインの知識や合う料理まで訪問者に伝えるようになっていった。

1990年代に入ると、ナパ・ヴァレーはカリフォルニア州内で、ディズニーランドに次ぐ年間訪問者数の多い観光地に成長した。現在、大小400のワイナリーが集積し、年間500万人がワイナリーへ訪れている。また、高級リゾートホテルを含む100軒以上の宿泊施設があり、様々なタイプのレストラン、ユニークな現代アートの美術館、コンサート会場、ワイン・トレインなどが用意され、ワイン・リゾートとも呼べるデスティネーションになっている[32]。

この成功事例は、ポーター（Porter 1999）の説く、クラスター論で、ワイン・クラスターとして解説されているのは興味深い。クラスターとは「ある特定の分野における、相互に結びついた企業群と関連する諸機関からなる地理的に近接したグループ」（Porter 1999:70）のことで、新たなクラスターが競争に大きな役割を果たすという学説である。ブドウ栽培、ワイン生産、ワインツーリズムが有機的に連携し、地域において大きな産業となっていることが分かる。

その後、ワインツーリズムはカリフォルニアから、オーストラリア、ニュージーランド、チリ、アルゼンチン、南アフリカなどの新世界へ急速に広がっていった。

もちろん、ワイン文化をつくりあげた旧世界であるヨーロッパでも、以前よりワインツーリズムは存在していた。フランスのアルザス地方やブルゴーニュ地方では、醸造家が旅行者にワインをふるまい、そのワインの素晴らしさを宣伝するとともに、直売し現金収入にしていた。ワイン愛好家は試飲をしながら、ワイナリーやブドウ畑などを歩き、生産者自らが語るワインの話を楽しんでいた。旅行者の受入れに積極的でなかったフランスのボルドーでも、ワインツーリズムが盛んになるとともに、有名シャトー[33]は門戸を開き、お洒落なワイン美術館や直営ホテルを開設した。イタリアのトスカーナやスペインのリオハなどの銘醸地でもワインツーリストの受け入れ整備を進め始めた。

日本において、ワインツーリズムの研究はほとんど進んでいない。したがっ

て、ワインツーリズムの定義も明確にはされていない。

　ホールら（Hall 2000）は、ワインツーリズムとは「ワインの試飲あるいはワイン産地の風土の体験を主要な動機付ける要因とした、ブドウ畑やワイナリー、ワインフェスティバル、ワイン展示会などへの訪問」（Hall 2000:150）であると、旅行者の旅行動機、関心度の視点から定義している。このマーケティングからアプローチした定義は、ワインに係わる旅行者や消費者の研究を加速させた。また、オーストラリアのワイン生産者協会（1998）は、「ワインと食事、景観と文化的行事などワインの楽しみを伴った今日的なオーストラリアのライフスタイルの独特な特徴を体験するための、ワイナリーやワイン産地への訪問」[34]と定義している。このプロダクトからアプローチした定義は、ワインに係わる製品や生産地の研究を生み出している。

　ちなみに、日本においてワインツーリズムを推進する事業組合である、ワインツーリズム山梨は、ワインツーリズムとは、「ワインの産地をゆっくりと巡りながら緑溢れる風景と美酒・郷土料理を楽しむ旅のスタイル」とし、さらに「ワインを味わうことは、その原料となるブドウを育んだ土地の自然・人間・文化を全身で味わうこと。ワイナリーを巡り、つくり手と触れ合い、彼らのつくるワインを味わう。そのワインが生まれた土地を散策しながら食や文化を楽しむ」こと、ワインツーリズムとはそんな旅のスタイルであると表現している[35]。

　ワイン・酒ツーリズムは、次のように分類することができる。①ワイナリー巡り、②酒蔵巡り、③その他のアルコール飲料工場見学・試飲体験、である。

①ワイナリー巡り

　日本における、一般庶民のワイン飲用は明治期になってからになる。当初、ワインは日本の食生活に馴染まず、普及しなかった。しかし、日本人の好みに合わせ、ワインに砂糖を添加した甘味葡萄酒が、滋養強壮飲料として徐々に普及しはじめた。当時の消費者が「ワイン」として認識していたものは、「赤玉ポートワイン」[36]や「ハチブドー酒」[37]のような種類のもので、本来のワインはむしろ「葡萄酒」と呼ばれ、趣味性も高く、一部の愛好家はヨーロッパからの輸入ワインに頼っていた。

　ワインの飲用が一般化するのは、東京オリンピック（1969年）や大阪万博（1970年）などの国際交流や大手メーカーの宣伝を通じて、ワインに対する

表4-11 日本のワイン出荷・輸入量の推移（単位：千kℓ・%）

	1979		1984		1989		1994		1999		2004		2009	
	数量	構成比	数量	構成比	数量	構成比	数量	構成比	数量	構成比	数量	構成比	数量	構成比
国産	36	75	54	70	70	51	64	44	120	43	80	33	83	33
輸入	12	25	23	30	67	49	82	56	158	57	161	67	167	67
合計	48	100	76	100	137	100	146	100	279	100	241	100	250	100

出典：国税庁酒税課課税統計より筆者作成

一般の認知度が高まってからである。以来、日本でのワイン消費は何回かのワインブームをとおして急激に伸びた。

　最初のワインブームは大阪万博を契機とした高度経済成長期で、日本人の食生活の洋風化により起こったテーブルワインブーム（1972年）である。食事中にワインを飲むテーブルワインの文化が日本に根付き始める。その後、千円ワインブーム（1978年）、一升瓶ワインブーム（1981年）、ボージョレヌーヴォー・ブーム（1987年）、低価格ワインブーム（1994年）、赤ワインブーム（1997年）などを経て現在にいたっている。

　本格的なワインが認知され、飲用習慣が定着する中で、ワイナリーと称する専業生産者も誕生し、本場ヨーロッパに倣った垣根式の栽培法を取り入れ、害虫に強いヨーロッパ系新種のワイン用に特化したブドウ栽培が始まった。いくつかのワイナリーからは純国内栽培による優秀なワインも生産されて、海外の品評会で受賞するようになり、国際的な評価も高まった。2002年からは、山梨県の主導で「国産のブドウを100％使用してつくった日本産ワイン」を対象とするコンペティションも行われるようになり、純国産ワインの品質も向上してきた。

　2009年度のワイン消費量は約25万kℓで、成人一人当たりの年間ワイン消費量はまだ約2.3ℓ、成人一人当たり年間3本である。表4-11は、日本のワイン出荷量と輸入量の推移である。2009年度の合計数値、すなわちワイン消費量は30年間で5倍以上になっていることが分かる。しかし、国産品は2.3倍と、消費の増加に追い付いていない。構成比も漸減し3分の1にとどまっている[38]。

　このように、日本は消費量、出荷量ともに決して多くはない。しかし、日本には北海道から九州まで、100以上のワイナリーがあり、ブドウ栽培とワイ

ンづくりに取り組んでいる。ワインの国際的な評価が高まり、安定的な生産体制が整い始めたワイナリーは、近年、積極的に見学者を受け入れ始めている。日本においても、ワインツーリズムがブームになりつつある。

　財政再建団体に陥りその困難をブドウ栽培とワインづくりで克服し「十勝ワイン」を生み出した北海道の池田町は、元祖ワインツーリズムと言われている。日本のワインづくりの黎明期から今日に至るまで日本のワイン産業を牽引してきた、約30のワイナリーが集積し、本格的なワインツーリズムに取り組む山梨県の勝沼地区は最も認知度の高い地域である。良質なワイナリーが多く集まる山形県、長野県も山形ワイン街道、信州ワイン街道と呼ばれ注目されている。

　また、ナパ・ヴァレーに来たようだと表現される栃木県のココ・ファーム・ワイナリーやエッセイストの玉村豊男氏がつくりあげたブドウ畑のある農園リゾートといわれる長野県東御市のヴィラデスト・ガーデンファーム・アンド・ワイナリー[39]、修善寺の丘に出現したナパ・ヴァレーとも称される、レストランが4つ、ブライダルもする静岡県伊豆市の中伊豆ワイナリー・シャトー T.Sなど人気を博すワイナリーも登場してきた。近畿、中国、九州にもすでに観光拠点となっているワイナリーがある。

　しかし、日本のワイナリー巡り、すなわちワインツーリズムにはまだまだ課題が多い。ワインツーリズムの、最低の条件はワイナリーとブドウ畑を訪れることである。そして、つくり手と交流し、ワインやその土地の料理を味わうことにあが、日本ではこの最低基準を満たしていないワイナリー、地域がまだまだある。そもそも。ワイナリーが所有する自社のブドウ畑が少ない、したがってブドウ畑を体感することができない。また、自社産原料100％のワインが少ない、ワインツーリズムの根幹に触れる事実である。日本は中小ワイナリーが中心で、家族と数人の社員で経営されているところが多く、現実に受け入れる余裕がなく、受け入れてもワインの説明やガイドを十分にできないワイナリーも多い。

　旅行者側のマナーについても問題が多く、試飲をして感想も言わず、つくり手の解説にも耳を傾けず、ただ土産だけを購入し帰る人がまだ多い。もちろん、大型バスで乗りつけ、ワイナリーを、土産店と同様に位置付け、短時間の滞在を強いるパッケージツアーの造成を続けている旅行会社の責任も少なくない。

このように課題を挙げるときりがないが、前述のように、ワイナリーとして多くの旅行者を呼び、ワイン販売も拡大している成功事例も決して少なくない。

②酒蔵巡り

日本の代表的な酒である清酒の消費量は、表4-12のように約40年前の半分以下になり、減少の一途をたどっていると言っていい。これは、日本人の食生活やライフスタイルの変化、酒の種類の多様化、健康志向などによるものだ。また、清酒の製造免許場数も消費量と同じく減少傾向にある。明治、大正期には1万社を数えた清酒の酒造場も、1,700社程度（2010年度）に減少している[40]。

しかし、北海道から九州まで、良質な米と水のあるところには、日本酒の酒造場、酒蔵があり、予約をすれば見学や試飲させてくれるところは多く、つくり手との交流ができる。また、その酒に合う郷土料理を食べることができる食事処が併設されているところもある。ワインツーリズムとかなり似通った旅行形態ではあるが、大きな違いは原材料である米の生産地を見学しないことである。ブドウ畑とワイナリーの見学をセットにして、自然や風土、環境を味わうワイナリー巡りとは異なる。

しかし、酒蔵には固有の環境が残されているところが多い。今日、観光資源として注目されている「古い街並み」である。古い街並みには、今なお生産を続けている酒蔵が残されているところが多い。ワインツーリズムにおける自然との触れ合いは希薄であるが、地域の歴史、文化、暮らしを肌で感じることができる。これは酒蔵巡りの最大の特徴であり、大きな要素でもある。

また、地域における酒蔵は、酒を供給するだけの存在でなく、昔から、新田開発や治水工事に積極的に取り組んだり、歴史的価値のある屋敷や蔵の建設、美術品や書画、骨董の収集など、地域の経済的、文化的、精神的な中心的役割を担っていた。その地域の歴史の息吹を感じることができるのもこの酒蔵巡りで、ワインツーリズムと同様、単に見学、試飲、買物をする旅行ではなく、体

表4-12　日本酒（清酒）の消費量の推移（単位：千kℓ）

年度	1970	1975	1980	1985	1990	1995	2000	2005	2009
消費量	1,532	1,675	1,504	1,335	1,373	1,262	977	719	617

国税庁「酒のしおり」より筆者作成

験や学習、地域との触れ合いを伴う古くて新しい旅行形態と位置付けていいと考えられる。日本酒ジャーナリストであるゴントナー（Gauntner 2005）は、酒蔵を訪れる「サケ・ツーリズム」を提唱し、日本酒業界と旅行業界が手を結び、現実的に推進していく時期が来ていると述べている。

　酒蔵は全国に分布するが、兵庫県の灘、京都の伏見、広島の西条、新潟地区、山形地区など、すでに酒蔵巡りの旅行者を積極的に受け入れている地域も多い。また、九州地方に多い焼酎、沖縄の泡盛の蔵元巡りも、この酒蔵巡りに分類される。

　実際、2013年酒造業界や旅行会社、インターネット関連ベンチャーなどの民間企業と観光・商工団体や地方自治体、関係省庁が参加し、日本酒を地域の観光資源ととらえる観光を「酒蔵ツーリズム」[41]と称し、「酒蔵ツーリズム推進協議会」が観光庁の主導で結成された。海外で高く評価され始めた日本酒の輸出拡大を図るとともに、インバウンドの拡大促進に活用しようという取り組みである。また、とくに海外で人気の高い吟醸酒にスポットを当てた「吟醸ツーリズム」という名称も浸透し始めている。

③その他のアルコール飲料工場見学・試飲体験

　その他のアルコール飲料とは、ウィスキーやビールのことである。ウィスキー蒸溜所見学はについては、調査結果においても上位に挙がるほど、ポピュラーなものとなっている。ニッカの余市、サントリーの白州、山崎が有名で、見学プログラムが充実しており、十分に楽しめる。これらは、大手メーカーで規模も大きく、地域の中で独立した存在となっているようにも感じられるが、それぞれ、その土地の風土、気候、水などと大きく係わり、地域における物語がある。ワイン・酒ツーリズムの一形態と考えてもよいであろう。

　ビール工場見学ツアーも大手メーカーの工場を中心に定着している。しかし、この見学ツアーをワイン・酒ツーリズムに分類するのは難しい。近年、地域にて少量生産する小規模ビール会社による地域ブランドのビール、「地ビール」が各地に誕生している。現在、全国に地ビール・地発泡酒醸造所は200箇所以上ある。ワイナリー同様、工場見学を受け入れ、試飲、地ビールにあった料理を提供している醸造所もある[42]。しかし、地ビールが地域の住民に定着し、地域産業として成立し、地域外の旅行者を引き付けるブランドとなっているも

のは数少ない。地域の中での存在を高めることによりこれからのワイン・酒ツーリズムの一形態になっていく可能性はある。

註

1) C‐NEWS編集部生活情報マーケティングデータ。2009年3月、インターネット調査、サンプル1,000人（15歳以上男女）。
2) 協同組合下関ふく連盟公式HP:http://www.fuku.com（2012.4）、および安田（2010b）より。
3) 西村屋HP:http://www.nishimuraya.ne.jp（2012.4）、瓢亭HP:http://hyotei.co.jp（2012.4）、和田金HP:http://hp-mie.net/wadakin（2012.4）より。
4) 黒毛和牛のブランド牛は130銘柄以上ある。松阪牛、神戸牛、近江牛は日本三大ブランド牛と呼ばれる。
5) ブランド豚は250銘柄以上と言われ、増加している。
6) ブランド地鶏は100銘柄以上ある。秋田県の比内地鶏、茨城県の奥久慈しゃも、愛知県の名古屋コーチン、鹿児島県の薩摩地鶏のうちの三つを日本三大地鶏という。
7) 黄檗宗は、仏教の宗派で臨済宗、曹洞宗に次ぐ禅宗の一つである。江戸時代初期に中国から招聘された隠元により始まる。本座は京都府宇治市の黄檗山萬福寺である。
8) 伝統的な日本料理については、阿部孤柳（2006）『日本料理の真髄』、熊倉功夫（2007）『日本料理の歴史』などに詳しい。
9) 各冊子の巻頭部分説明があり、二つ星は「遠回りしてでも訪れる価値がある素晴らしい料理」、一つ星は「そのカテゴリーで特に美味しい料理」と解説している。
10) 日本オーベルジュ協会HP: http://japan-auberge.org（2012.4）、より。
11) 庶民グルメツーリズムの記述に関しては、関・古川（2008a）、関・古川（2008b）、関・古川（2009a）、田村（2008）、ひょっとこプロダクション（2006）、安田（2010b）などを参考にした。
12) 農林水産省認定「農山漁村の郷土料理百選」（財団法人農村開発企画委員会HP:http://www.rdpc.or.jp/kyoudoryouri100 2012.4 より）。
13) 日本経済新聞(2002年2月4日付)の記事内の3類型を紹介、事例分析している。
14) Gooランキング、調査方法:非公開型インターネットアンケート（選択回答形式）、調査期間：2009年6月22日～6月24日、有効回答者数：1,180名
15) B-1グランプリ姫路大会HP: http://www.b1-himeji.jp（2012.4）より。
16) 札幌の記述に関しては、主に2011年3月、8月の現地取材、および札幌市の公式観光サイト：http://www.welcome.city.sapporo.jp（2012.4）などによる。
17) 名古屋の記述に関しては、主に2009年12月、2011年8月の現地取材、およ

び名古屋観光情報 HP: http://www.nagoya-info.jp（2012.4）、愛知グルメ図鑑 HP:http://www.pref.aichi.jp（2012.4）などによる。

18）博多の記述に関しては、主に 2008 年 9 月の現地取材、および福岡・博多観光案内サイト : http://yokanavi.com（2012.4）などによる。

19）那覇の記述に関しては、主に 2011 年 3 月の現地取材、および那覇市観光協会・那覇ナビ http://www.naha-navi.or.jp（2012.4）などによる。

20）高速道路料金の 1,000 円化は 2009 年 3 月から 2011 年 6 月まで実施された。以降は休日特別割引として土曜、休日など 3～5 割の割引を実施している。

21）カーナビ付き自動車保有状況は 52.2％（2010 年 12 月、マイボイスコム調べ）で、5 割を超えている。

22）有名市場に関しては、一個人編集部（2006）、kotobank 全国朝市・観光市場ガイド :http://kotobank.jp/dictionary/market（2012.4）などを参考にした。

23）朝市に関しては、、一個人編集部（2006）、kotobank 全国朝市・観光市場ガイド ;http://kotobank.jp/dictionary/market（2012.4）などを参考にした。

24）観光市場に関しては、kotobank 全国朝市・観光市場ガイド ;http://kotobank.jp/dictionary/market（2012.4）、とれとれ市場 HP: http://www.toretore.com/tore（2012.4）などを参考にした。

25）国土交通省道路局 HP: http://www.mlit.go.jp/road/station/road-station.html（2012.9）より。全国に 996 箇所設置（2012 年 9 月現在）されている。

26）道の駅に関しては、国土交通省道路局 HP:http://www.mlit.go.jp/road/station/road-station.html（2012.4）、全国道の駅ガイド :http://www.roads.jp/、道の駅総合情報 :http://www.michi-club.jp（2012.4）などを参考にした。

27）田中（2007）、および、直売所ドットコム :http://www.tyokubaisyo.com（2012.4）、MAPPLE 観光ガイド : http://www.mapple.net（2012.4）を参考にした。田中によると、「うまい」「新鮮」「完熟」「安全」「安い」が受けているという。

28）地産地消とは、地域生産地域消費の略語である。

29）観光庁はニューツーリズムの一つと位置付け、「農山漁村地域において自然、文化、人々との交流を楽しむ滞在型の余暇活動であり、農作業体験や農産物加工体験、農林漁家民泊、さらには食育などがこれに当たる」（観光立国推進基本法）と定義している。

30）本来の、「ワーキング・ホリデー制度」とは、二つの国・地域間の取り決め等に基づき、各々の国・地域が、相手国・地域の青少年に対して自国・地域の文化や一般的な生活様式を理解する機会を提供するため、自国・地域において一定期間の休暇を過ごす活動とその間の滞在費を補うための就労を相互に認める制度のこと。日本ワーキング・ホリデー協会 HP: http://www.jawhm.or.jp（2012.4）より。

31）「WWOOF」とは Willing Workers On Organic Farms の頭文字で「有機農場で働きたいと思っている人たち」という意味。1971 年、イギリスで芽生え、オー

ストラリア、ニュージーランドなどで発展し、日本でも普及し始めている。WWOOF ジャパン HP:http://www.wwoofjapan.com（2012.4）より。
32）ナパ・ヴァレーに関しては Napa Valley Vintners: http://www.napawine.jp/home（2012.4）、石井（2009）、濱本（2008）、などによる。
33）ブドウを栽培し醸造からワインの製造まで一貫して行なっている生産者のこと。フランスのボルドーではシャトーに格付けが行われている。
34）Winemakers' Federation of Australia（1998）"National Wine Tourism Strategy Adelaide" WFA より。
35）「ワインツーリズム山梨」HP: http://www.yamanashiwine.com（2012.4）より。
36）寿屋洋酒店（現サントリー）が 1907 年（明治 40 年）に発売した甘味果実酒、今日まで販売され続けている。
37）シャトーカミヤの創設者神谷傳兵衛が、1881 年（明治 14 年）「蜂印香竄葡萄酒」として売り出した蜂蜜入りの甘味果実酒、今日まで販売され続けている。
38）日本のワインに関しては、日本ワイナリー協会の資料、HP: http://www.winery.or.jp（2012.4）になどによる。
39）画家、エッセイストの玉村豊男がつくったワイナリー。『里山ビジネス』（2008）に、ワイナリーの設立から、成功に至る物語が詳しく書かれている。
40）主に、国税庁課税部酒造課『酒のしおり』による。
41）「日本経済再生に向けた緊急経済対策」（2013 年 1 月 11 日閣議決定）における地域活性化策の一つとして、「日本産酒類の総合的な輸出環境整備」が示され、「酒」をテーマに地域の観光資源となる取組を促進が決定された。観光庁HP:http://www.mlit.go.jp/kankocho/news05_000147.html（2013.3）より。
42）地ビールに関しては、日本地ビール協会HP: http://www.beertaster.org（2012.4）、全国地ビール醸造者協議会HP: http://www.beer.gr.jp（2012.4）、などによる。

第 2 部
フードツーリズムと観光まちづくり

第5章
観光まちづくりとマーケティング

5.1 観光まちづくりの研究と定義

5.1.1 観光地と観光地づくり

　本稿のテーマは、フードツーリズムという観光現象を活かした観光まちづくりの考察である。第1部のフードツーリズム論の議論を前提として観光まちづくりについての考察を進める。その前に、観光地づくり、その観光地とは何かを明確にしていく。

　観光地という用語も、今日に至るまで明確な定義はされていない。林（1973）は、「観光統計上の行政用語としても用いる言葉であるが、観光者の集まるところ、または、これから観光者が集まってきそうなところを指す漠然たる言葉である。一層正確に表現しようとすれば、観光地域とするほうがよい。ただし観光地域と呼ぶには、通念上面積が小さすぎるし、地点というには広がりすぎるとき、呼び方がないままに、観光地と呼ぶ場合がある」（林 1973:56）と、曖昧さを残しながら定義している。

　観光地という言葉を使用する場合、スケールや規模ランクを考えずに使っている場合が多い。海外からの旅行者から見れば日本は観光地であり、国内の旅行者であれば、北海道もその一部である札幌も、また東京もその一部である浅草も観光地となる。

　また、十和田湖や阿蘇山といった自然観光資源はそのまま観光地と呼ばれることが多いが、清水寺や金閣寺、また鶴岡八幡宮や鎌倉大仏などの人文観光資源はそれ自体を観光地と呼ぶことはなく、それらの所在するまちである京都や鎌倉を一般的に観光地として呼んでいる。これは自然観光資源のほうが、人文観光資源より面的広がりがあるからだと考えられている。

　このように観光地という言葉の意味は明確とはなっていないが、岡本（2001）

は、観光地とは、規模ランクから一般的に、観光資源あるいは観光ユニットと観光地域の間に位置するものだとしている。つまり、自然観光資源や人文観光資源があり、それらの観光資源や観光ユニット[1]の地域的なまとまりが観光地であり、1日行動圏となる観光地のつながりを観光地域という。しかし、北海道の摩周湖は湖単体の観光資源で観光地と呼ばれ、日光はかなりの広範囲の観光地域として位置づけられるがやはり観光地と呼ばれる。観光地の範囲の規定は困難であるとしている。そのため、「観光地の資源の魅力や観光客数など、観光地間の比較が必要であるため、都道府県で観光地名称の統一とその範囲を明確にすることが望まれる」（岡本 2001:123）と述べている。

溝尾（2009）は、このような背景を考慮し規模という広がりを曖昧にしつつ、観光地とは「等質の単体の自然資源か、いくつかの自然資源・人文資源が徒歩圏内に集積しているか、あるいは1日行動圏のなかで各観光資源が機能的に強く関係しあっている圏域」（溝尾 2009:54）と定義している。例えば京都であれば、京都自体を観光地と呼んでもいいし、同系統の寺社資源が集積している地区を分けて、嵯峨野、八瀬・大原、鞍馬・貴船などを観光地と呼んでもいいとしている。

溝尾によると、「旅行者を受け入れる側の目的地においては、資源と市場と関係による立地特性から、一般にいわれる観光地を、さらに狭義の観光地、レクリエーション地、そして宿泊地の3区分する必要がある」（溝尾 2009:56）としている。（図 5-1）

観光地は、この狭義の観光地、レクリエーション地、宿泊地のいずれかから出発して、他の要素を強めつつ、別の2観光タイプの特性を併せ持つ総合的

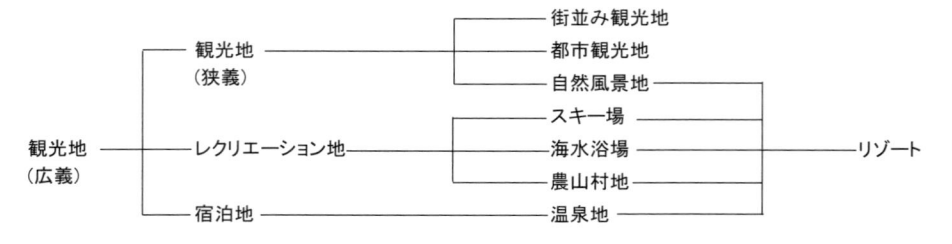

出典：溝尾良隆(2009)『観光学の基礎』p56

図 5-1　観光地の種類と分類

な観光地を目指していくことが大切だとも指摘している。この3タイプの機能を1か所で同時に併せ持つ総合的な観光地がリゾートと呼ばれるものとなる。

もちろん、観光資源や観光地自体の成り立ちが多様化している今日、この図ですべてが網羅されているとは考えにくい。テーマパーク、ミュージアム、イベント、ショッピングなどに特化して形成された観光地などの位置付けは難しい。「地域の食」を観光資源とし集客している観光地も同様である。

「地域の食」を観光資源とし集客している観光地は、狭義の観光地のいずれかの中で発展する場合やレクリエーション地、宿泊地から発展する場合がある。しかし、まったく既存の観光資源がなく観光地でもなかった地域に、新たに生み出された食という観光資源により観光地になる場合もある。いずれにしても、この図に「食観光地」を付け加える時期が来ているかもしれない。

観光地の定義は難しいが、観光資源があり観光を目的とした旅行者を受け入れている地域、受け入れることができる地域のことである。

これらの観光地をつくりあげていくこと、あるいは既存の観光地を活性化させ来訪する旅行者を増加させようという諸活動が、「観光地づくり」である。古くから存在する観光に係わる用語である。

また、近年は「観光地域づくり」という用語も使用されることが多くなってきている。観光地づくりとほぼ同義語で使われることも多いが、後述する「観光まちづくり」の意味で使われる場合もある。前者の場合は「観光地域＋づくり」、つまり観光地とほぼ同義語としての観光地域、あるいは観光地より広域の観光地域を創出、活性化するとの意味になる。後者の場合は「観光＋地域づくり」、つまり観光を活用した地域づくり、地域活性化の意味になる。

梅川（2009）の観光振興と観光地づくりの系譜によると、戦前より、温泉地や外国人向け保養地が観光地化されたり、日本百景[2]の選出や国立公園制度[3]の創設などにより観光地づくりが行われていた。本格的には戦後の取組みになり、国や地方自治体がその推進主体を担っていた。民間においても、宿泊業者による温泉地の大型化や私鉄による沿線の観光地開発などが積極的に進められた。表5-1は、戦後の観光地づくりを、資源特性と主な推進主体で整理したものである。資源特性も多様となり、推進主体も明確には分けられないも

表 5-1　観光地づくりのタイプ

資源特性＼推進主体	行政主導	民間主導	官民主導
町並み	喜多方、豊後高田、内子	小布施、熊川宿	飛騨高山、佐原、大内宿
都市	松江、小樽、酒田	長浜、村上	帯広、会津若松
寺社	日光、出雲	高野山	成田、伊勢
自然風景	田野畑、尾瀬	ニセコ	富良野、美瑛、富士河口湖
農山漁村	池田町、旧新治村、飯田市		安心院、飯山
スキー場	旧黒川村、旧安塚町、占冠村、野沢温泉村	越後湯沢、妙高高原	白馬村
別荘・リゾート	富士見町、原村	箱根、軽井沢、伊豆高原	那須、清里
温泉	雲仙温泉	由布院温泉、阿寒湖温泉、有馬温泉	草津温泉、城崎温泉

出典：梅川智也（2009）「観光からまちづくりへ」『観光まちづくり―まち自慢からはじまる地域マネジメント』p73

のもあるが、表のように整理されている。基本的には、推進主体は官から民へ、国から地域へと変化している。

　しかし、戦前戦後と通し長い期間、取り組まれてきた各地での観光地づくりの問題が顕在化してきた。観光地づくりは、観光資源が立地する一定の地域に域外から集客しようとしたもので、しばしば長期的な視点を忘れ短期的な活動となることがあった。また、目標は来訪する旅行者数やその経済効果が主なものであった。その活動の結果、当該観光地は短期的に旅行者が増加したものの、長期的には観光資源の摩耗、劣化が起こり、旅行者に対するサービスの質が悪化していく地域が現れた。そして、旅行者の満足度が低下し、旅行者自体の減少を招くことになっていった。そればかりでなく、域外からの旅行者の増大は、地域住民との摩擦が生じ、地域の混雑、景観の破壊、交通渋滞、風紀の乱れ、物価高など、地域住民に不利益をもたらすという現象が起こることもあった。

5.1.2 観光まちづくりの研究

　既存の観光地は、さらなる域外からの旅行者の誘致を求めて、観光地の活性化を進めている。また、観光地ではなかった地域も、交流人口の増大による地域活性化を求めて、新たなる観光資源を発掘、創出し観光地化を目指し始めている。

　その背景には、地域の人口減少や少子高齢化問題、財政問題、地場産業の衰

第5章 観光まちづくりとマーケティング

退、中心市街地の空洞化、さらに平成の市町村合併による地域アイデンティティの低下などがある。地域の活性化を求め、様々な政策、施策を講じている。とくに、交流人口の拡大による域外消費の吸収増大、すなわち旅行者の誘致が注目されている。

このように、「観光」の力によって「まちづくり」を具現化していこうとすることが「観光まちづくり」と言われ、近年かなり一般的な用語として定着している。前項で議論した「観光地づくり」とはどう違うのであろうか。

「まちづくり」には、地域住民主体、持続的発展、地域住民の満足度の維持向上の概念が含まれている。持続可能な観光地づくりを目指すには、地域住民も参加したこの「まちづくり」と一体化する必要があるという考え方が観光地に定着しはじめたのである。また逆に、まちづくりを進めていくためには、建設事業や工場誘致などハードでの取り組みが困難になってきている状況のなかで観光に目を向けざるを得なくなってきたのである。いずれにしても、「観光地づくり」と「まちづくり」を別物と考えることができなくなってきた。この両者を一体化して推進していこうという考え方が「観光まちづくり」である。

初めて政府（旧運輸省）がこの用語を使うのは『観光まちづくりガイドブック―地域づくりの新しい考え方～「観光まちづくり」実践のために』（2001）であった。その中で、観光まちづくりを「地域が主体となって、自然、歴史、産業等、地域のあらゆる資源を活かすことによって、交流を振興し、活力あふれるまちを実現するための活動」と定義している。その後、この定義が一般的に定着している。

2000年に入る頃から、観光まちづくりをテーマにし、タイトルに入れた論文や文献が次々に登場し、観光による地域振興、地域活性化の名称として定着していく。地域においても、〇〇観光まちづくり協会のような、市町村名などの地域名を冠した組織が続々誕生し、まちづくりを推進するひとつのキーワードとして広く一般的に使用されるようになってきている。

社会学的アプローチから、安村（2006）は、観光まちづくりとは「文字通り『観光』と『まちづくり』の合体事象である。それは、『新しい観光』による『新しいまちづくり』とみなせる」（安村 2006:4）と述べている。観光まちづくりの発生は、①新時代の動向を生み出す「時代の転換」、②新時代の動向を観光

まちづくりに吹き込む「新しい観光」、そして③観光まちづくり現場で実践される「社会関係の再構成」の３つの力学から構成され、その力学から導き出される観光まちづくりの正体は「新時代に向けて新しい生活空間を『観光』で再生する住民の社会運動である」（安村 2006:110）と定義し、地域社会と観光まちづくりの在り方、その生成の力学を実証研究と理論的考察により探究している。湯布院や長浜の観光まちづくり事例を検証し、新しい時代と地域社会につながる観光まちづくりの力学モデルを提起している。

溝尾（2007）は、観光まちづくりの「現場からの報告」と題して、自らがコンサルタントに係わった、新潟県新治村、新潟県佐渡市、香川県琴平町、埼玉県川越市を事例に特徴ある観光資源を有し、一方固有の課題を抱える４地域の観光まちづくりの背景とプロセスを、精緻に臨場感を持って論じている。

その後、数年の間に多くの研究者から、観光まちづくりに関する研究成果が発表されている。前田（2008）は、「観光の本義が国の光を示すことであるなら、他者がなんと思おうと地域住民が愛着や誇りをもつものは、観光資源として評価されるべきであろう。これからは『観光事業者以外の住民も歓迎する、観光まちづくり』の考え方が重要であり、地域価値を高める手段の１つとして観光がある」（前田 2008:443）と、地域住民の参加を軸とした、今後の観光まちづくりの方向性を示している。

着地型旅行を着眼点とし、佐々木（2008）は、「旅行市場は、家族や個人が中心となり、目的至高テーマ性のある高付加価値型の旅へと大きくシフトしている。観光市場のグローバル化も進み、今やライバルは海外の観光地である」「眠れる地域資源に光を当て、その土地ならではの魅力を創造していくという、地域側からの視点が極めて重要になってくる。この点で、地域を基盤とし、地域づくりと密接に連携する着地型の『地域ツーリズム』が、今後の旅行市場を牽引していく」（佐々木 2008:234-235）とし、インバウンドを意識した魅力ある観光まちづくりを提唱している。地域ツーリズムの事例として、温泉、フィルムツーリズム[4]、産業観光[5]、グリーンツーリズム、エコツーリズム、イベントツーリズム[6]などに加え、フードツーリズムも論じている。

地域振興と観光ビジネスを論じる中で、羽田（2008）は、観光まちづくりには二つの側面があるとしている。一つは、住民が誇りに思うような魅力的な

地域をつくることが、ひいては域外から人々の来訪につながるという考え方であり、もう一つは観光特化型の観光地から脱却し、地域の個性的な自然や生活文化などに注目し、それらを磨き光らせ、住民が住みやすく誇りに思うような地域にしていくことが観光地としての持続的な発展につながるという考え方である。「住んでよし、訪ねてよしのまちづくり」[7] の理念に通じている。

地域マネージメントの観点から、西村（2009）は、「観光まちづくりとは、地域社会が主体となって地域環境を資源として活かすことによって地域経済の活性化を促すための活動の総体である」（西村 2009:12）としている。観光まちづくりと言う用語は 21 世紀における観光のあり方を考える議論から生まれたものだと述べている。また、まちづくりが観光に向かうという動きだけでなく、観光地がまちづくりへとひろがるという動きも同様に存在するとし、観光からまちづくりへ、まちづくりから観光へ、双方からの視点を織り交ぜながら観光まちづくりの現状と将来像を考察している。

岡村・野原・西村（2009）は、観光まちづくりを「まちづくり」と「観光」双方が近接した動きと捉えて、その歴史展開を整理し、外部資源の活用段階の視点から、「まちづくり」における「観光」の役割を明らかにしている。第 1 段階では、地域の観光資源を活用し観光客を誘致し経済的な利益を生み出し、第 2 段階ではその利益の一部を観光資源の保護保全などに活用し、地域の魅力の持続性をつくっていく。第 3 段階では、地域の観光資源の価値を地域内外の人々と共有し、地域で暮らすことの魅力、生活の質を向上させる、としている。

地域の環境保全の重要性に着眼し技術者の立場から、安島（2009）は、「いくら素の資源性が高くとも、アイディアが優れていても、旅行者が安全・安心・健康・快適にそれを楽しむためには、まちづくりを技術的側面からも支えなければ、観光まちづくりはうまく進まない」（安島 2009:4）との考え方から、観光地の交通計画、ごみ・トイレ対策、水環境保全、景観整備など、旅行者の快適な観光と、地域住民の生活環境の向上につながるインフラ整備の必要性を説き、観光まちづくりと環境保全を両立する「持続可能な観光まちづくり」の手法を論じている。その他に、様々な切り口から、宗田（2009）[8]、戸所（2010）[9]、十代田（2010）[10] などの研究がある。

これらの研究業績は、すべてこの数年間の中で発表されたものである。基本的には観光や地域振興の研究者、学生に向けたものでもあるが、地域の担い手やこれから係わっていく地域の人々が読者対象として意識されている。切り口は様々であるが、観光まちづくりに対する概念に大きな違いはなく、それぞれ具体的な成功事例を提示しているのが特徴的である。また、誘客の源泉となる観光資源の多様性、推進主体のマネージメント、地域住民の参加、満足度の向上、その持続性の必要性、マーケティングの重要性については共通に論じられている。

　しかし、これらの研究はやや総花的で、特定の観光資源として、旅行者を誘客してまちづくりを推進するというものはほとんどなく、「地域の食」に触れられているのもわずかであった。本稿では、フードツーリズムを活かした観光まちづくりに特化し研究を深め、創造的な提案をしていきたい。筆者は、本研究の中間的な発表としてフードツーリズムを活かした観光まちづくりの実態と方法論（安田 2010b）を、また、農商工連携が推進主体となるフードツーリズムを活かした観光まちづくりの現状（安田 2011a）について、同時期に発表した。

5.1.3 観光まちづくりの定義

　観光まちづくりについては、様々な領域からの研究が進んでいるが、その定義については、2001年に政府が示したものが受け入れられているようである。多くの先行研究もそこから大きく外れているものはない。観光まちづくりのポイントは、住民の暮らしを豊かにする、というシンプルなテーマを最終目標のひとつとして進める観光振興施策、事業であるということである。また、「観光はまちづくりの総仕上げ」[11]といわれるように、観光は、今日ではまちづくりに欠かせない要素となっていると考えられる。

　本稿では、観光まちづくりとは「地域が主体となって、地域の観光資源を利活用し域外からの交流人口を拡大する観光諸活動を通し、地域を活性化させサスティナブルな魅力ある地域を実現させるための活動」と定義し、論を進める。

　観光まちづくりは、多くの場合「観光まちづくり」と表記する。まれに「観光町づくり」「観光街づくり」と表記されていることもある。おそらく、それ

それ特別な意味を持っての標記だと考えられるが、そうでないケースも多い。それでは、なぜ「まち」と平仮名で表記するようになったのであろう。前述のように、初めて政府（旧運輸省）がこの用語を使った『観光まちづくりガイドブック―地域づくりの新しい考え方～「観光まちづくり」実践のために』でも当り前のように平仮名になっている。

　これには、何らかの意味があり、それが暗黙の約束事になっているのか、これについて解説を加えたり、論じている文献はまれである。おそらく、まちづくりの「まち」は、行政単位である「町」ではなく、街路をイメージする「街」でもないことを、暗に主張しているように思える。また、この言葉を使用する人々も同様に理解しているはずである。

　しかし、まちづくりにしても観光まちづくりにしても、一般的には行政単位である市町村をそのままあてはめて議論することが多い。それは、まちづくりの推進主体、または中心となるメンバーが行政であるケースが多いためと、予算や統計などが行政単位になっているためであろう。しかし、「まち＝市町村」の整理が、まちづくりの実態、まちづくりの研究などにおいて、常に不整合と違和感をもつ結果になっていた。

　それでは、ここでいう「まち」をどう捉えればいいのであろうか。これは前述した「観光地」の議論と酷似している。おそらく、観光地という言葉と同様、曖昧なまま今日まで多くの人が使用してきたものと思われる。

　観光まちづくりの「まち」は、「地域」と置き換えることができる。つまり、まちづくりは地域づくりであり、地域振興、地域活性化とほぼ同義語と考え、そう使用されてきた。それでは「地域」とはどういう意味なのだろう。これは、マルチスケールの概念であり「地域論」という学問が存在するほど奥深い議論になってしまうかもしれない。日本語の「地域」に該当する英語は、area、zone、region、district、part、tract、local、community など数多く挙げられるが、観光の側面で使っている「まち」の持つニュアンスを的確に表現されているものはない。

　観光まちづくりを社会学的な考察をする前提として、安村（2006）は、観光まちづくりにおける「まちの範域」とは「個人が自らの生活圏と主観的に認知し、その生活圏の住民であると自覚する―そしてしばしば帰属感を持ちアイ

デンティティ（自己の一体感）を抱く―社会空間である」（安村 2006:69）と、生活圏を基調に定義し、湯布院であれば由布院温泉地区、また長浜であれば旧中心商店街地区というように限定的な地区で実践されていると、観光まちづくりの成功事例を挙げて説明している。

　本稿の、次節以降の展開で、中心的なマーケティング論として詳細に触れていく、コトラー（Kotler 1993）の提唱する「Marketing Places」においては、「Places＝地域＝まち」として、論を展開している。監訳者によると、「地域＝まち」を「市町村、地区、州、国家などを全て包含する用語」として「Places」を本文の中で「まち」と訳したと述べている。実際に、その書の中では、アメリカの小さな町村から日本、シンガポールなど国家を「まち」として扱い事例分析をしている。

　日本に置き換え、日本国内のまちづくりの考え方や活動から整理すると、観光まちづくりの「まち」はまさに「Places」が、極めて近いニュアンスを持ち、的確に表現しているものと考えられる。つまり「まち（Places）」は、行政単位の市町村とは特定せず、もっと大きな県や県をまたぐような観光圏[12]のこともあり、逆にもっと狭い範囲の合併前の市町村エリア、中心市街地、温泉宿泊地、島、さらに狭い特定の観光スポット周辺地区のこと、とするのが相応しいと考える。

　本稿では、観光まちづくりの「まち」を、「行政単位にとらわれず、固有の観光資源を核として、共通の文化を共有し住民との一体性を持つ、一定の範囲の場所」と定義する。したがって、「フードツーリズム活かした観光まちづくり」とは、「地域の特徴ある食という観光資源を有し、共通の食文化を共有する住民との一体性を持つ地域が、その観光資源を楽しむことを主な旅行動機、主な旅行目的、主な活動とする旅行を域外から誘致する観光事業等を通し、地域を活性化させサスティナブルな魅力ある観光のまちを実現させるための活動」と定義される。

5.2 観光まちづくりのマーケティング

5.2.1 観光マーケティング

　本稿の目的のひとつは、前項までに定義してきた、フードツーリズムを活かした観光まちづくりをマーケティング論のフレームワークにより考察することにある。全国各地で取り組まれている観光まちづくりの現場でもっとも不足しているのが、マーケティングの考え方であると、観光まちづくりに係わるほとんどの人が口をそろえて言う。しかし、多くの地域ではその現状を理解し、マーケティングの重要性を認識し始めている。

　マーケティングとは、「売れる仕組み」のことである。まちを売る人は、発地にいる消費者が旅行に行くか行かないか、行くとしたらどこに行くか、何をするのかを知る必要がある。つまり、自由に選択のできる消費者の行動や意識を知ることから始めなくてはならない。フードツーリズムを活かした観光まちづくりにおいて、どのようなマーケティング理論、手法が援用できるのかを検証していく。

　マーケティングを説明するときに、必ず引用されるのが、アメリカ・マーケティング協会の「マーケティングとは、顧客、依頼人、パートナー、社会全体にとって価値のある提供物を創造・伝達・配達・交換するための活動であり、一連の制度、そしてプロセスである」（2007）[13]という定義である。また、日本マーケティング協会は、「マーケティングとは、企業および他の組織がグローバルな視野に立ち、顧客との相互理解を得ながら、公正な競争を通じて行う市場創造のための総合的活動である」（1990）と、公正な競争という言葉を加え定義している。

　マーケティングの第1人者である、コトラー（Kotler 1999）は、「マーケティングとは、製品と価値を生み出して他者と交換することによって、個人や団体が必要なものや欲しいものを手に入れるために利用する社会上・経営上のプロセスである」（Kotler1999:7）と定義し、「顧客ニーズを満たす」という新しい概念をマーケティングに導入しなくてはならないとしている。

　もともとマーケティングの主体は企業であった。その後、マーケティングの

概念の拡張がみられ、非営利組織や学校、病院などの活動にもマーケティングの概念が使われるようになった。企業の一般的な取引とは異なる観光においても、1970年代後半あたりから研究者により研究が取り組まれ、旅行会社や観光地の観光事業者の活動の中で活用され始めた。それが「観光マーケティング」と呼ばれる概念で、長く観光業界、また観光まちづくりにおいても、その推進のフレームワークとなってきた。

マネージメントの視点から、マウチンホ（Moutinho 1989）は、観光マーケティングを「観光組織が観光客の最適な満足のための達成と組織目標の最大化のために、観光商品をつくり、適合させるために、局地的、地域的、国家的ならびに国際的なレベルで観光客のニーズ・欲望および動機を確かめ、それに影響を与える、顕在的、潜在的な観光客を選定し、観光客に伝達するマネージメントプロセスである」(Moutinho1989:259)と定義している。ここで言う、「観光組織」は旅行会社だけではなく、交通事業者、宿泊業、その他観光に係わる組織全てを指している。また「観光客」も、ビジネスを含めたすべての目的の旅行者のことで「最適な満足」が最大のポイントとなる。「観光商品」は当然形のないサービス、おもてなしも含まれている。

また、マーケティングの主体となる企業的視点から、長谷（1996）は、観光マーケティングとは「企業その他の組織が観光客の観光行動実現に係わるニーズを満たすとともに、事業目的を達成するような取引を実現する過程である」（長谷1996:7）と定義している。つまり、企業その他の組織が観光客のニーズを満たし、かつ事業目標、すなわち利益を継続的にあげていくことに主眼を置いている。

レス（Les 2004）は、観光マーケティングの定義を明確にしていないが、市場変化の予想、高度な競争的市場、社会的・環境的考慮事項、消費者パワーからのアプローチを提唱し、サービスマーケティング[14]の基礎原理を取り入れて、観光マーケティングの重要性を論じている。

都市観光の観点から、コルブ（Kolb 2006）は、ツーリズムのマーケティングは「リゾートであれ、都市や地域であれ、さらに国であれ、目的地に訪問者を惹きつける戦略を計画するために、マーケティングコンセプトを適切に応用することである」（Kolb 2006:3）とし、「ツーリズムの成功は、ひとえにリピー

ト訪問者に依存している。したがって、短期的視野で利益を得ようとするのではなく、長期的な視野で考えていく必要がある。都市をマーケティングするうえで大切なのは、訪問者のニーズに合致し、かつ同時に市民の生活の改善をもたらすサービスを提供すること」(Kolb 2006:4) であると、市民の満足度もその対象にし論じている。

このように、観光マーケティングの研究には歴史があり、定義も諸説あるが、一般的には、企業や行政などの組織が旅行者のニーズを満たすとともに、事業目的を達成する活動、とそのプロセスであると、解釈されている。

ここでいう組織とは、旅行業だけでなく、旅行者の集客、誘客に係わる全ての組織のことであり、旅行者のニーズを満たすものとは、旅行商品や旅行に係わるサービスである。観光振興においては、この観光マーケティングの考え方に基づいて様々な政策、施策が行われてきた。最大のポイントは、旅行者のニーズを満たすこと、つまり満足度を上げることに焦点を置き、その結果として旅行者を誘致しようという考え方である。

しかし、観光マーケティングが活用されていたのは、発地にある旅行会社が中心であった。それは観光マーケティングの研究が進んできた1980年代から1990年代は、観光の主導権が旅行会社にあったためと思われ、観光マーケティングの諸理論もやや旅行会社向けのものであったことも否めない。

大手旅行会社は顧客志向の観光マーケティングに飛びつき、積極的な対応を行っている。つまり、顧客満足度を高めリピーターにしていき、人気の観光地に送客していくことである。旅行会社にとっては、顧客が次にどの地域に行こうとリピーターであり、観光マーケティングの成功を意味した。しかし、地域から見ればその地域に再訪しない旅行者はリピーターではなかった。

なぜ、地域において観光マーケティングの考えが浸透、定着しなかったのか。その理由は次のように整理される。

(1) 1990年代前半まで、旅行市場は拡大期にあり、マーケティング活動をしなくても集客ができた。
(2) 団体客をターゲットにしていたため、セールス先は旅行会社だった。顧客に対するマーケティングは旅行会社が担っていた。
(3) 地域の観光に係わる活動は個別事業者単位、各宿泊施設、観光施設など

の単位で、地域を単位として行う活動は少なかった。
(4) 観光地の数も少なく、観光地間競争があまりなかった。
(5) マーケティングを企画、実践する人材が育っていなかった。

今日、観光地の環境は激変してきた。観光地が主体的に、旅行者という顧客と向き合わなくてはならなくなってきたのである。各観光地もマーケティングの必要性を痛感している状況にあると考えられる。

5.2.2 観光地マーケティング

観光まちづくりなどの地域の活動が活発になるなかで、マーケティングの必要性が見直されている。観光マーケティングの一分野になる、観光地側に軸足を置いた「観光地マーケティング」「デスティネーションマーケティング」が注目されている。両者とも同義語として使われることが多いが、前者は国内旅行の国内観光地のマーケティングに、後者は海外旅行の目的地が行うマーケティングやインバウンドにおける国内観光地のマーケティングに使用されることが多い。

観光地マーケティングを、山田（2010）は「地域の立場から、地域が持つ資源や制約条件を与件としつつ、地域に来訪する顧客を新規創造、維持していくことであり、旅行会社などが発地の立場で行ってきたマーケティングとは、根本的に異なる」（山田 2010:35）と強調している。観光地マーケティングの基本要素は、コンセプト、ターゲティング、ポジショニングであり、この3つの概念を総合的に捉え、どんな価値を、誰に、どのように伝えるかを規定することが観光地マーケティングの基本になるとしている。また、観光地マーケティングに求められる視点として、持続性に対する視点、地域資源に対する視点、顧客に対する社会的視点、を挙げている。

インバウンドの振興で主に使われるデスティネーションマーケティングを、平田（2006）は、旅行目的地を商品として、旅行客のニーズを満たし、目的となる地域の事業目標を達成するように旅行者を誘致するために行う誘客活動であるとし、デスティネーションの個々の施設ではなく、地域そのものをひとつの「商品」としてとらえるマーケティング活動であるとし、観光マーケティングからの進化が見られる。

さらに、インバウンドに特化した形で、三ツ木（2011）は「デスティネーションである国、地方、州、都道府県、市町村などにおいて、ナショナルレベル、リージョナルレベル、ローカルレベルの公共、営利、非営利、半官半民の組織であるDMO[15]が、デスティネーションの経済的・社会的・文化的・生態系などの顧客市場にプロモーションを展開し、デスティネーションに対するイメージの改善・向上、さらにはブランド化を図り、受入体制を整え、積極的な観光行動を創造する活動」（三ツ木 2011:25）と定義し、インバウンド促進のために外国人旅行者のニーズを活かし、外国人に対するバリアフリー化を実現させ、デスティネーションマーケティング戦略を展開することが重要であるとしている。

　観光地マーケティング、デスティネーションマーケティングは、地域の立場からのマーケティング活動が展開されることでその効果が期待される。しかし、遠い距離にいる消費者、顧客に対して「何」を売るかという視点が弱く、見えにくい。「まち」を売り込むという、明確なアプローチが必要だと考えられる。

5.2.3 地域マーケティング

　「まち」という地域を対象にマーケティングの概念を導入するには、観光マーケティングや観光地マーケティング、デスティネーションマーケティングから、一歩進めた、「地域」を主体とした「地域マーケティング」の概念が必要になってくる。

　地域活動や地域経営にマーケティング論的アプローチをした、いわゆる「地域マーケティング」といわれる研究業績には次のようなものがある。いずれもコトラーによるマーケティングの概念拡張から生み出されたものと思われる。

　地域マーケティングのひとつの考え方である「エリア・マーケティング」を提唱した室井（1985）は、「エリア・マーケティングは、消費者の生活行動空間の基盤としての地域を、市場理解の前提として、消費者のライフ・システムと、その生活ニーズに対応して、企業の対市場活動の効果を創造し、維持し、変化させるマーケティングといえる。個々の製品をいかに市場で消化、還元するかではなく、消費者の生活行動全体の中に、生活ニーズに対応する需要創造への機会を作り出すものである」（室井 1985:158）と定義している。米田（1996）

も、広告会社での実務経験を背景に地域や市場の特性をつかみ、ますます多様かつ高度になっている顧客の欲求に応える「エリア・マーケティング」の必要性を説いている。いずれも、地域住民の一側面である「消費者」に焦点を当てたものである。

　石原・石井（1992）は、「街づくりのマーケティング」を提起している。郊外に出店する大型店に対抗して、既存の商店街を活性化しようと、街ぐるみの活動について考察し、商人がコミュニティの住民や地域の企業とともに、街をつくることは、これまでの商店街活動を一歩超えた試みであるとしている。ここでいう、「街」は、商店街のことであり、広義にとらえても中心市街地のことである。農山漁村地域の活性化の手法としての「ルーラル・マーケティング」を提唱した山本（2008）は、農山漁村地域における農業と漁業をルーラル産業と定義し、これらを含めた2次・3次産業を複合的農山漁村型地域産業という概念で規定している。それらに対するマーケティング戦略をルーラル・マーケティングとして理論構成している。その対象は地域の中小企業である。

　地理学からの視点で、佐藤（1998）は、マーケティング地理学を基本ベースとし、地域の空間に着目し、生活者や消費者の様々な思考や行動と、様々な企業や他の組織体の経営やマーケティング活動との関係を、同じ舞台である地域や空間を通してとらえ、その変化や類似性の体系化を試みている。

　地域経営論からのアプローチとして、矢吹（2010）は、「地域マーケティング」は、「居住地域の住みやすさの増大を軸とした仕組みづくりであり、『当地域に居住する住民』を中心とした、地域に対する態度（例えば「住み続けたい」「自慢したい」等）を創造・維持・変化させる活動」（矢吹 2010:17）であると定義している。後述するコトラーの「地域のマーケティング」の定義と類似したものと思われるが、焦点を当てているのは「他地域の企業、観光客、住民」はなく、「居住する住民」である。コトラーは「地域」を「商品」と捉えているが、ここでは「生活の場」と捉え、全く異なるものと考えられる。

　様々なアプローチからの、いわゆる「地域マーケティング」が研究され、発表されている。地域を地域が主体となりマーケティング手法により活性化するという観点からはすべてに共通するが、地域に域外からの旅行者を誘引し、それにより地域を活性化させ、同時に住民の満足度を上げていくという議論は見

当たらない。

その課題の解決策を提示しているのは、コトラー（Kotler）の提唱する「Marketing Places」である。

5.3 まちマーケティングの活用

5.3.1 まちマーケティングの理念

「Marketing Places＝地域のマーケティング」とは「特定の地域に対する知識、態度、行動を創造し、維持し、変化させる行動」（Kotler1991:636）と定義し、域外のビジター、住民、企業を客体とし、地域の様々な組織を主体と想定している。つまり「地域」を売り込み、旅行者や企業の誘致を目的とした、極めて明快で有用なマーケティング理論と考えられる。本稿では、コトラーの提唱する「地域のマーケティング」を他の地域マーケティングとの混同を避けるため、以降「まちマーケティング」と呼ぶ。その理念や理論、手法が、本稿のテーマである日本のフードツーリズムを活かした観光まちづくりに援用できるのかを検証していくこととする。

図5-2は、コトラー（Kotler 1993）が示す事例で、「全米病院協会の総会開

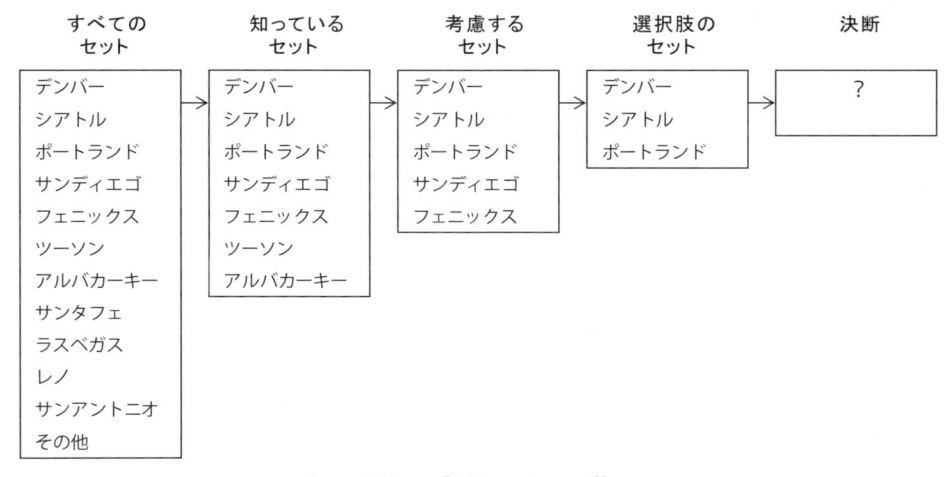

すべての セット	知っている セット	考慮する セット	選択肢の セット	決断
デンバー シアトル ポートランド サンディエゴ フェニックス ツーソン アルバカーキー サンタフェ ラスベガス レノ サンアントニオ その他	デンバー シアトル ポートランド サンディエゴ フェニックス ツーソン アルバカーキー	デンバー シアトル ポートランド サンディエゴ フェニックス	デンバー シアトル ポートランド	?

出展：Kotler, P., Haider D., Rain I. (1993) 前田正子他訳(1996)『地域のマーケティング』p54

図5-2　買い手の決定プロセスの中の選択肢のセット（コトラー）

催地」の決定プロセスの概念図である。総会の開催地を検討するにあたって第1段階として、開催可能なまちが全て挙げられる。これが「全てのセット」である。第2段階として、そのなかで地名そのものを認知しているかによって絞り込まれ、「知っているセット」になる。第3段階として、開催に相応しいまちかという条件によりさらに絞り込まれ「考慮するセット」になる。第4段階として、それぞれのまちについての情報を集めるなどして強力な候補と残されたものが「選択肢のセット」になり、最終選択は買い手の選択基準に照らし合わせて「決断」がなされる。

　「まち」の売り手は、「まち」の名前を、買い手の「知っているセット」「考慮するセット」「選択肢のセット」の中に入れなくてはならない。この中に入らなければ「まち」を売り込むチャンスは無くなる。このプロセスは、個人の消費者が、旅行のデスティネーションを決定するプロセスと同じである。まず、その「まち」を知らなければ、選択肢に残ることはあり得ない。まず、消費者の認知を獲得し、「考慮」に値し、「選択肢」に残る、他のまちとは差別化された、強力な観光資源をつくりあげていくことが重要であり、それを具現化するマーケティング活動が不可欠になる。

　コトラー（Kotler 1993）の提唱するまちマーケティングは、「地域（Places）＝まち」を市場価値の有無が問題とされる「商品」としてとらえ、商品をニーズや欲求を満たすために市場に提供されるものすべてと定義し、地域そのものをマーケティングの対象となる商品として捉える必要があると説いている。したがって、財やサービスだけでなく人、場所、組織、活動、アイデアなども商品に入ると述べている。

　「『まち』も1つの『製品』であり、その価値や魅力はデザインされ、市場で売りこまなくてはならない、自分たちの『まち』の売り込みに失敗すれば、そこは経済的に行き詰って、衰退していくことを覚悟しなければならない」（Kotler 1993:10）と述べている。そして、まちマーケティングの目標は「『まち』の能力を高め、市場の変化に対応し、チャンスをつかみ、その魅力を持続させることにある」（Kotler 1993:18）としている。また、まちマーケティングは、「単なる製品のマーケティングと違い、官民両機関や利益団体、住民グループ、一般市民の積極的なサポートが必要である」（Kotler 1993:20）と推進主体の

多様性が必要であると説いている。

「まち」のターゲット、対象とする主要な市場は、①ビジター、②住民と勤労者、③企業と産業、④輸出市場の4つあり、まちマーケティングにより引き付けることができると述べている。

「ビジター」とは、本稿のテーマである、域外からのビジネス客とビジネス以外の客、すなわち観光客や家族や友人を訪ねてくる旅行者である。ビジネス客とは、業務や商談、コンベンションへの参加などのために訪れる旅行者であり、ビジネス客以外と区別してターゲッティングしているところが興味深い。当然ながら、好ましいビジターを誘引することがポイントとなる。「住民と勤労者」とは、単なる労働者を増やしたいのか、若い人を定着させたいのか、家族の定住を増やしたいのか、まちによりターゲットは異なるが、住民の生活の質は向上し、新住民を呼び寄せることにもつながるという意味からは、「住んでよし、訪ねてよしのまちづくり」に通ずる。

「企業と産業」は、本テーマとはずれるが、企業誘致、新規起業、投資、就業チャンスの増加を目指すのはまちの本来の目標であろう。日本的に考えると新たな地場産業となる産業の誘致や創出、再生などもこの範囲であろう。「輸出産業」とは、まちが他の場所の人々や企業が買いたいと思う製品やサービスを生み出すことである。例えば、まちが地域固有の食という製品を生み出し、それが旅行者を呼ぶだけでなく、流通を通して域外に販売されていくことである。

表5-2は、製品マーケティングとまちマーケティングのターゲット別の市場との関係を整理した表である。買い手が多様なため、サービスも流通手法も多岐にわたっていることが分かる。ビジターの欄に注目すると、旅行者には、観光を目的として来訪する旅行者と、商談、取引、会議などのビジネスを目的として来訪する旅行者の2種類あり、それぞれサービスの質、流通の手法などが違うことが分かる。本稿では、主に、観光を目的として来訪する旅行者を対象として論を展開していくが、「地域の食」は、表のように全く異質なビジネスの旅行者をも対象としていることに留意しておかなければならないであろう。

コトラーは、これらのターゲットを満足させるために、地域のインフラの整備、地域の魅力づくり、地域の魅力や生活の質を宣伝するための積極的なイメー

表5-2　まちマーケティングにおける主な市場の具体例

	製品マーケティング	まちマーケティング				
		ビジター		住民・勤労者	企業・産業	域外の消費者
買い手(市場)	消費者(消費者市場)	ビジネス客	観光客・旅行者	(住民誘致)	(企業誘致)	(輸出市場)
売り手(マーケター)	メーカー	自治体・企業・民間組織・住民グループ・住民等				
求められる行動	消費者が自動車を買う	ビジネス客が商談や会議に訪れる	観光客・旅行者が観光等で訪れる	人が住み働く	企業や産業がまちに立地する	まちで生産された製品が売れる
Product	自動車(例)	取引先業コンベンション施設	観光資源	住宅・住宅地住環境	会社・工場	特産品
本質サービス	移動の利便性	営業活動先コンベンション機能	見る・食べる・遊ぶ非日常性	暮らしやすさ住民サービス	生産性収益性	味・機能
補助サービス	ステータス	交通の便リラクゼーション機能	交通の便利便性・快適性	ステータス	交通の便周辺環境	ブランド
流通	メーカー↓卸業者↓小売店↓消費者	誘致組織(自治体・企業)↓企業コンベション施設↓ビジネス客	(自治体・マーケター)↓観光施設・宿泊施設↓旅行会社↓観光客・旅行者	自治体・マーケター↓不動産業者デベロッパー↓住民・潜在住民	自治体・マーケター(税制面等優遇措置)↓不動産業者↓企業	(自治体・マーケター)生産者↓卸業者小売店↓消費者

出典：松本玲奈・瀬田史彦・大西隆・城所哲夫（2002）「地域開発戦略における地域マーケティング手法の理論的展開についての一考察」p1094の表をベースに筆者修正

ジ形成、地域の人々の協力が必要だとも述べている。

　まちマーケティングの考え方は、徹底的な市場分析によって「まち」という「商品」を開発し、「顧客」をめぐっての競争に勝つこと、「顧客」に選択されるための諸活動のことである。またこの「顧客」とは、誘致する旅行者だけではなく地域住民を含んだ概念である。観光によりまちが活性されても、地域住民の生活の質が低下し、満足感が減少してしまっては、観光まちづくりにはならない。ポイントは、地域が生み出す製品やサービスを「売る」のではなく、「まち」自体をひとつの「商品」と考えて「売り込んでいく」ことである。

5.3.2 まちマーケティングのプランニングプロセス

まちマーケティングのプランニングプロセスは、次のようになる。

①まちのターゲットを決める。

コトラーは、ターゲティングの作業をマーケティング・プランニングの前段として位置づけている。フードツーリズムを活かした観光まちづくりにおいては、明確に域外の旅行者である。ではどんな旅行者を、どこから誘致するのか。まちに来訪して欲しい旅行者の姿、「地域の食」を食べて欲しい、購入して欲しい人の姿を特定する作業である。逆に、来てほしくない、好ましくない旅行者をイメージすることも重要になってくる。

②まちのマーケターを決める。

コトラーは、マーケターの確立もマーケティング・プランニングの前段として位置づけている。マーケターとは、マーケティングの推進主体のことである。製品のマーケティングであれば、マーケターは企業である。しかし、まちマーケティングのマーケターは多様であり、このマーケターを明確にし、組織化することが最大のポイントとなるとしている。

③まちの監査をする。

まちを監査するとは、まちを知り、分析することである。まちの人口動向、産業構造、労働市場、交通網、地域資源、観光状況など、まずまちを詳しく調べ、把握することがポイントとなる。そのうえで、まちの強みと弱み、チャンスと脅威を分析する。つまり、SWOT分析[16]などで分析を試みる。まちのプロフィールづくりから、まちの分析に進むのである。

④まちのビジョンとゴールを決める。

まちの監査によって確認された、まちの現状を基に、まちがどのような姿になりたいのか、つまり「まちのビジョン」を明確にすることである。これは、マーケターの指針であり、グランドデザインと言うべきものとなる。

ゴールとは、ビジョンに対して、目標の重要度やタイムスケジュールを決めたものである。つまり、何年後の販売件数、売上金額、入込観光客数、宿泊客数などの具体的な目標である。まちのビジョンとゴールとは、自分たちのまちがいったいどのようなまちでありたいのかという、合意形成された「まちのアイデンティティ」である。

⑤まちの戦略をつくる。

ビジョンとゴールが決定したら、それを達成するための戦略を策定していく段階に入る。フードツーリズムを活かした観光まちづくりにおいては、ひとつのプロジェクトに旅行者誘致だけでなく当該の食の販売、流通を視野に入れることもある。

⑥まちのアクションプランをつくる。

戦略を実行するための、具体的な活動計画、アクションプランを作る段階である。いよいよ、市場への対応になる。マーケティングの4Pがここで登場する。製品対応、価格対応、流通対応、プロモーション対応で、それぞれの対応にマーケターは意思決定をしていかなくてはならない。

⑦プランの実行とコントロール。

アクションプランは、効果的に実行されなくては意味がない。実際の観光まちづくりの場面では、マーケターはじめ係わった担い手たちが、もっとも具体的に活動しなくてはならない場面である。また、その活動の効果を測定し把握し、次への判断をするのがコントロールである。コミュニケーション活動の結果を冷静に、客観的に評価し、計画の見直しなどを行い、次のアクションへとつなげていく活動である。

このように、体系化、プロセス化されたコトラーの説くまちマーケティングは、実際のフードツーリズムを活かした観光まちづくりを進めている地域での活用が可能かもしれない。また、すでに、このマーケティングの理念を応用して多くの集客を得ている地域があるかもしれない。次章より、フードツーリズムの6類型の中でのまちマーケティングのプランニングプロセスの適用の可能性、事例においての活用の実態などを検証していく。

註

1) 観光ユニットとは、10km範囲に集積した観光資源の集まりを指している。(岡本2001)
2) 1927年、大阪毎日新聞社、東京日日新聞社主催、鉄道省後援で日本新八景が選定された際に、同時に選定された日本を代表する100の景勝地。
3) 1931年、国立公園法により、自然の保護、利用促進を目的に指定された公園。

2012 年現在 30 箇所。
4) 映画やドラマなどの舞台となったロケ地などを訪れる旅行。シネマツーリズムともいう。
5) 歴史的、文化的価値のある産業遺産、最新の近代工場、伝統的なものづくりの現場などを訪れる旅行。
6) 地域の祭りやイベントを見学、参加することを目的とした旅行。
7) 2005 年、観光立国懇談会で故木村尚三郎座長の発言。
8) 宗田（2009）は、創造都市とは小さな創造的なビジネスが根付いている文化的な都市として、商業ビジネスの活性化からの観光まちづくりを論じている。
9) 戸所（201）は、「日常の生活空間」を観光資源とする観光まちづくりを論じている。
10) 十代田（2010）は、多様な住民の参加とマーケティングの重要性を論じている。
11) 鈴木忠義東京工業大学名誉教授の提言による。
12) 自然、歴史、文化等において密接な関係のある観光地を一体とした区域であり、その観光地同士が連携して 2 泊 3 日以上の滞在型観光に対応出来るよう、観光地の魅力を高めようとする区域（観光庁）。
13) アメリカ・マーケティング協会（AMA；American Marketing Association）2007 年の定義。幾度か改定されている。
14) サービスマーケティングとは、目に見えない商品（無形財）を対象とした、サービスならではの特性を踏まえて展開するマーケティングの考え方。
15) Destination Marketing Organization の頭文字。デスティネーションマーケティングを実施する組織のこと。
16) 強み（Strengths）、弱み（Weaknesses）、機会（Opportunities）、脅威（Threats）を評価基準とする環境分析の手法で、一般化している。

第6章
高級グルメツーリズム

6.1 高級グルメツーリズムのマーケティング

　高級グルメツーリズムにおけるProduct（食資源）は、すべてが「地域の食」であり、つまり、地域の食材をメインとしたコース料理か、地域の伝統的な調理方法でつくられた料理である。その高級料理を食べるのに相応しい、食事場所の立地、設備、雰囲気や料理人、食器、サービス、さらにその食材や料理にまつわる歴史や物語などすべてが観光資源となる。

　Price（食の価格）については、高級グルメは高く、中には極めて高いものもあるが、これを受容し、求める旅行者は決して少なくない。年に一度の旅行だから、あるいは、誕生日、結婚記念、退職記念、長寿記念などの記念日だから、と財布の紐を緩める。また、高額であることが付加価値となっている食もある。

　Place（食の場）は、もともとは各地の旅館であった。しかし、一度はその旅館の食事を食べてみたいという旅館はあるものの、調査結果の中からは既存の旅館における高級グルメへの期待感は弱い。したがって、今日では専門の料亭、料理屋、レストランなどが注目されている。

　筆者（2009a）の、旅行者に対するアンケート結果[1]によると、「旅館の料理」について、不満を持った経験のある人は73％で、「料理の量が多すぎる」「冷めたものが出る」「地元の食材でない」などがその理由であった。これは、料理を並べた時の見栄えや団体旅行全盛期の時代に、旅行会社からの要請に応えて、最低10品以上の料理を提供していた名残である。旅館の料理に期待するものは「地元の食材」「新鮮な食材」「地元の名物」などであった。多くの旅館は、まだ団体旅行客中心のサービス手法から脱却できていない。旅行者が求めているのは、品数でも、量でもなく、地元ならではの新鮮な素材を使った料理であることに気づかなくてはならない。

日本旅館も、これからはこの高級グルメツーリズムを狙い、地域の高級グルメの食の場となるべきである。また、一般の旅館とは一線を画す形で、古くから料亭旅館と呼ばれるところがある。食事をするのがメインで、宿泊もできるという旅館である。割烹旅館、料理旅館と呼ばれる宿もある。これらは、最大の売り物が料理であるという旅館であり、磨きをかければ、高級グルメツーリズムの受け皿として大きな可能性が生まれる。また、前述した、オーベルジュも期待される存在である。

　Promotion（プロモーション）については、歴史的に旅行会社や鉄道会社に依存しているケースが目立つ。それを否定するものではないが、観光協会、旅館組合、温泉組合などの組織と、「地域の食」を生産する漁業協同組合、農業協同組合などの生産者達とコラボレーションを組むことにより、強力なプロモーションができるはずである。この「高級グルメ」が、観光関連業者だけでなく、地域の生産者である農業者、漁業者、さらに地域の消費者である住民の共感を得て、地域の誇りになるような、取組みが必要不可欠である。

　高級グルメツーリズムにおける「まち」は、主に既存の観光地、温泉地に立地した旅館や料亭などが集中している地域である。この「まち」と「高級グルメ」の名称とセットで、地域の内外で認知されることが最大の目標である。しかし、高級グルメに対する旅行者の期待は、高額になるだけ高いものになる。その美味しさやサービスなどにより、リピーターを作り、維持させる可能性は高いが、逆に、たった一旅館、一店舗の失敗による期待値の落差により離反していく可能性もあることが、この高級グルメツーリズムの特徴ともなる。

　また、高級グルメツーリズムは、以前より富裕層、熟年夫婦、シニア層をターゲットにしていたが、家族層やヤング層などへの拡大をはかることもひとつの選択すべき戦略となる。高級グルメツーリズムは、歴史や伝統を背景にしている場合が多く、新規の参入は難しいと前述したが、地域の人々の努力と工夫で、多くの旅行者を集めだしている地域もある。次にその事例を検証する。

6.2 大間（青森県）──メディアと住民が育てた高級食材で旅行者を呼ぶ[2]

　マグロの一本釣りで全国的に名を知られる大間町は、青森県下北半島北部に

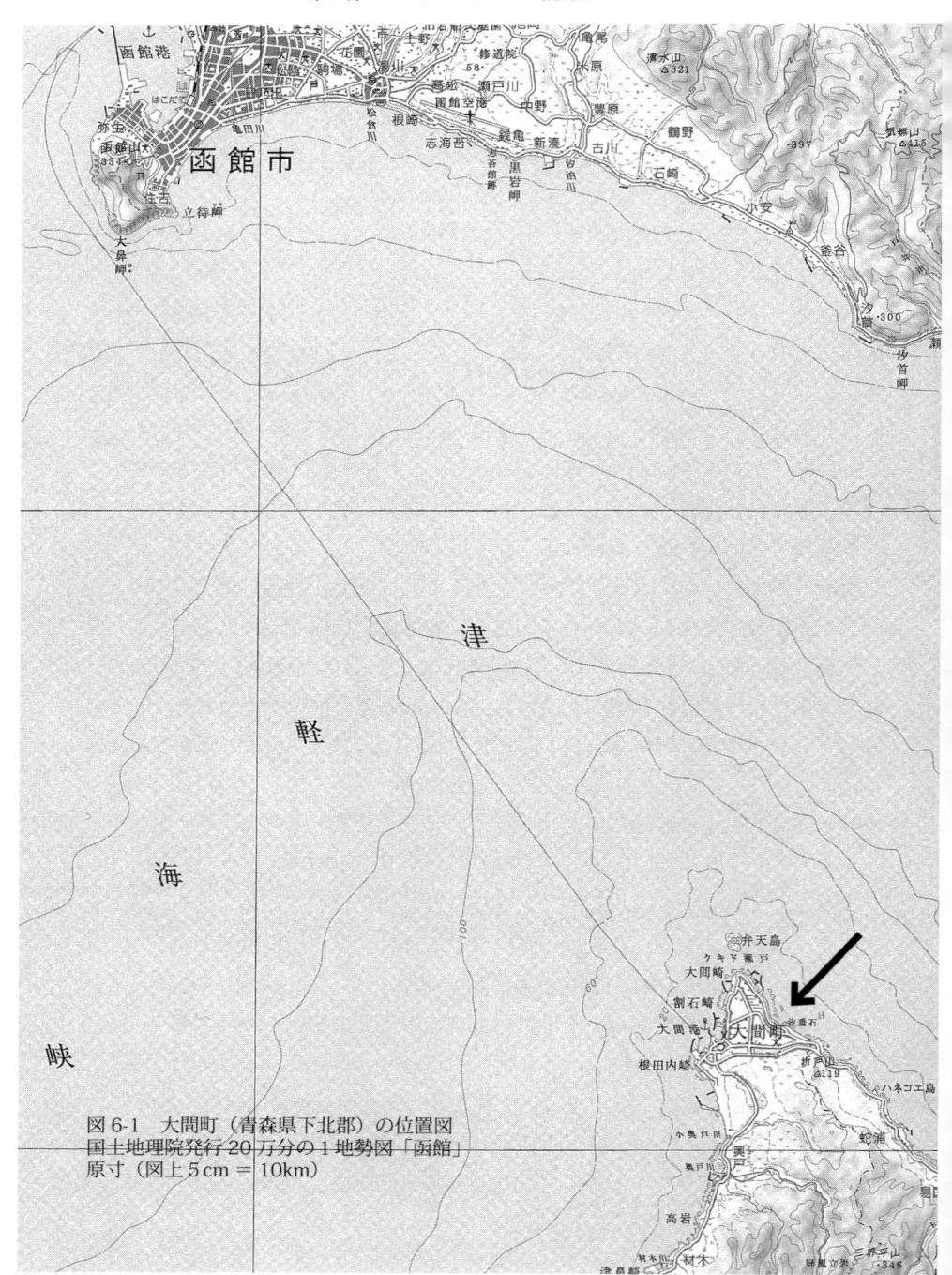

第 2 部　フードツーリズムと観光まちづくり

図 6-1　大間町（青森県下北郡）の位置図
国土地理院発行 20 万分の 1 地勢図「函館」
原寸（図上 5 cm ＝ 10km）

位置する漁業を中心とした、本州最北端の町である。人口6,164人、2,578世帯（2012年5月・大間町）の過疎の町でもある。

首都圏から大間へ行くには、東北新幹線で八戸か新青森へ、そこからJRで野辺地を経由して下北駅へ、さらにバスやレンタカーで279号線を北上し大間に到着する。7時間ほどの列車の旅になる。羽田空港から三沢空港や青森空港へ飛行機を利用し、そこからレンタカーなどで行くと時間短縮

写真6-1　大間のまぐろ握り寿司

ができる。また、飛行機で函館空港へ、そして函館港から東日本海フェリーで1時間40分の船旅を楽しみ大間港に至るルートもある。

いずれのルートにしても、首都圏からのアクセスは大変厳しい地であり、旅行者にとっては辺鄙な地と位置付けられる地域である。そんな遠隔の地ではあるが、一度は本場で大間マグロを食べに行きたいという意向は確実に存在している。1998年に22万人だった旅行者は、2009年には28万人と着実に増加している（大間町役場産業振興課）。

大間マグロとはマグロの種類を指す呼び名ではなく、大間町に水揚げされたマグロのことである。大間マグロは、クロマグロで、別名ホンマグロとも言われ、マグロの中では最も大型の種類で、最大で3mを超えるものもある。大間マグロ漁は、太平洋と日本海が交差するという独特の地理的メリットにより発展してきた。一本釣と大謀網で行われてきたが、大間マグロ漁と言えばマグロの一本釣が有名になっている。

大間マグロは超一流の高級ブランドとしての確固たる地位を築いている。その特徴は、脂の乗りの良さと深い味わいの赤身で、刺身や寿司に最適なマグロと言われている。しかし、値段は高く、なかなか庶民には手の出せない超高級品である。2001年の築地市場初セリでは、202kgのマグロに2000万円以上の高値がつき話題になった。

大間のマグロを一躍全国的に有名にしたのは、1983年に公開された映画「魚影の群れ」（監督相米慎二）であった。吉村昭原作のマグロの一本釣り漁師を

題材とした小説の映画化で、出演者は緒形拳、夏目雅子らであった。俳優、スタッフが大間町に泊まり込んでの長期ロケが行われた。2000年には、大間町が舞台となったNHKの連続テレビ小説「私の青空」が放送された。2007年正月に放送された、テレビ朝日のドラマ「マグロ」では主演の渡哲也が220kgのマグロを実際に仕留めるシーンも登場した。

また、テレビ朝日の「マグロに賭けた男たち」は2003年の放送からシリーズ化され、命とプライドを賭けてマグロに真剣勝負を挑み続ける大間のマグロ漁師たちを描いている。テレビ東京の「TVチャンピオン」および「TVチャンピオン2」ではマグロ漁師王決定戦の舞台ともなった。

このように大間町が積極的に映画、テレビとメディアを活用し、知名度と地域のイメージを上げていった。また、マグロだけでなく、そこで活躍する一本釣りマグロ漁師にもスポットを浴びせているのも、ユニークなメディア戦略であった。

イベントでのPRも行われている。毎年8月に大間町主催で開催する「ブルーマリンフェスティバル」では、マグロ解体ショーのほか、舟競争大会、ライブショー、花火大会などが行われる。10月には大間町観光協会主催の「大間超マグロ祭り」が開催される。マグロの解体ショー、即売会、海鮮バーベキュー、マグロ漁ウォッチなど、大間町がマグロ一色で盛り上がる。近年、大間での最大イベントとなり、JR青森駅からはバスツアーも催行され、県外からも多くの旅行者がやって来るようになった。

このマグロでのまちの盛り上がりを大間町役場産業振興課は「大間町はマグロだけでなく一本釣りマグロ漁師、人も観光資源になっており、町・商工会・観光協会・漁協・町内各団体・町民・漁師と大間を盛り上げようとする人々がおり、一体となった活動や撮影の協力が大間のまちおこしにつながっている」と分析している。

町内団体のひとつ、「あおぞら組」の活動は全国の注目を集めている。「私の青空」で大間に全国の注目が集まる中、大間にUターンした女性とその幼なじみ6人の仲間で2000年に「まちおこしゲリラ集団・あおぞら組」を結成した。最初の活動は「旗ふりウェルカム隊」で大間へ来るフェリー、帰るフェリーに向かって大漁旗を振り「よぐ来たの〜」「へばの〜、まだの〜」のかけ声で、

歓迎するという活動であった。さらに、インターネットを通じた「町民スター化作戦」、大間でしか買えない「マグロ一筋Tシャツ」の開発販売、「マグロのぼり」の企画開発などユニークな活動を展開し、観光まちづくりをリードしている。

なお、大間町にはこれらの観光まちづくりとは別の大きな動きがあった。大間のマグロ

写真6-2　大間町マグロモニュメント本州最北端の碑

の話題性に隠れていたが、大間町は、2015年度に電源開発大間原子力発電所の稼動を予定していた。しかし、東日本大震災、福島原発問題を受けて、今日事業自体が凍結状態にある。今後のまちづくりの対応が注目されている。

　Product（食資源）は、言うまでもなく全国的に高い評価を受けている大間マグロである。Price（食の価格）については、高級マグロであるので価格はかなり高いが、東京の寿司屋で出されるものよりは若干安く食べられるようである。

　Place（食の場）は、町内の旅館、民宿、寿司店、飲食店である。以前は、大間マグロはほとんどが東京築地などの大市場に運ばれており、地元住民の口にあまり入らない、また地元に行っても食べられないという現象が起きていた。数年前は、大間マグロを提供する宿泊施設や飲食店を僅か数箇所だったが、近年は20箇所ぐらいに増え、シーズン以外でも食べられるようになり、観光資源のカタチとなってきている。Promotion（プロモーション）は、前述のようにメディアを効果的に活用し、今日の知名度とイメージをつくりあげてきた。年2回のイベントも効果を挙げてきた。さらに、町民の自主的なプロモーションが大きな成果に結び付いていると思われる。

　「まち」は、大間町であり、特産品としての「大間」「マグロ」は、セットなり極めて良好なイメージで全国に認知されている。「ターゲット」は、アクセスの問題があり青森市、函館市など周辺都市のようだが、首都圏などでのプロ

モーションも始めている。「マーケター」は、町の産業振興課、観光協会、商工会議所が中心となって取り組んでいる。「まちおこしゲリラ集団・あおぞら組」のような、町民のグループが多くあり、彼らもマーケターの一翼を担っているのが特徴である。

「まちの監査」は、本州最北端の町という観光地として行われてきていたと思われる。「ビジョンとゴール」は、明確に「マグロのまち」であり、「戦略」は、メディアの活用であった。「アクションプラン」「実行とコントロール」はマグロを提供する宿泊施設、飲食店の拡大とマグロ関連イベントと開催、さらに町民グループの自主的なプロモーション活動である。

6.3 日間賀島（愛知県）――漁業と観光の共生により生まれた観光資源[3]

日間賀島は愛知県知多半島の南端、師崎港の沖合2kmに位置する面積0.77km^2、人口2,051人、630世帯（2010年10月・南知多町）の小さな島である。周辺は、伊勢湾と三河湾にまたがった好漁場であり、多くの魚介類が水揚げされる漁業の島である。

すぐ隣の篠島は古くより伊勢神宮との結びつきが強く観光スポットが豊富で旅行者を呼んでいたが、日間賀島の旅行者での賑わいは近年のことである。島に水揚げされる新鮮な魚介類を食べさせる観光地として脚光を浴びるのは平成になってからで、今は「多幸の島・福の島」として特産のタコとフグをアピールし、年間30万人（南知多町商工観光課）ほどの旅行者を呼ぶ注目の観光地となっている。

1980年代、ある観光旅館経営者[4]が、日間賀島には何か独自の観光地としての魅力が必要であると考えていた。そんな

写真6-3　タコのモニュメント

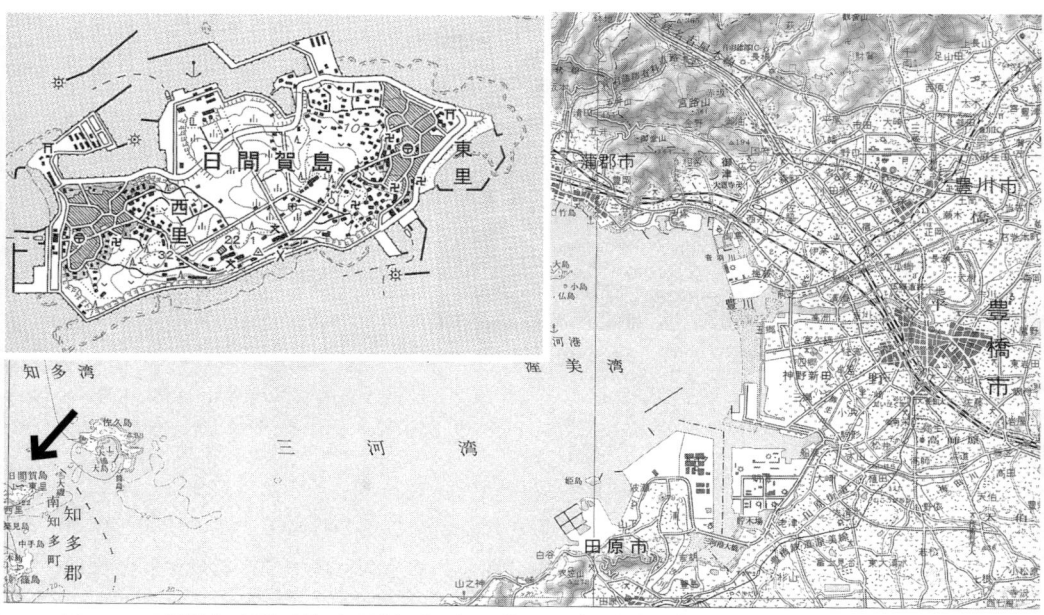

図6-2 日間賀島（愛知県知多郡南知多町）の位置図（国土地理院発行20万分の1地勢図「豊橋」を67％縮小。図上5cm＝14.8km。左上の図は同2.5万分の1「佐久島」原寸、図上4cm＝1km）

　中で思いついたものがタコであった。タコは日間賀島で大量に水揚げされていた。また、島に伝わる昔話に、蛸壺から大ダコに抱かれた本尊様が発見されたという「たこあみだ様」という話があった。そこで、日間賀島を「タコの島」として売り出すことを提案し、島民の賛同を得た。

　まず、どこの旅館、民宿でも必ずタコの丸茹でを食事に出し、タコ飯、タコ刺し、タコのしゃぶしゃぶなどのタコ料理をメニューに追加することとした。島の玄関口である観光船乗り場にタコのモニュメントをふるさと創生事業により設置するなど、「タコの島」をアピールした。この結果、「タコの島」としての知名度も上がり、多くの旅行者を誘致することに成功した。しかし、この旅行者の入り込みが多いのは春から秋であり、この期間には釣り、活魚料理、海水浴で賑わうが、10月から3月は完全な閑散期となっていた。この閑散期対策が最大の課題であった。

写真6-4　フグ刺し

1989年大きな転機がやって来る。もともと日間賀島周辺ではフグの延縄漁が盛んであり、10月から2月までの間、高級魚であるトラフグが大量に水揚げされていたが、それはほとんどが山口県下関へ出荷されていた。その年、日間賀島周辺ではフグは豊漁だったが、一方でフグの本場として知られる下関付近では不漁となり、下関から日間賀島までフグを買い付けにくる業者が殺到し、漁家は巨大な利益を得たのである。この出来事で、フグは旅行者を呼ぶことができる魚であるということが再認識された。タコでの提案で一定の成果を出した観光旅館経営者は、今度はフグを産地である日間賀島でフグ料理にして提供したら閑散期に旅行者がやって来るかもしれないと考えた。

観光協会や島民の賛同を得て、「フグの島」を目指そうとの提案がなされた。「ふぐ加盟店」がつくられ、フグに関する本格的な商品化の検討を進めた。並行して、下関からフグ料理の専門家を招き講習会を開催し、フグ調理の資格取得を促進して、フグ料理を出せる宿を多くつくっていった。こうした努力が実を結び、当初、日間賀島でフグ料理の出せる宿は数軒しかなかったものが、今では約60軒の宿や飲食店が出せるようになった。1999年には初めて「ふぐ祭り」を開催した。2月9日を「フグの日」としてイベントを開催するなどPR活動を始まった。

最大のプロモーションとなったのは、地元の大手鉄道会社である名鉄との企画商品の造成と沿線での宣伝であった。鉄道のフリーきっぷと島を往復する乗船券にフグづくし料理がセットになった「ふぐづくしプラン」という日帰りと宿泊付きのパッケージツアーが造成され、販売された。フグのコース料理という高級料理のついたパッケージツアーなのにお得感がある値付けで名古屋圏を中心に話題となった。この旅行商品化により、数年でその評価は確立し、「多幸の島・福の島」は愛知県だけでなく全国に浸透していき、冬でも多くの旅行

者が訪れるようになった。

　Product（食資源）は、島に存在していた資源、つまり出荷することを中心に考えていたタコやフグを、産地である島で食べてもらうという発想の転換で観光資源へと磨いていき、成果を挙げた事例である。しかし、フグを観光資源というカタチにする、つまりフグ料理を島全体で出すことは、資格や施設など本来ハードルは高いことであった。日間賀島では、島の人々の一体感と努力、そして情熱によって見事にそのハードルを越えている。

　Price（食の価格）については、フグ料理に使用するトラフグは高級食材で

写真6-5　焼きフグ

あるので、極端には安くならないが、地元漁協からの直接の買い付け、さらに鉄道会社の協力による、交通費を含めてのセット価格を実現したことが大きなポイントとなった。Place（食の場）は、島内の旅館、民宿、飲食店であり、名店を作るのではなく、ほとんどすべての宿、飲食店でタコ料理とフグ料理を提供する環境が整えられた。Promotion（プロモーション）は、「多幸の島・福の島」をぶれることなくアピールするとともに、最も分かりやすい商品である「ふぐづくしプラン」を誘致圏に訴求する計画を立案し、名鉄沿線へのプロモーション活動と来島者への満足度を高める活動に徹したのである。

　「まち」は島である。「ターゲット」は、島の食を食べに来る旅行者で、当初より鉄道と船でつながっている名古屋圏を設定した。「マーケター」は、観光協会と漁業協同組合である。両者の連携は他地域ではあまり例がない。この強い連携による取り組みが成功をもたらした。また、漁業者と観光業者といった民間による主導で行われ、ともに「島をよくしたい」という想いが一体感を生み出した。

　「まちの監査」は組織的には行われていないが、過疎化の進む中、隣に位置

する観光の島ともいえる篠島との比較、分析が意識されていた。「ビジョンとゴール」も、「タコの島」、「フグの島」となりたい姿を明確に提示し、その都度島民の合意を得ている。「戦略」も、島民を巻き込み、ハードルの高いフグ調理師の免許をほとんどの宿、飲食店が取得した。一方、鉄道会社との連携を模索し、パッケージツアーでの旅行者誘致を当初の戦略としている。

「アクションプラン」「実行とコントロール」については、前述のプロモーションのとおりである。この一連の成果を踏まえながら、今日では、漁協との連携をさらに強め、島民一体となり、漁師体験、体験漁業や、自然学校、イルカふれあい事業など島の資源を活かした幅広い体験型プログラムを用意し進化している。

註

1) 『旅人の本音』(安田2009a) において、旅館についての旅行者のアンケート結果を発表した。旅館の料理に関しては、インターネット調査、実施2006年8月、サンプル403人。
2) 大間の事例に関する記述は、主に2007年7月の現地での試食、試泊、および大間町役場産業振興課、大間町観光協会、サンホテル大間、浜寿司の取材、「あおぞら組」HP: http://www.oma-aozora.jp/aozoragumi (2012.4)、安田 (2007b)、安田 (2010b) などをもとにした。
3) 日間賀島の事例に関する記述は、主に2009年12月の現地での、試食、試泊、および南知多町商工観光課、日間賀島観光協会、日間賀島漁業協同組合、日間賀島いすず館の取材、「地域いきいき観光まちづくり100」(国土交通省2006) HP: http://www.mlit.go.jp/sogoseisaku/region/kanko100 (2012.4)、「観光カリスマ一覧」(観光庁2011) HP: http://www.mlit.go.jp/kankocho/shisaku/jinzai/charisma (2012.4)、安田 (2010b) などをもとにした。
4) 中山勝比古氏、日間賀島観光ホテル元代表取締役、元日間賀島観光協会会長、観光カリスマ。

第 7 章
庶民グルメツーリズム

7.1 庶民グルメツーリズムのマーケティング

　庶民グルメツーリズムは、今日、フードツーリズムの主流ともいえるポジショニングに成長している。そして、フードツーリズムを活かした観光まちづくりを実践している地域の多くが、この庶民グルメツーリズムに注目している。それは、多くの投資を必要とせず、住民の有志のレベルで取組みが可能であるという側面がある一方、地域において、宝探しをすると、住民が当り前に思っていた地域に根付いている料理や食材がまだまだ発見されるということも多いからだと考えられる。
　また、旅行者からすると、年に1、2回する大イベントとしての旅行の他に、もっと気軽に、お金をかけずに行く、小さな満足を得る旅も求めているからである。有名観光地を巡り、大型温泉旅館に宿泊する旅では得ることのできなかった、まち中を歩くことによって地域の文化や暮らしに触れることができ、地域の人々との小さな交流が生まれた。庶民グルメツーリズムは、そのような旅行者の思いやニーズを捉えたものである。ご当地ラーメンブームやB級グルメブームはそのような背景から生まれ、今日でも続いている。
　Product（食資源）は、歴史の長短や地域素材活用の濃淡などはあるが、いずれも、地域住民に愛されている「地域の食」である。開発型B級グルメの定着の難しさはこの部分にある。Price（食の価格）については、安い、具体的には単価は1,000円前後である。それゆえに、「巡り」が、ひとつのスタイルになっている。うどん屋巡り、ラーメン店巡り、焼きそば巡りなどである。マップを片手にまちを巡り、食べ歩く姿は1980年代以前には見られなかった。
　Place（食の場）は、ほとんどの場合、中心市街地の小さな飲食店である。そこに名店は必要ではなく、必要なのは他のまち以上の店舗集積である。夕食

ではなく、主に昼食、おやつに食され、店舗で出来立てを食べることが魅力の食である。そして、その店舗の集積が、個店の競争原理により食の本質である美味しさを維持向上させている。Promotion（プロモーション）は、店舗マップやノボリ、地域イベントなどの地道なプロモーションが中心で、その結果、旅行情報誌やインターネットに紹介されることが多い。

「まち」は、地方小都市の中心市街地である。したがって、観光まちづくりの視点と、中心市街地活性化の視点となる場合があるが、共に目的は、その地域に域外からの人々を呼び集めることである。「ターゲット」は、近県ないし首都圏、関西圏の若者層、家族層、ミドル層などを狙っている地域が多いが、遠隔地からの誘客は当初は難しいと考えるべきであろう。

多様な「マーケター」の存在が、この庶民グルメツーリズムの最大の特徴になる。観光協会だけでなく、商工会議所、青年会議所、同業者組合、商店会、飲食組合、市民団体などである。特に、富士宮やきそばのやきそば学会、讃岐うどんの麺通団、静岡おでんの静岡おでんの会など事例のように、直接その食と利害関係のない市民の有志グループの力が発揮されるのも、庶民グルメツーリズムの特徴である。

7.2 喜多方（福島県）──暮らしの中の郷土食ラーメンで観光まちづくり[1]

喜多方市は福島県会津地方の北部に位置する農業を中心とした地域で、人口は5万人強の市である。古くから飯豊山の良質な地下水や会津盆地の米、麦、大豆などの農作物に恵まれ、酒、味噌、醤油などの醸造業が盛んだった。このため、人口5万人強のまちに約4,200棟もの蔵が残っていて、日本で有数の蔵の街の景観をつくっている。喜多方ラーメンを食べることができるラーメン店、食堂は約120軒市内に立地している。ラーメン店数、人口当たり日本一を謳っている。日本全国のラーメン店は約34,500軒[2]と言われているので、算出するとたしかに極めて高い集積と言える。

喜多方ラーメンは、どの店で食べても、見た目は極めてシンプルなラーメンの王道と言っていい、ラーメンらしいラーメンである。最大の特徴は約3〜4mmの太麺で、平打ち熟成多加水麺と呼ばれている。良質の水をたっぷりと

第 7 章　庶民グルメツーリズム

含ませじっくりと寝かせた麺で、コシと独特の縮れがある。店により太さ、縮れ具合、コシなどに違いがある。味の基本は醤油味がベースだが、塩味や味噌味を主とする店もある。具はチャーシュー、メンマ、ネギが一般的で、特徴的なものは無い。喜多方ラーメンが美味しいのは、麺とスープで使われる水にあると言われている。飯豊山の良質な地下水である。また、会津盆地の小麦も麺の生産に適していた。大豆などの農作物に恵まれ、醤油、味噌などの醸造業が栄え、それらがラーメンスープの味となっている。

　喜多方ラーメンの歴史は、昭和初期まで遡る。中国から

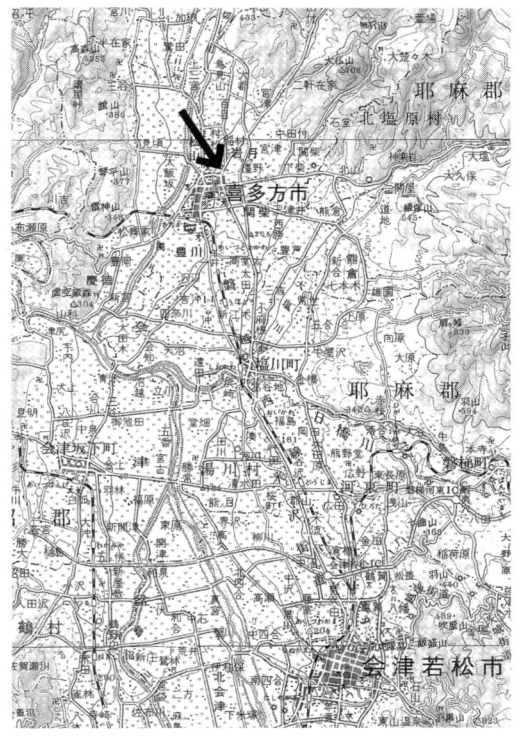

図 7-1　喜多方市の位置図（国土地理院発行 20 万分の 1 地勢図「新潟」を 75％縮小、図上 5cm ＝ 13.3km）

来た青年による屋台のラーメン屋が発祥で、市民の味となったそのラーメン屋から広がり、戦後市内の多くの「食堂」が「支那そば」をメニューに出すようになった。喜多方ラーメンは、大衆食堂のメニューとして一般化し、市民の日常食となる。昼食、夜食、宴会の締めはもちろん、朝食にラーメンを食べる、「朝ラー」という習慣もある。日常的な郷土食として定着している。

　喜多方は、1974 年の東京での写真展、翌年放送の NHK 新日本紀行で「蔵ずまいの町」として紹介され、「蔵の街」として知られ始め、次第に旅行者が訪れるようになった。その蔵の写真を撮るためにやってくる旅行者からラーメンが有名になった。当時、喜多方にはファミリーレストランやファーストフードの店などがなかったため、人々は必然的に大衆食堂で食事をした。その

中で最もポピュラーでどの食堂にもメニューとしてあったラーメンが支持され、その美味しさが口伝えに広がっていったとされている。

当時、市としても通過型観光地から滞在型観光地を目指していた時期であったので、昔から市民に根付いているこのラーメンに着目、また、市はラーメン店数が人口当たり日本一であることにも気付き、それをアピールし始める。1982 年 NHK テレビ東北アワー「東北のめん」で落語家林家木久蔵（当時）が紹介をしたのをきっかけに、市は喜多方ラーメンの売出し、地域活性化をはかろうとした。スタートは 1980 年代の初頭、まだ B 級グルメという言葉が存在していない時期であった。

写真 7-1　喜多方ラーメン

喜多方は、1983 年に旅行雑誌『るるぶ』（JTB パブリッシング）のページを買い取り、喜多方ラーメンの PR を開始したところ、雑誌の発売と同時に問い合わせが殺到した。さらにテレビや雑誌などで紹介され、折からのグルメブームに乗り、喜多方ラーメンの人気が急上昇し、大型観光バスで喜多方ラーメンを食べるためのツアーまでが組まれるようになっていった。1987 年に喜多方ラーメンの独特の味を守り技術の向上を目指すため、製麺業者とラーメン店が加盟し「蔵のまち喜多方老麺会」が設立された。

この組織がラーメンによる観光まちづくりの推進主体となり、旅行者への対応を開始していく。老麺会は「老麺会マップ」を作成し、観光協会と協力しながら、観光案内所、市内観光施設でマップの配布を始め、旅行者にラーメン店の集積という潜在的な観光資源を目に見えるカタチでアピールをした。

喜多方の観光客入込数は、ラーメンによる観光まちづくりを開始する以前の 1975 年は 5 万人程度であった。旅行雑誌『るるぶ』で一躍脚光浴びた 1983 年が約 20 万人と大きく伸ばし、1993 年に 103 万人と初めて 100 万人を突破する。その後 100 万人を若干下回ることもあったが、毎年ほぼ 100 万人をキープしている。製麺業の製造出荷額は 1983 年 1 億 6,000 万円だったものが、

1995年には50億3,000万円に拡大している。その後も、40～50億円程度を維持している。ラーメンがつくりだした経済効果は大きなものであった。

　Product（食資源）は、市民の多くが誇りに思う郷土食、ラーメンであり、その店舗集積である。麺などに特徴はあるものの、日本全国で食べられているラーメンと見た目は同じであるが、美味しいという評価は高い。Price（食の価格）も、通常のラーメンの価格で、東京などよりは安い。したがって、ラーメン店巡りが、このまちで始まり定着した。Place（食の場）は、中心市街地のラーメン店、食堂である。そこに人口当たり日本一と言われるラーメン店の集積がある。Promotion（プロモーション）は、旅行雑誌の特集記事から始まった。その後のテレビなどでのパブリシティである。

写真7-2　喜多方のラーメンマップ（2008）

　「まち」は、合併前の旧喜多方市の中心市街地である。「ターゲット」は、福島に訪れて来る旅行者である。それまでにも蔵の街として旅行者の誘致はみられたが、新たな一般旅行者に狙いを定めた。「マーケター」は、当初市がリードし、その後、同業者団体である喜多方老麺会がその主体となっている。「まちの監査」については、市が通過型観光からの脱却という問題意識を持ち、人口当たり日本一のラーメン店数に気付き、「ビジョンとゴール」「戦略」を策定している。

　「アクションプラン」「実行とコントロール」は、時代を反映したものであった。活動の開始は、1980年代、インターネットの普及前であった。旅行雑誌がまだ大きな影響力を持っていた時期であった。旅行雑誌でのブレイク、そこから派生するテレビでの紹介、新聞、雑誌の記事と広がり、旅行会社による団体のツアーがやって来るようになった。蔵のまちという、観光的には恵まれた資源がもう一方にあったのも大きな要素ではあるが、ラーメンのパワーで、100万人を呼び続けたことは、フードツーリズムを活かした観光まちづくりに取り

組む地域への指標になった。

7.3 富士宮（静岡県）——焼きそば応援団が全国区にした元祖Ｂ級グルメ[3]

　富士宮市は、静岡県東部の富士山の西南麓に広がる人口13万人ほど（富士宮市2012年8月）の地方都市である。富士山本宮浅間大社の門前町として栄え、富士登山道の富士宮口があり、付近には白糸の滝、朝霧高原など観光資源も多く、もともと観光都市でもあったが、中心市街地は衰退傾向にあった。そこに、Ｂ級グルメの代表格となる「富士宮やきそば」が登場し、近年は年間70万人の焼きそば目当ての旅行者が来訪している（富士宮やきそば学会）。富士宮やきそばを食べることができる、焼きそば店、お好み焼き店、食堂、駄菓子屋、喫茶店、居酒屋などは市内に180軒以上で、極めて高い店舗集積である。

　富士宮やきそばは、東京など全国で食べられている一般的なソース焼きそば

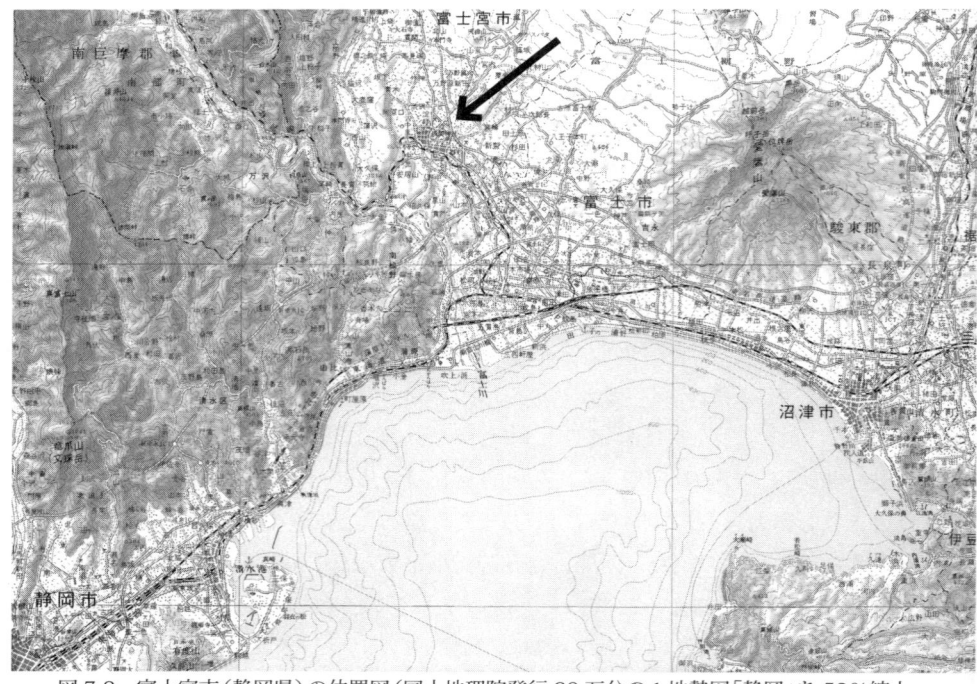

図7-2　富士宮市（静岡県）の位置図（国土地理院発行20万分の1地勢図「静岡」を50％縮小。図上5cm＝20km）

と、見た目に大きな差異は無い。作り方も麺とキャベツを油で炒めてソースをかけて作る、いわば正統派のソース焼きそばである。麺に特徴があり水分の含有量が極端に少ない硬い麺を使用する。また、ラードを絞ったあとの肉かすを入れ、仕上げに削り節をかける。確かに味も、食感もオリジナリティを感じさせる焼きそばである。

写真7-3　富士宮やきそば

　その歴史は、終戦直後、食品工業の創始者が中国から引き揚げてきて、現地で食べたビーフンの味が忘れられず再現しようとしたところから始まった。その後生み出されたのが現在の麺で作る焼きそばで、その頃、お好み焼き店や鉄板を備えた駄菓子店が多く開店し、この特有な焼きそばもこれらの店で提供された。製糸工場の女工たち、満州からから復員した元兵士たちに受け入れられていたとされている。

　富士宮やきそばが世に出るきっかけになったのは、1999年中心市街地活性化計画を策定するための市民ワークショップのメンバーが、富士宮における焼きそばの独自性、オリジナル性、提供店舗の集積に気付いたところから始まる。ワークショップ終了後、メンバーの有志が、焼きそばの特徴や焼きそばを提供する店の数などの調査を開始し、翌年「富士宮やきそば学会」を設立したところから、本格的なスタートとなった。

　設立当初より「やきそば学会」「やきそばG麺」などのネーミングが話題となり、テレビ、雑誌などに取り上げられ、注目される。2001年には、やきそばマップ、のぼり旗を作成し設置すると、旅行者が目に見えて増加する。2002年以降、横手焼きそば、太田焼きそばとの「三国同麺協定」締結など、次々に話題性のあるイベントを開催し、テレビなどで全国に浸透していった。2004年にはアンテナショップをオープンし、登録商標も獲得する。2005年、大手旅行会社と共同で「ヤキソバスツアー」を催行、また東京からの「やきそばエクスプレス」バスが誕生する。

　2006年、第1回B-1グランプリ優勝、翌年第2回に2連覇し、全国的な認知度を獲得する。焼きそばを食べる目的でやって来る旅行者を安定的に呼び

写真7-4　富士宮やきそばのお宮横丁

寄せるようになり、全国のB級グルメブームをリードする存在となった。2001年から2009年までの9年間の日帰り旅行者は約345万人で、消費額に換算すると、総額約250億円になり、麺や食材の売り上げ、さらにメディアへの露出を広告費に換算し、439億円の経済効果[4]があったとしている。

　Product（食資源）は、焼きそばである。しかも、見た目は全国で食べられている一般的なソース焼きそばと変わらないものである。住民が長い間当り前のように食べていた、この焼きそばが、実はオリジナリティをもっていた。しかも、まちにはそれを食すことのできる様々な形態の店舗の集積があった。

　Price（食の価格）については、店によって差があるが400〜500円程度と安価である。それゆえに、多くの旅行者は2、3軒の焼きそば店を巡っている。Place（食の場）は、中心市街地の焼きそば専門店だけではなく、お好み焼き店、食堂、駄菓子屋、喫茶店、居酒屋など多種多様なところがあるのが特徴である。Promotion（プロモーション）は、ユニークで大量であった。

　「まち」は中心市街地である。市街地に普通に存在していた独自性のある焼きそばとその店舗集積を観光資源として、観光まちづくりを進めていった事例である。「ターゲット」は、域外の人々、つまり旅行者で、当初は県内を設定し、さらに首都圏、全国へ広げって行ったようである。「マーケター」は、リーダーとなる個人の力が大きかったが、同業者組合でもない市民団体である「富士宮やきそば学会」である。いわば当該食のファンである市民団体がマーケターとなり成功事例とした嚆矢である。

　「まちの監査」は、中心市街地活性化計画を策定するための市民ワークショップでかなり進んでいて、組織をつくるのと同時に焼きそばを提供する店の数などを半年間かけて綿密に調査している。「ビジョンとゴール」は、活動の発端となった中心地市街地の活性化を謳っている。また、「富士宮やきそば」を地

域ブランドにするという方向性が示されている。

　「戦略」も明確で、リーダーである渡辺（2007）によると、「お金を使わない外部組織の巻き込み」（渡辺2007:35）、また「我発信す、故にまち在り」（渡辺2007:48）と述べているように、ユニークな話題の継続的なメディアへの発信を柱にしている。「アクションプラン」は、メディアへの発信を中心に、ユニークなネーミングのイベントや施策を繰り返すプランとなっている。「実行とコントロール」も富士宮やきそば学会がリードし展開されている。

註

1) 喜多方の事例に関する記述は、主に2008年4月の現地での、試食、および蔵のまち喜多方老麺会、喜多方観光協会への取材と関係資料、喜多方らーめんどつとこむHP: http://www.kitakataramen.com（2012.4）、「地域いきいき観光まちづくり100」（国土交通省2006）HP: http://www.mlit.go.jp/sogoseisaku/region/kanko100（2012.4）、安田（2010b）、安田（2011c）などをもとにした。
2) 「都道府県別統計とランキングで見る県民性」HP:http://todo-ran.com（2012.4）より。出典：タウンページ。
3) 富士宮の事例の記述に関しては、主に、2010年8・9・10月の現地での、試食、富士宮やきそば学会、富士宮商工議所の取材、渡辺（2007）、関・古川（2008b）、安田（2011c）などをもとにした。
4) 地元のコンサルタント会社、地域デザイン研究所の試算。

第8章
マルチグルメツーリズム

8.1 マルチグルメツーリズムのマーケティング

　Product（食資源）は、都市に存在する、市民も好んで普通に食べている、全国的にみるとユニークな料理や歴史のある料理など、様々なタイプの料理である。旅行者を引き付ける魅力のある、庶民グルメから高級グルメまで、4〜5種類以上存在する、その都市を代表する料理である。

　Price（食の価格）については、極めて安いものから高額となる料理が数多くあるのか最大の特徴となる。Place（食の場）は、一部料理は、都市の特定の場所に集中していることがあるが、ほとんどのものは地域の商業地区に分散立地している。Promotion（プロモーション）は、組織だっては行われていない。

　「まち」は、大規模な都市の中心部となる商業地区である。「ターゲット」は、もともと数多い住民や周辺地域の住民であったが、都市間交流の活発化により全国区になっていき、旅行者が対象になっていった。また、インバウンドの拡大により外国人旅行者もその対象となっている。

　全体をコントロールする「マーケター」は不在である。行政や観光協会などが推進、支援しているものの具体的なプロモーション活動は乏しい。個々の料理の協会、組合なども存在しない場合もあり、あっても横のつながりはない。しいてマーケターの存在を探すならば、メディアである。マルチグルメツーリズムは、テレビ、新聞、雑誌などの大メディアがつくりあげてきた、都市のツーリズムであるとも言える。それを後押ししたのが、業務出張者、転勤による赴任者などのビジネスマンの口コミと、一度訪れた旅行者によるブログやツイッターなどの影響力である。

　「まちの監査」については、当然大規模な調査や検討会などが行われているが、大きな都市にとって観光産業は一部の経済活動であり、都市の食を活かした観

光はそのさらに一部の観光現象にすぎない。とはいえ、該当する都市は、食が都市の大きな経済活動、文化活動の要素であるとの認識を持ち始め、都市政策の、「ビジョンとゴール」「戦略」「アクションプラン」に明記しはじめている。しかし、「実行とコントロール」は、関係する様々な組織や団体、メディアなどに依存している状態である。

　また、旅行会社の存在も希薄である。イメージ作りや実際の送客の面での旅行会社の役割は極めて大きいが、その食をテーマにしたパッケージツアーの企画は少ない。団体では行動しない個人旅行者が客体となっているのがマルチグルメツーリズムの特徴である。

　マルチグルメツーリズムは、観光まちづくりの観点から課題もある。第1に、全体をコントロールする推進主体の構築である。第2に、種類の多い食と店舗集積をトータルに自ら発信する活動である。第3に、その食という観光資源の保護、管理する仕組みづくりである。これらの課題を乗り越えることで、国内の競争相手だけではなく、海外の都市に対する国際競争力を高めていくことができるかもしれない。さらに、国際観光が進展する中で、世界的な食の都市、香港、上海、ナポリなどと同様な食の国際ブランドを獲得する可能性も十分にあると考える。

8.2　札幌（北海道）——ラーメンから高級グルメまで揃う食の王国 [1]

　札幌市は人口190万人を擁する、北海道最大の都市であり、政治、経済、文化の中心地である。北海道観光のゲートウェイでもあり、札幌自体も道内最大の観光地である。来札観光客数（札幌市調査）は、2010年度1,260万人を超えている。2006年度の1,410万人を頂点として、やや減少傾向にある。この観光客数の内、道外からの観光客数は530万人であった。

　札幌は戦前より、道内の温泉や自然観光の拠点として観光地化していたが、1970年、大阪で開催された万国博を契機に、観光の大衆化が一気に進み、同年開始された、国鉄の「ディスカバー・ジャパン・キャンペーン」がそれを加速させた。離島、最果て、小京都などがテーマとなり、北海道も観光ブームとなった。同年、来道者数は100万人を超える。1972年、札幌オリンピックが

第 2 部　フードツーリズムと観光まちづくり

写真 8-1　札幌ラーメン

開催され、市内のホテルなどの観光インフラも整備され、札幌が世界的な知名度を獲得した。1974 年には観光客数は 240 万人に達した。

その後、オイルショックなどの景気低迷、リゾート法[2)]による各地での大規模リゾート開発、テーマパーク建設や、その後のバブルの崩壊など、紆余曲折はあったものの、北海道は日本を代表する観光地として成長し、札幌はイベントやアート、スポーツ、まち歩き、特に 1990 年代頃よりは食が中核となり、温泉、自然景観だけではない都市観光の拠点としての地位を築いた。

図 8-1 は、札幌市が毎年実施する「観光客満足度調査」[3)]における「札幌滞在中の目的や楽しみ」と「再訪時の目的や楽しみ」の結果をひとつのグラフで表したものである。観光スポットや、景色・景観、雪まつりなどの観光イベント、温泉などの、どれをとっても他の観光地と比較し、高いレベルで旅行者を引き付けるものばかりであるが、それらを大きく上回り、「美味しいものを食べる」が首位になっている。しかも、滞在中の目的や楽しみ、だけではなく、札幌のまちを経験した後での、再訪時の目的や楽しみでも群を抜いて 1 位になっていることが分かる。札幌観光の魅力は食であり、食が最大の観光資源となっていることが確認できる。

それでは、実際どのような「札幌の食」を楽しみにしているのだろうか。図 8-2 は、その結果のグラフである。ラーメンは 63％の人が楽しみにしている。高額となる寿司、寿司以外の海鮮も 40％程度の人が楽しみにし、ジンギスカンは 32％、スープカレーも 13％、また、近年話題となっているスイーツも 16％以上が楽しみにしている。このように、札幌を訪れる旅行者のほとんどは、具体的な札幌の食を楽しみにし、それを目的としてやって来ているといえよう。

札幌の食には、図 8-2 で示されているように、札幌ラーメン、寿司・海鮮、ジンギスカン、スープカレー、スイーツ、さらに近年注目されている札幌フレ

第8章　マルチグルメツーリズム

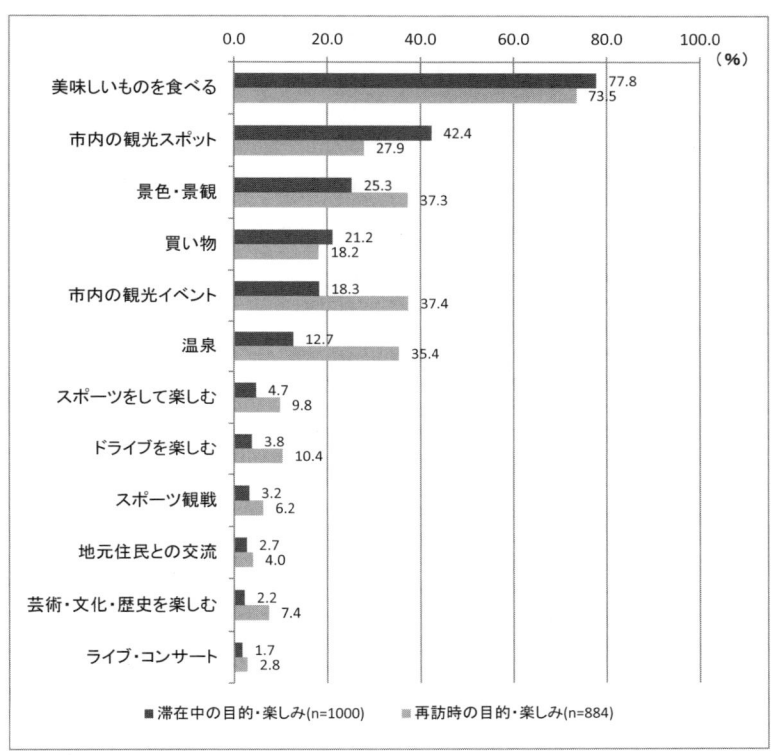

項目	滞在中の目的・楽しみ(n=1000)	再訪時の目的・楽しみ(n=884)
美味しいものを食べる	77.8	73.5
市内の観光スポット	42.4	27.9
景色・景観	25.3	37.3
買い物	21.2	18.2
市内の観光イベント	18.3	37.4
温泉	12.7	35.4
スポーツをして楽しむ	4.7	9.8
ドライブを楽しむ	3.8	10.4
スポーツ観戦	3.2	6.2
地元住民との交流	2.7	4.0
芸術・文化・歴史を楽しむ	2.2	7.4
ライブ・コンサート	1.7	2.8

札幌市「来札観光客満足度調査」(2011.2) より筆者作成

図8-1　札幌滞在中と再訪時の旅行目的・楽しみ（複数回答）

ンチや札幌イタリアンなど呼ばれる高級グルメがある。

①札幌ラーメン

　札幌のラーメンのルーツは1936年（大正11年）、北海道帝國大学（現北海道大学）正門前に開店した「竹家食堂」であるといわれる。戦後は屋台から始まりラーメンが広まっていく。1954年、「味の三平」が味噌ラーメンを開発し、札幌ラーメンの定番となっていく。1971年に、観光名所となる「ラーメン横丁」が誕生する。その頃から、全国的な札幌ラーメンブームが起こり、観光に寄与する。現在、市内のラーメン店は1,000店以上あると言われている[4]。

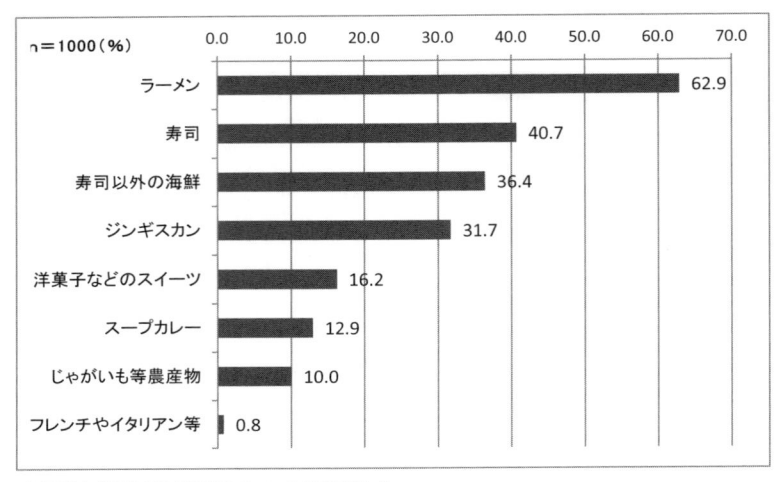

```
n=1000(%)     0.0   10.0   20.0   30.0   40.0   50.0   60.0   70.0
ラーメン                                                    62.9
寿司                                    40.7
寿司以外の海鮮                        36.4
ジンギスカン                       31.7
洋菓子などのスイーツ      16.2
スープカレー           12.9
じゃがいも等農産物     10.0
フレンチやイタリアン等  0.8
```

札幌市「来札観光客満足度調査」(2011.2)より筆者作成

図8-2 札幌滞在中に楽しみにしていた食べ物（複数回答）

　今日でも、来札するほとんどの旅行者が食べていて、有名人気店には行列ができている。近年、こってり味、ダブルスープなど個性的なものも多く登場している。2004年に札幌駅前にオープンした、「ラーメン共和国」も旅行者で賑わっている。札幌における、札幌ラーメンは旅行者にとって、「札幌の味」として変わらぬ強い観光資源となっている。

②寿司・海鮮（寿司店・和食料理店・居酒屋）

　札幌で最も古い寿司屋は、1919年（明治8年）創業のすすきのの「東寿し」と言われている。しかし、寿司店や海鮮を主体とした料理店が数多く立地するのは戦後になってからである。今日、人気のある毛ガニは戦前には食べられていなかった。戦後、道内の各港の漁師の次男三男が市内で寿司店、海鮮料理店を開店していき増えていったと言われている。札幌駅前、すすきの周辺などの繁華街には、寿司店、和食料理店、居酒屋が密集している。近年、寿司店に関しては、レベルの高い回転寿司店が旅行者の人気を集めている。

③ジンギスカン

　ジンギスカンは、昭和初期、北海道における緬羊の普及事業とともに羊肉

利用方法として広まっていった。1936年（昭和11年）にジンギスカン鍋料理の試食会が札幌市の狸小路で行われたという記録がある。1956年、今日大きな店舗網を持つ「松尾ジンギスカン」が創業している。1966年、「サッポロビール園」が開業し、「生ビール飲み放題・ジンギスカン食べ放題」を謳い、市民だけでなく多くの旅行者の支持を受けた[5]。

写真8-2　札幌スープカレー横丁

ジンギスカンは札幌固有の食として定着している。多くの旅行者はビール園で体験し、近年は地元の人の行く小さな有名店を求める傾向にあるという。数年前、生ラム肉の利用がブームとなり、以前より店舗は増えている。インバウンド、とくに肉を好む、中国人、韓国人には人気が高く、焼肉の一形態として注目されている。料金的にもリーズナブルなので、アジア人のインバウンドの急伸を背景に、さらに見直される可能性が高い。

④スープカレー

スープカレーは、1970年代から札幌市に存在していた料理である。1993年に開店した「マジックスパイス」という店が初めて「スープカレー」という呼称を使った。1995年頃から市内にスープカレー店が続々と開店し、はじめはマニアに注目されるにとどまっていたが、次第に市民、さらに旅行者へと広がっていった。2002年から2006年ごろにかけてスープカレーブームが起こった。その頃には、市内に200店以上のスープカレー店が営業し、有名店には旅行者が押し寄せた[6]。スープカレーのブームを大きなものにしたのは、当時道内の人気タレントであった大泉洋[7]の活動であったとされている。

発祥の地でもあり、スープカレーの人気はまだ継続しており、有名店を中心に旅行者を含め集客している。魚介や羊肉、野菜など道産素材を意識して使ったバリエーションが増えている。特徴ある地域食として定着してきたと考えられる。

⑤スイーツ

　さっぽろスイーツとは、北海道産の豊富で新鮮な食材を使った洋菓子のことである。2005年、「スイーツ王国さっぽろ推進協議会」が設立され推進されてきた。新しい名物だが、女性観光客を中心にブームとなっている。市内の洋菓子店のパティシエも育っているという。洋菓子店巡り、旅行会社が企画したケーキクーポン、「サッポロスイーツカフェ」などいずれも評価が高い。原材料となるミルク、バター、小麦粉等の道産素材がイメージを良くし、旬の札幌名物となっている。なお、札幌では土産用の菓子もスイーツと呼ばれている。白い恋人たち、ロイズの生チョコレート、花畑牧場の生キャラメルなども地域固有のスイーツの土産品である。特に「北海道限定品」に人気が集まっている。

⑥高級グルメ（フレンチ・イタリアン・創作料理）

　幅広い食を名物にしてきた札幌だが、素材の新鮮さ、質の良さのために、「料理」が発展してこなかったと言われている。また、旅行者向けには、ラーメン、ジンギスカンなどリーズナブルな料理や庶民的な寿司店、居酒屋がその受け皿になってきた。一方、熟年夫婦旅行者、海外富裕層の個人旅行者などの質の高い旅行者の高級志向を受ける体制がなかったが、近年できつつある。

　札幌、北海道の食材を使った創作料理、フレンチ、イタリアン等である。きっかけは、北海道にある「マッカリーナ」、「ミッシェルブラス」、「モリエール」[8]等がメディアに登場したこと、もともと高級料理を提供してきた円山地区の料理店、レストランが脚光を浴び始めたことにある。この「札幌高級グルメ」が、今後の札幌の食の大きな特徴になっていく可能性がある。

　Product（食資源）は、札幌で育ってきた、店舗集積をもつ、札幌ラーメン、寿司・海鮮、ジンギスカン、スープカレー、スイーツ、札幌フレンチ・札幌イタリアンなどである。しかし、これらの素材は札幌ではなく北海道のもがほとんどである。Price（食の価格）については、札幌ラーメンのような庶民価格のものから、寿司、海鮮料理、札幌フレンチ、札幌イタリアンなど高額なものまで幅広い。Place（食の場）は、市内の商業地区であり、特に市内最大の歓楽地である「すすきの」周辺に店舗は集中している。Promotion（プロモーション）は、市が、食や観光が市経済の成長を牽引する重点分野であるとし、様々な支援とプロモーションを展開しているが、明瞭ではない。

「まち」は札幌市の中心商業地区である。「ターゲット」は、第1は道内の観光客、第2が道外、特に首都圏、関西圏の観光客、第3に訪日外国人である。特別なターゲットセグメンテーションはされていないように思われる。フードツーリズムに関する「マーケター」はいない。市は観光が最重点分野であるので、観光全体のマーケターの役割を担っている。しかし、今日の「食の札幌」をつくりあげてきたのはメディアの力であり、業務出張者、転勤による赴任者などのビジネスマンや一度訪れた旅行者の口コミの力である。

「まちの監査」「ビジョンとゴール」「戦略」「アクションプラン」「実行とコントロール」は、都市の経済振興計画の中の、観光振興、さらにその中の食をテーマとした観光まちづくりの中で、調査、計画・戦略策定され、それに従い様々な施策が実行されているが、個々店の工夫やアイデアが大きな結果を生み出しているとも言える。

観光地としての札幌は常に旅行者に対して、「新しい食」を創造し、アピールしてきた。新鮮な海産物は最大の「名物」として評価され続け、ラーメンも「ラーメン横丁」を観光名所にし、札幌ラーメンを全国区とした。ジンギスカンも地域固有の料理として定着させ、スープカレーも発祥地として人気を持続し、スイーツも近年「札幌の食」のひとつに成長している、また新たな「札幌高級グルメ」も胎動している。この食の進化は、他の国内都市や観光地に例を見ない。これは、札幌に根付いている「開拓精神」によるものだと言う人がいるが、北海道という広大な地域の食材や食文化を背景とし、様々な地域から流入してきた人々の中で創り出される「大都市」パワーである。

8.3 名古屋（愛知県）──口コミで広がるユニークな「名古屋めし」[9]

古くは尾張の国として栄え、戦後は東海エリアの中心となった名古屋は、200万人以上の人口を抱える大都市である。100メートル道路や大規模な地下街、テレビ塔のある栄を中心に、南北に延びるセントラルパークが有名である。また、名古屋の玄関口、名駅周辺は、JRセントラルタワーズの開業を皮切りに、ミッドランドスクエア、ルーセントタワー、スパイラルタワーズなどの超高層ビルの建設が相次ぎ、名古屋のビジネス街を形成している。トヨタを

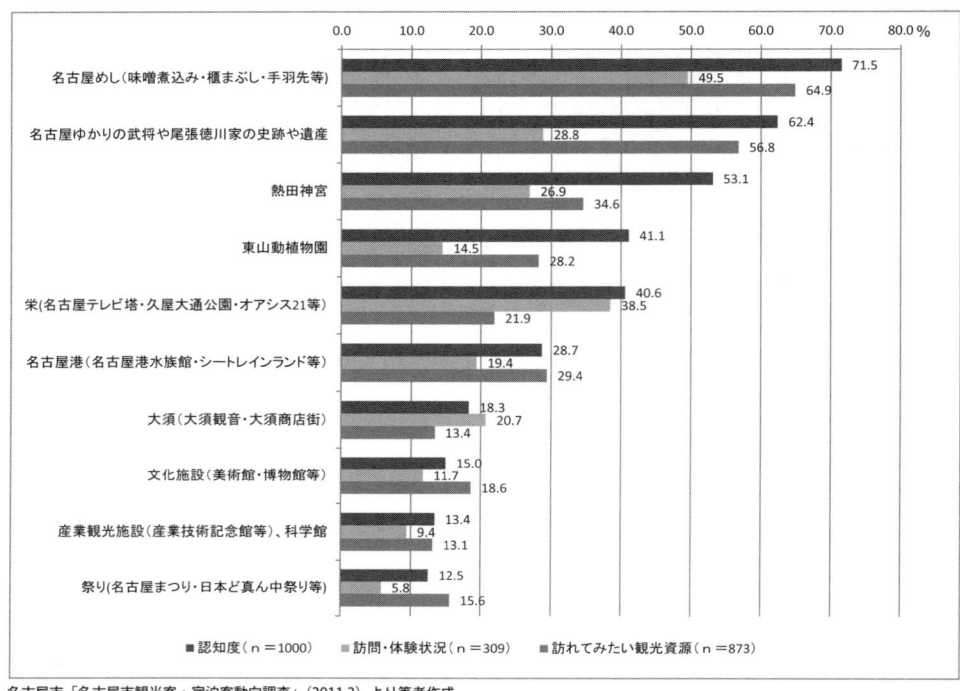

第2部　フードツーリズムと観光まちづくり

```
                                          0.0   10.0  20.0  30.0  40.0  50.0  60.0  70.0  80.0 %
名古屋めし(味噌煮込み・櫃まぶし・手羽先等)                                           71.5
                                                            49.5
                                                                    64.9
名古屋ゆかりの武将や尾張徳川家の史跡や遺産                                  62.4
                                          28.8
                                                        56.8
熱田神宮                                     53.1
                                          26.9
                                             34.6
東山動植物園                                41.1
                              14.5
                                     28.2
栄(名古屋テレビ塔・久屋大通公園・オアシス21等)        40.6
                                           38.5
                                   21.9
名古屋港(名古屋港水族館・シートレインランド等)   28.7
                              19.4
                                     29.4
大須(大須観音・大須商店街)                 18.3
                                   20.7
                        13.4
文化施設(美術館・博物館等)                 15.0
                           11.7
                                 18.6
産業観光施設(産業技術記念館等)、科学館    13.4
                       9.4
                        13.1
祭り(名古屋まつり・日本ど真ん中祭り等)       12.5
                   5.8
                         15.6

■認知度(n＝1000)    ■訪問・体験状況(n＝309)    ■訪れてみたい観光資源(n＝873)
```

名古屋市「名古屋市観光客・宿泊客動向調査」(2011.2) より筆者作成

図 8-3　名古屋の観光資源の認知度、訪問・体験状況、訪れたい観光資源（複数回答）

中心とした自動車産業を背景に、世界景気に翻弄されながらも活況を呈している大都市である。

　図8-3は、名古屋市の実施した「名古屋市観光客・宿泊客動向調査」[10]の中の、「名古屋の観光資源の認知度」「名古屋の観光資源の訪問・体験状況」「訪れたい観光資源」の調査結果をひとつのグラフに表したものである。観光資源としての認知においても、訪問・体験つまり経験においても、さらに、訪れたいという意向においても、「名古屋めし」が、それぞれ2位以下を10ポイントほど引き離しトップになっている。特に、今後名古屋に訪れてみたいと思っている人の65％が「名古屋めし」を求めていることは、名古屋におけるマルチグルメツーリズムの存在の裏付けとなる。

　「名古屋めし」とは、名古屋市周辺が発祥の名物料理、他の地域発祥であっ

ても名古屋地区において独特の発展を遂げた名物料理のことである。名古屋の飲食店チェーンのゼットンが東京へ進出し名古屋の地元料理を提供しはじめた頃、それらの料理を「名古屋めし」と呼び始めたのが始まり[11]だと言われている。

表 8-1 は、インターネットサイト goo ランキング[12]による「名古屋に行ったら食べてみたい『名古屋めし』ランキング」である。廉価な庶民食が中心だが、高額となる料理もある。味噌カツ、櫃まぶし、きしめん、手羽先、天むす、味噌煮込み、エビフライ、味噌おでん、どて煮である。ういろうは、名古屋銘菓として定着している蒸し菓子の一種である。このベスト 10 に登場しなかったものでは、小倉トースト、あんかけスパゲッティ、台湾ラーメン、名古屋コーチンなどがあり、どれもユニークな名物である。

表8-1 名古屋に行ったら食べてみたい「名古屋めし」ランキング

順位	名古屋めし名称	投票率
1	味噌カツ	100.0
2	櫃まぶし	76.0
3	きしめん	71.1
4	手羽先	69.6
5	天むす	61.0
6	味噌煮込み	58.3
7	エビフライ	55.6
8	ういろう	39.2
9	味噌おでん	33.8
10	どて煮	28.0

※投票率：1 位の投票数を 100 とした換算値
出典：「goo 調べ」ランキング調査（2007）
調査方法：非公開型インターネットアンケート（選択回答形式）
調査期間：2007 年 1 月 18 日～1 月 20 日
有効回答者数：1,087 名

味噌カツとは、豚カツに八丁味噌をベースにした甘い独特のタレをかけたものである。戦後直後、1947 年「矢場のとんかつ」が味噌カツの店として創業したのが始まりといわれる。櫃まぶしは、鰻の蒲焼を細かく刻んでご飯に混ぜて食べる料理で、最初は茶碗に一杯取りそのまま食べ、2 杯目は薬味をのせて食べ、3 杯目は 2 杯目の様にしたものをお茶漬けにして食べるのが、標準的な食べ方とされる。発祥は諸説あるが、明治時代に始まったとされている。

きしめんは、薄くて平たい麺を使用したうどん料理である。発祥は諸説あるが、現在の愛知県刈谷市、当時三河国の芋川でつくられていた平らな芋川うどんがルーツであると言われている。手羽先は、鶏の手羽先を唐揚げにしたスパイスをきかせた料理である。1960 年代、ある飲食店が、当時は見向きもされなかった手羽先の山を見て、どうにか美味しく食べられないものかと考え、唐揚げにしたことによって始まったとされる。天むすは、塩味を効かせた海老の天ぷらを具にした小さなおにぎりで、1950 年代、三重県津市の料理店が考案

写真8-3　味噌煮込みうどん

したものである。

　味噌煮込みうどんは、一人前用の土鍋で出される八丁味噌仕立ての煮込みうどんである。煮込みうどんは全国各地で食されていて、その発祥は不明である。エビフライは、日本発祥のポピュラーな洋食で、名古屋名物とは言い難いが、近年、名古屋名物として提供する飲食店が増えている。味噌おでんは、八丁味噌をベースとした甘めの汁でダイコン、こんにゃくなどのおでん種を煮込んだものである。市民にとっては、一般的な料理である。どて煮は、牛のすじ肉を八丁味噌や豆味噌で煮込んだ料理で、これも一般的な庶民料理として食べられている。

　小倉トーストは、愛知県の喫茶店のメニューで、厚めにスライスした食パンをトーストした後に、バターかマーガリンを塗って小倉餡をのせたものである。栄の喫茶店が発祥といわれ、1960年代に県内に広がった。あんかけスパゲッティは、炒めた太いスパゲッティに、中華料理の餡のような辛味の効いたソースをかけたスパゲッティ料理である。1960年代以降に県内に広がった。台湾ラーメンは、豚挽き肉、ニラ、長ねぎ、モヤシなどを唐辛子で辛く味付けして炒め、醬油ベースのスープのラーメンにかけたものである。1970年代に、市内の台湾料理店「味仙」での賄い料理が起源とされている。

　名古屋コーチンは、愛知県特産の高級地鶏ブランドである。肉質が良く、コクがあり様々な鳥肉料理に適している。明治維新で禄を失った尾張藩士の努力の結果から生み出されたものと言われ、歴史のある高級食材である。

　これらの「名古屋めし」を一躍全国区にしたのは、2005年名古屋周辺の会場で開催された愛知万博[13]によるものであった。愛知万博では、会場で紹介された世界の珍しい食よりも、ユニークな「名古屋めし」自体が来訪者によって全国に伝播した。そこに大きな影響を及ぼしたのがインターネットのグルメサイトやブログであった。このころの多くの旅行者は、愛知万博を訪れる前に、名古屋の食事場所もインターネットなどで調べていた。名古屋のブロガーも、自慢の「名古屋めし」の美味しい店を紹介してくれていた。また、訪問者も旅

行終了後に、体験した「名古屋めし」の美味しさやユニークさを多くのサイトやブログで広く伝えた。

「名古屋めし」は、櫃まぶしや名古屋コーチン料理など高価な料理もあるが、ほとんどは高価でもなく、希少価値のあるものも少ない。しかも、地元の食材を使った伝統のある料理ではない。万博を境に短期間で、マルチグルメツーリズムの都市となったケースである。札幌同様、業務出張者、転勤による赴任者などのビジネスマンや一度訪れた旅行者の口コミの力も大きな要素であった。

写真8-4　櫃まぶし

Product（食資源）は、前述したユニークな「名古屋めし」であり、個々の料理ではなく、名古屋のイメージを感じられる総称としての「名古屋めし」である。Price（食の価格）については、ほとんどが庶民価格のものであるが、高価な料理も存在感を示している。Place（食の場）は、市内の商業地区であり、特に歓楽街である栄、名駅の周辺である。Promotion（プロモーション）は、市や観光協会も、いまは注目しているが、愛知万博と口コミの力が最大のプロモーションとなっている。

「まち」は名古屋の中心商業地区であるが、周辺地区も含まれている。「ターゲット」は、明確にされていない。具体的な「マーケター」は不在である。様々な主体が活動はしているが、明確ではない。「まちの監査」「ビジョンとゴール」「戦略」「アクションプラン」「実行とコントロール」は、都市の経済振興計画の中の、観光振興、さらに「名古屋めし」をテーマとした観光まちづくりの中で、調査、計画・戦略策定され、観光振興の様々な施策が実行されているが、個々店の工夫やアイデアや市民の「名古屋めし」への愛着が大きな結果を生み出していると考えられる。

註

1) 札幌の事例の記述に関しては、主に2011年3月、8月の現地での、試食、試泊、および北海道さっぽろ食と観光情報館、すすきの観光協会、リクルート北海道じゃらん、札幌グランドホテル、JTB北海道、北海道コミュニケーションなどの取材、安田（2012a）などをもとにした。
2) 総合保養地域整備法の略称。1987年制定。リゾート産業の振興と国民経済の均衡的発展を促進するため、多様な余暇活動が楽しめる場を、民間事業者の活用に重点をおいて整備することを目指し制定された法律。地域振興策として期待される一方、計画の頓挫や環境保全上の問題を引き起こした。
3) 札幌市観光文化局「来札観光満足度調査」調査対象：過去3年以内に札幌を訪れた18歳以上の道外在住者、調査期間：2011.2.24-25、サンプル数：1,000、調査方法：インターネットアンケート調査。
4) ラーメンの歴史に関しては、ラーメンワンダーランドHP: http://www.seimen.co.jp（2012.4）などによる。
5) ジンギスカンの歴史については、松尾ジンギスカンHP: http://www.2989.net（2012.4）、サッポロビール園HP:http://www.sapporo-bier-garten.jp（2012.4）、東京ジンギスカン倶楽部HP: http://www.to-jin.com（2012.4）による。
6) スープカレーの歴史に関しては、樺沢（2004）、森田（2010）などによる。
7) 北海道在住のタレント、北海道地区限定のバライティ番組『水曜どうでしょう』で全国区になり、現在、ドラマ、映画等で活躍。スープカレーファンを標榜し様々な活動を展開した。
8) こだわりの道産食材を使った札幌の高級フランス料理店。『ミシュラン北海道版』で三ツ星を獲得。
9) 名古屋の事例に関する記述は、主に2009年12月、2011年8月の現地での試食、試泊、取材および、名古屋観光情報HP: http://www.nagoya-info.jp（2012.4）、愛知グルメ図鑑HP:http://www.pref.aichi.jp（2012.4）、なごやめし王国HP: http://www.ncvb.or.jp（2012.4）、ひょっとこ（2006）、安田（2007b）などをもとにした。
10) 名古屋市市民経済局「名古屋市観光客・宿泊客動向調査」調査対象：名古屋市を除く全国の18-69歳、調査期間：2011.2.19-21、サンプル数：1,000、調査方法：ンターネットアンケート調査。
11) 中日新聞2008年11月30日朝刊「味な提言名古屋メシ（1）」より。
12) Gooランキング、調査方法：非公開型インターネットアンケート（選択回答形式）、調査期間：2007年1月18日～1月20日、有効回答者数：1,087名
13) 2005年3月25日から9月25日まで、愛知県愛知郡、豊田市、瀬戸市の会場で開催された「日本国際博覧会」、通称「愛知万博」、愛称は「愛・地球博」。入場者数は約2,200万人。

第9章
食購買ツーリズム

9.1 食購買ツーリズムのマーケティング

　旅行に土産は欠かせないもので、レジャーとしての旅行が始まって以来、多くの旅行者は、旅行の記念となるその土地らしい民芸品、工芸品などの物品と、家族や友人などへの土産として、その土地の名産品や銘菓などを買っていた。今でも、その旅行に係わる風習は無くなってはいないが、旅行が珍しいものではなくなった今日、土産の買い方にも変化が出ている。その地で食べた美味しい料理や食材を、自分や家族のために購入し、もう一度、家庭で旅先の味覚を楽しむのである。これは、冷凍技術や保存法の発達や、宅配便の普及が背景にある。

　その旅先での土産購入の延長線上に、地域の農漁産物や加工品を買いに行くことを目的とした旅行、すなわち、食購買ツーリズムがある。宿泊を伴う旅行もあるが、多くは日帰り旅行で、週末や短い休暇を気軽く楽しむ旅と位置付けられていて、すでに定着しているものと考えられる。これは食べに行くことを目的にしたものではなく、地元でとれた新鮮な農産物や海産物、地元ならではの加工品を買いに行く旅行である。しかし、ほとんどの場合はそれら販売所に併設されているレストランや食堂、または周辺の旅館などで、地元の料理としても楽しんでいる。

　Product（食資源）は、地域でとれた新鮮な農産物や海産物、特徴ある加工品である。また、その販売する場所が観光資源となる。Price（食の価格）については、基本的には通常の流通経路をとっていないので、新鮮でかつ安いのが最大の特徴となる。Place（食の場）は、大観光地の中での有名市場、歴史伝統のある朝市、漁港にある観光市場、道の駅・産地直売所など、バリエーションがある。Promotion（プロモーション）は、大規模のものはなく、情報誌や

インターネットで行われ、一度来訪した人の口コミが大きな影響力を持つ。

「まち」は、その市場、販売場所と、そこで販売される商品が生み出される農村地帯や港も含まれる場合もある。「ターゲット」は、多くの場合は日帰り圏内の首都圏、関西圏などの都市住民で、熟年層、シニア層が中心となる。「マーケター」は、販売所を運営する人やその組織である。市場や販売所自体であり、自治体、農業協同組合、漁業協同組合、NPO 法人などが主体となっている場合や、農商工連携で運営されているケースも多い。いずれの場合も、既存の観光関連組織よりも商品の生産者である農業者や漁業者が前面に出てきている。

「まちの監査」は、自治体で行われているケースが多いが、観光課ではなく農政課などが主体となってきている。また、農業協同組合、漁業協同組合などが主体となる場合も多くなってきた。「ビジョンとゴール」は、ほとんどの市場、道の駅、直売所では、地域活性化、地産地消、農漁村振興、農商工連携、地域の情報拠点、都市との交流などをキーワードに、自らの地域にとっての役割と目指す姿を明確にしている。「戦略」「アクションプラン」「実行とコントロール」は、地域の農漁業者と一体となり、来訪者に満足感を与え、リピーター化することであるとの、認識のなかで地道に行われている。

9.2 富浦（千葉県）──ビワ加工品から集客拠点となった道の駅 [1]

「道の駅とみうら」がある南房総市富浦町は房総半島の南部に位置する。温暖な気候であり、周囲を山に囲まれ町域は狭い。人口約 5,200 人（南房総市 2012 年 4 月）の小さな過疎の町である。首都圏からのアクセスは、東京湾アクアラインか東関東自動車道路を利用して、1 時間と少しである。この道の駅を舞台に「地域の食」の特産品を利用し、農商工連携で見事な集客モデルがつくられた。1994 年に約 22 万人だった道の駅利用客数が、2008 年には約 68 万人へと大幅に増加し、2010 年は減少し 54 万人 [2] となっているが多くの旅行者を迎えているのことは間違いない。

富浦町の特産品は天皇陛下に献上される房州びわや花など温暖な気候を活かした農産物である。大きな観光施設は無いが風光明媚で、東京湾に面した砂浜は夏の海水浴客で賑わった。しかし、基幹産業である観光や農業、漁業が衰退

への道をたどっていた。そんな中、1990年、東京湾アクアラインや東関東自動車道館山線の整備計画が発表されたこともあり、町に産業振興プロジェクトチームが設立された。その指揮をとったのが、富浦町の職員[3)]であった。彼は商工会や農業団体、観光団体との協議を重ね、一部の住民の反対もあったが、1993年千葉県で初の「道の駅とみうら・枇杷倶楽部」[4)]をオープンする。運営母体として町が全額出資した「株式会社とみうら」も設立された。

民間の客を奪うことなく、経営を黒字化しまちの振興に貢献する。その2つの課題を同時に解決する方法は、枇杷倶楽部の機能を「商品を開発すること」と「情報を発信することによりお客

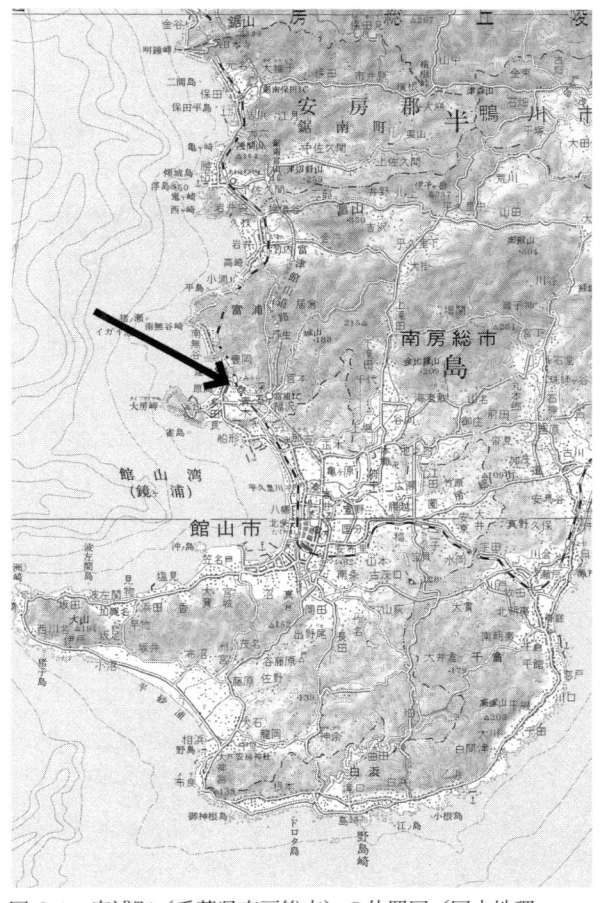

図9-1 富浦町（千葉県南房総市）の位置図（国土地理院発行20万分の1地勢図「横須賀」75％縮小、図上5cm＝13.3km）

様を集め、集まったお客様のオペレーションをすること」この2つに集中させることと決定した。そして、その他のことは、地元の民間事業者に任せることにしたのである。

枇杷倶楽部のオープンとともに、まず、「商品を開発すること」に着手した。富浦町の象徴であるビワの加工品作りを開始した。当時、ビワの生産量の3割近くは規格外品であり、当時は農家もこれらを捨てるしかなかった。そこで、

写真9-1　道の駅とみうら・枇杷倶楽部

捨てるものを使って新しい商品を作ることができれば、反対している農家の協力や支援も得られるのではないかと考えたのである。現在では、ビワを使った商品は、ジャム、クッキー、ゼリー、ソフトクリーム、ケーキ、茶、石鹸、シャンプーなど約40アイテムまでになっている。ジャムなどの大きな設備を必要としない商品の一部は枇杷倶楽部が自ら製造しているが、それ以外は民間事業者が製造したものを全て買取っている。それらを「南房総みやげ」として定着させていった。

　次に「情報を発信することによりお客様を集め、集まったお客様のオペレーションをおこなうこと」、いわゆるランドオペレーター[5]機能の開発に取り組んだ。富浦町に点在する、小規模な農園やレストラン、飲食店などの観光資源を集約し、ひとつの大きな農園、大きなレストランに見立て、メニューや料金、サービスを規格化し、枇杷倶楽部が旅行会社や鉄道会社に対して企画営業を行い、旅行会社や鉄道会社からの集客の配分、代金の清算、クレーム処理までを一貫して行う「一括受発注システム」を開発した。道の駅が地域観光のランドオペレーターとしての役割を持つようになったのである。

　このシステムの稼働によって、それぞれは集客力のなかった南房総の民宿や農園、飲食店、観光事業者などが安定的に集客できるようになった。サービス内容や企画も事業者任せにせず、約束通りの品質とサービスが提供できるようにコントロールした。例えば、民宿については、ランキングを公表し、ミシュランのように評価によって「星」ならぬ「家族時間の宿」という称号が付けられた。これらの活動が民宿自身のサービスの維持、向上の動機付けとなった。さらに、レストラン、果物狩りなど体験プログラムなどもの品質、サービスの均一化を目指した。この結果、これまでオフシーズンだった南房総の冬に観光バスツアーが定着し、ピーク時には観光バスを年間4千台、12万人の誘客に

成功した。

　Product（食資源）は、最初は名産のビワであり、その加工品であった。しかし、それを象徴的なものとし、「地域の食」を扱う民宿、農園、飲食店までに広がっていった。Price（食の価格）については、道の駅で全体をコントロールし、市場に適合するものとした。Place（食の場）は、ビワ加工品や地域の農産物などを販売する道の駅と、地域の農園などの生産現場、食事ができる民宿、飲食店である。Promotion（プロモーション）は、道の駅自体の企画営業と来訪者の口コミである。

写真9-2　道の駅とみうらのビワ加工品

　「まち」は道の駅を核とした富浦の農村地帯である。ビワという地域資源の加工製造販売にとどまらず、道の駅自体を観光資源、集客機能を持つ観光拠点として、観光まちづくりを進めていった事例である。「ターゲット」は、マイカーや観光バスで訪れる首都圏の旅行者である。「マーケター」は「道の駅とみうら・枇杷倶楽部」である。また、ここを核にして農業者、商工業者、旅行会社、鉄道会社などが連携している。「まちの監査」は、町の産業振興プロジェクトチームが行った。「ビジョンとゴール」は、「道の駅とみうら・枇杷倶楽部」を地域の資源を活用し「産業と文化の拠点・情報発信基地」[6]とすると明確にしている。「戦略」は、異業種との連携、農商工連携、地域に広がるネットワークの構築が一貫した戦略であった。「アクションプラン」は、道の駅でのビワ加工品の販売とそこでの観光拠点機能の発揮、さらに地域の情報発信基地化などの計画が示されている。「実行とコントロール」は、道の駅の諸活動であり、それは多くの雇用を生み出し[7]、まちを巻き込んだ取組みとして展開されている。

9.3 内子（愛媛県）—トマト加工品から広がる観光農業[8]

　内子町は、愛媛県の中央部、松山市の南西約40kmに位置する人口18,500人程度（内子町2012年4月）の比較的小さな町である。江戸後期から明治時代にかけて和紙と木蝋で栄え、当時の面影を残す白壁の町並みは今も美しい佇まいを見せ、現在も歌舞伎などが上演される大正時代創建の小さな芝居小屋「内子座」もある。1982年に国の「重要伝統的建造物群保存地区」[9]に選ばれた古い街並みである。

　また近年では、農村部に残る懐かしい民家や神社、橋などの建造物や棚田などの景色や、渓流、滝などの自然を「村並み」、「山並み」として保存する動きも活発におこなわれており、町全体を観光資源とする取組みが進められている。農業では稲作以外にも、ブドウ、梨、桃、柿などが多く生産され、農業と観光を活かした、グリーンツーリズムの推進に取り組むなど、地域の活性化に力を

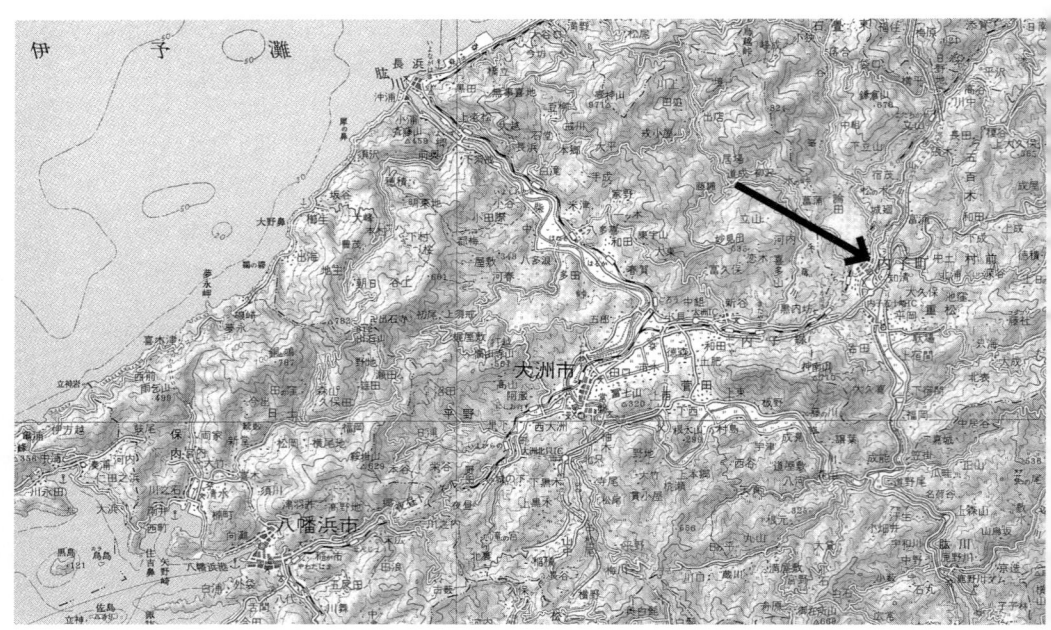

図9-2　内子町（愛媛県喜多郡）の位置図（国土地理院発行20万分の1地勢図「松山」75％縮小、図上5cm = 13.3km）

入れているまちである。

内子町の町並み保存地区に隣接して、「道の駅内子フレッシュパークからり」[10]はある。「からり」に一歩足を踏み入れると、木立に囲まれ、すぐ下を流れる小田川沿いにはウッドチェアが並べられ、さながら高原の別荘地に来たような気分にさせられる。河原へも簡単に行くことができ、家族連れでも一日中楽しめる場所である。そのなかに、農産物の直売所、レストラン、ベーカリーショップなどがあり、定期的にイベントなども開催され、休日ともなると駐車場待ちの車の列ができるほどの賑わいをみせる。現在の利用者は年間約80万人を超え、その内8〜9割は町外から訪れている[11]。

写真9-3　からりのトマト加工品

「からり」という名前は、果物を楽しむ里「果楽里」、花を楽しむ里「花楽里」、加工品を楽しむ里「加楽里」、そして「カラリ」とした晴々した気分、「カラリ」とした清々しい時間、「カラリ」とした爽やかな人間関係、出会いを楽しむという意味を含んでいると言うが、まさにそれが実感できる場所となっている。

その「からり」は、1992年内子町によって、果樹農家と内子の町並み観光のイメージを活かした農業活性化計画「フルーツパーク構想・基本計画」[12]が策定され、生まれたもである。計画の概要は、内子町産農産物のイメージアップ、農家経営の安定、農業関連産業の創出であり、①農業にサービス業的視点を取り入れ、農業の総合産業化を進める。②グリーンツーリズムなど都市と農村の交流を図る。③農業の情報化、農業情報の利活用を図る、の3点が柱であった。

1994年に特産物直売の実験場として「内の子市場」として開設されたことにはじまり、その後1997年、「内の子市場」は「からり」と名前を変え、直売所機能に飲食施設や加工工場を併設しながら発展してきた。「からり」は、株式会社である。株の半分強は内子町の出資によるものだが、残りのほとんどは町民個人が所有し、700人近くの株主がいることになる。つまり、内子町

写真9-4　からりの産地直売コーナー

民が経営に参加しているのである。また、設立当初からPOSシステムを導入し、売上情報等を生産農家と共有できる「からりネット」を構築、2004年には農産物の生産、流通、販売に至るまでの履歴を公開したトレーサビリティーシステム[13]を導入しており、IT化した農産物産地直売所というもう一つの顔を持つ。

　「からり」では、農商工連携の取組が進められていた。2008年9月、地域の農業者と共に内子町特別栽培農産物認定の完熟トマトを活用した加工品の開発、製造、販売をおこない、第1回の農商工連携促進法[14]認定をうける。そして2009年4月には農商工連携ベストプラクティス30に入った。また、農商工連携88選にも選ばれている。2008年（1年目）にトマトケチャップ、2009年（2年目）はトマトソルベ（シャーベット）が開発され、施設内のアイスクリームコーナーで販売されている。その年、大手百貨店三越のお中元にも採用され、売上、知名度共に少しずつアップしてきた。上品で清々しい味わいと、低カロリーが受け、女性を中心に人気が上がっているという。3年目となる2010年には、トマトジャムが開発され、2011年4月、販売が開始された。

　「からり」で農商工連携による加工品開発に取組んだ理由は、農産物の直販だけでは農家が潤わないということにあった。「からり」は農産物直売所としては既に有名になっていたが、農家がいくら良質な農産物を作ってもその時々の状況によっては規格外商品並みの価格にしかならず、収入が安定しないという課題を抱えていた。そこで、「からり」が農家と契約し、付加価値のある加工品を開発、販売することを考えた。さらに、通常加工品は規格外のものを使うのが一般的であるが、敢えて一級品の完熟トマトを買い上げることとし、農家の収入の安定を目指した。その結果、加工品の原価は少し高くなったが、そ

れ以上のメリットがあった。生産農家の収入が安定したことにより、トマトの供給量も安定し、品質が向上したのである。

　Product（食資源）は、トマトの加工品なども含め、内子町で生産される農産物である。
Price（食の価格）については、既存の流通を使っていないので、新鮮なうえに安い。Place（食の場）は、「からり」である。Promotion（プロモーション）は毎月の実施される農産物の旬をテーマにした、「からり記念祭」「からり収穫祭」などのイベントやポイントカード会員の獲得などが取り組まれている。

　「まち」は、「からり」を核とした内子町全体といっていい。「ターゲット」は、域外の人々で、松山市はじめかなりの遠方からも訪れるようになってきている。「マーケター」は、「からり」であり、「からり」は内子町と内子町民の会社である。内子町民の多くは株主であり、拡大された雇用の中での従業員でもあり、商品を納入する取引先でもある。町民全体がマーケターといえる。

　「まちの監査」「ビジョンとゴール」は、内子町が、農産物の輸入自由化、担い手の高齢化、農産物価格の低迷など農業が閉塞的な状況に陥る中で、観光農業を目指し、農産物の独自の販路開拓のために、徹底的にまちを調べ、「フルーツパーク構想・基本計画」を提示している。「戦略」「アクションプラン」「実行とコントロール」は、地元農業者、住民と一体となりITの活用を模索し、緻密な戦略を策定し、イベントやポイントカードにより新規顧客の拡大とリピーターの維持に努めている。

註

1）　富浦の事例に関する記述は、主に2010年5月の現地での、試食、購買および道の駅とみうら、枇杷倶楽部への取材、「観光カリスマ一覧」（観光庁2011）HP: http://www.mlit.go.jp/kankocho/shisaku/jinzai/charisma（2012.4）、「農商工連携88選」（経済産業省2008）HP:http://www.meti.go.jp/seisaku/local_economy/88（2012.4）、『南房総市・黒字経営の「道の駅」』（総務省・平成20年度優良事例集）、安田（2010b）、安田（2011a）などをもとにした。
2）　千葉県商工労働部観光課「平成20年観光入込調査」（2009）「平成22年観光入込調査」（2011）による。
3）　加藤文男氏、当時富浦町観光・企画課長、枇杷倶楽部初代所長、元南房総市企

画部長、観光カリスマ。
4) 1993年道の駅登録、富浦町役場枇杷倶楽部課と株式会社とみうらの共同運営体。2012年現在、従業員は56名。施設全般の管理、文化事業や地域振興等公共性の高い部門は富浦町役場枇杷倶楽部課が担当し、売店や喫茶店等の営業や観光客の誘致など営利事業については富浦町が資本金を全額出資した株式会社とみうらが担当している。HP:http://www.mboso-etoko.jp（2012.4）による。
5) ランドオペレーターとは、主に海外旅行で、現地の宿泊や観光地、交通手段などの予約・手配などを専門に行う旅行会社のこと。
6) 枇杷倶楽部開設以来のスローガンで、現在も目標としている。
7) 株式会社とみうらでは町人口の1％以上となる約70人（2008）の雇用を生み出している。取材（2010）による。
8) 内子の事例に関する記述は、主に2009年9月の現地での、試食、購買、見学およひフレッシュパークからりの取材、「地域いきいき観光まちづくり100」（国土交通省2006）HP: http://www.mlit.go.jp/sogoseisaku/region/kanko100（2012.4）、「観光カリスマ一覧」（観光庁2011）HP: http://www.mlit.go.jp/kankocho/shisaku/jinzai/charisma（2012.4）、「農商工連携88選」（経済産業省2008）HP:http://www.meti.go.jp/seisaku/local_economy/88（2012.4）、『愛媛県内子町・都市との食・農交流』（総務省・平成21年度優良事例集）、安田（2011a）などをもとにした。
9) 市町村が条例などにより決定した伝統的建造物群保存地区のうち、文化財保護法の規定に基づき、特に価値が高いものとして国（文部科学大臣）が選定したもの。略称は重伝建（じゅうでんけん）。
10) 株式会社内子フレッシュパークからり、1997年設立、現在資本金7千万円、内50％は内子町が出資。2012年現在、従業員48名。特産品・農産物販売、加工品製造販売、レストランを営業内容としている。HP: http://www.karari.jp（2012.4）による。
11) 株式会社内子フレッシュパークからり、取材（2009）による。
12) 『内子フレッシュパークからり研修資料』（内子フレッシュパークからり2010）より。
13) 生産と流通が密接な直売所の特性を活かし消費者がより安心して農産物を購入できるよう生産履歴情報を開示・提供するシステム
14) 「中小企業者と農林漁業者との連携による事業活動の促進に関する法律」地域経済活性化のため、地域の中小企業と農林漁業が連携を取り新商品の開発等を促進するたの法律。2008年に施行された。

第 10 章
食体験ツーリズム

10.1 食体験ツーリズムのマーケティング

　食体験ツーリズムの最大の特徴は、「地域の食」に対して、美味という快楽を求めるのではなく、教育的な側面を求めていることにある。味覚狩りは、家族旅行が主流であり、もちろん、大人も果物や野菜を摘み、とれたての味覚を楽しめるが、子供に八百屋や果物店、スーパーに並んでいる果物や野菜がどのように出来ているのかを見せ、その収穫過程を体験させることに大きな教育的な効果を期待している。食加工体験も同様である。本格的な農業・漁業・酪農体験は子供や学生への教育的な効果は計り知れない。

　一方、大人も物見遊山の旅だけではなく、自らの知的好奇心や学習意欲を満たす体験を旅行に求め始めている。食に係わる体験は、最後に自分の手が加わった食を楽しむことができるので、大人も十分に満足させる。短時間の食体験プログラムは、その他を目的とした観光の一部となる場合も多いが、日帰り、宿泊旅行のいずれにおいても、しっかりと食体験プログラムだけを楽しむ旅行も増えている。

　Product（食資源）は、地域でとれる農産物や海産物、加工品であり、それらの生産過程の体験プログラム、その生産現場、その体験のインストラクターとなる地元の人が観光資源となる。Price（食の価格）については、短時間の味覚狩りから、本格的な農業・漁業・酪農体験、その期間により大きく異なる。Place（食の場）は、それぞれの生産現場である。つまり、農村地帯であり、漁港・漁場であり、加工工場である。Promotion（プロモーション）は、大規模のものはない。食体験を体験プログラム、着地型旅行として企画販売する地域の組織も出来てきて、プロモーションが行われるようになってきたが、インターネットや口コミが中心である。

「まち」は、その生産現場の範囲である。特定の観光農園の場合もあるし、まち全体の農家、漁家の民泊などが行われている場合はその地域全体となる。「ターゲット」は、味覚狩りや食加工体験は近距離の都市に住む家族旅行や熟年旅行がターゲットであり、農業・漁業・酪農体験は修学旅行、校外学習や、行政団体などの研修旅行が中心であったが、徐々に一般旅行者を明確なターゲットにするようになってきている。「マーケター」は、個々の観光農園などが、自治体、観光協会の支援を受けてその主体となっているケースが多い。また、まちぐるみで別組織をつくり、NPOや株式会社化し取り組んでいるケースもみられ、そのようなところが大きな成果を挙げている。

「まちの監査」は、自治体で行われているケースが多く、観光課ではなく農政課などが主体となってきている。また、農業協同組合、漁業協同組合などが調査の主体となる場合も多い。「ビジョンとゴール」も、個々の観光農園などがそれぞれ作る地域と、自治体が主導し地域活性化、地産地消、農漁村振興の観点から策定している場合とがある。「戦略」「アクションプラン」「実行とコントロール」は、地域の農漁業者が実際には取り組んでいて、彼らのアイデアの中で様々な体験プログラムが生まれ、それを運営し、来訪者に満足感を与えている。

10.2 飯田（長野県）――株式会社が広域でほんものの農業体験プログラム[1]

飯田市は、長野県の南端に位置する飯伊地域に属する市である。東に南アルプス、北西に中央アルプスを望み、市の中央には北から南方面に天竜川が流れて細長い盆地を形成している。山から川までの標高差はいくつもの河岸段丘を形成し、変化に富んだ美しい地形となっており、天竜川沿いでは稲作が、段丘では果樹栽培が行われている。気候は盆地特有の内陸性で寒暖の気温差が激しい。夏は猛暑となり、冬は降雪が少ないものの寒さは厳しい。人口は10万人程度（飯田市2012年7月）で、農業が中心のまちである。

飯田市はまた、長野県南信地方の飯伊地域の南信州広域連合を形成する最大の地域であり、その中心都市である。産業や観光の振興など広域で取り組んだ方が効果的な課題に対して、南信州地域では各市町村が密接に連携して取り組

んでいる。飯田市には南信州地域の他の町村から通勤する人が多く、人々の生活や経済活動は、市町村単位ではなく南信州経済圏・文化圏で行われている。

1998年、32名の参加で始まった飯田市の「ワーキングホリデー」[2)]は、2011年度には416人が参加した。ピーク時は560人の参加があった。受入農家は110戸である。ワーキングホリデーとは、飯田市の集合場所までの交通費を自己負担してもらい、農家と寝食を共にして農作業に取り組んでもらい、農家には参加者に食事と宿泊場所を提供してもらうという方式のものだ。このワーキングホリデーを市が取り扱うきっかけは、当時、田舎や農業への憧れから、飯田市に相談に訪れる都市住民は増えてきたことによる。市は、それに応える研修の機会を作れないかを考えていた。一方、農村では高齢化が進み、農業の担い手不足

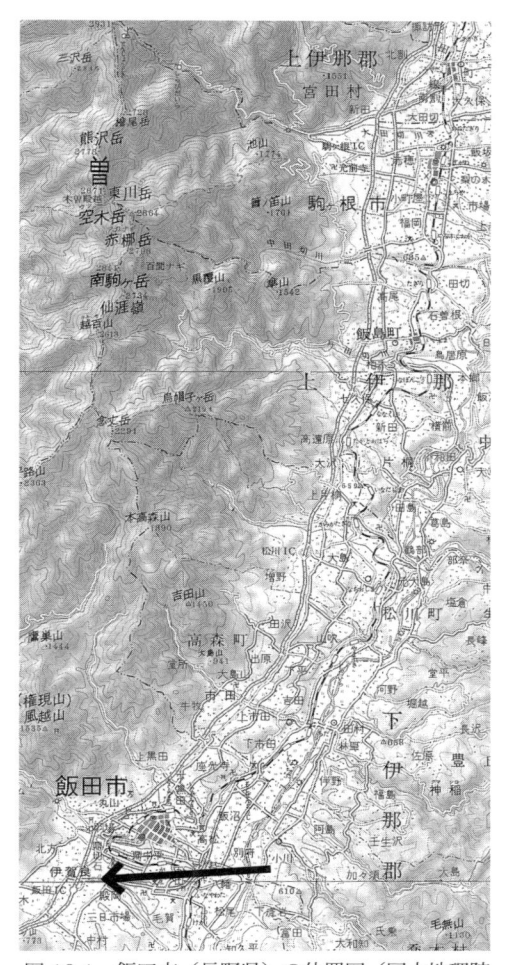

図10-1　飯田市（長野県）の位置図（国土地理院発行20万分の1地勢図「飯田」75％縮小、図上5cm = 13.3km

に悩んでおり、農村の存続すら危ぶまれていた。果樹の摘花、摘果や収穫など作業が集中する時期の人手が足りないことが分かっていた。そこで、そのサポートを都市住民にしてもらうことで、農村とその地域文化を守っていけないかと考えたのである。ワーキングホリデーの制度は、予想通りの成果を挙げ、参加者の中から新規就農者や定住者も現われた。この制度は今日も続いている。

写真10-1 南信州観光公社事務所

　飯田市には、特に著名な観光名所がなかったため、他の観光地へ向かうついでに立ち寄るといった通過型の観光地となっていた。なんとか滞在型の旅行者数を増やせないかと、1995年、飯田市は修学旅行や林間学校を誘致する体験教育旅行のプロジェクトを立ち上げた。飯田市で考えた体験プログラムとは、体験用観光施設での体験ではなく、実際に飯田で生活している人の生産や生活の現場、あるいは自然の中での「本物」を体験してもらおうというものであった。住民がインストラクターとなって半日から1日程度、日常での農作業やアウトドアでの生活を指導し、市が各学校からのプログラムへの問い合わせ対応や住民のコーディネートを行うというものだった。宿泊も農家の協力のもと農家民泊が実現し、少しずつ修学旅行がやって来るようになった。

　農家民泊が事業として本格的に動き出すと、そのまま市の観光課が窓口となっていたのでは、修学旅行の集中する5月中旬〜6月中旬の時期には対応しきれなくなった。また、より多くの修学旅行生を受け入れるには、受入農家数を増やしていく必要があった。しかし、飯田市に限定して受入先を探していたのでは限界があるため、南信州地域の他の町村にも協力を依頼し、受入農家を増やしていった。飯田市の観光課が境域を越えて近隣の自治体の観光までをコーディネートすることは困難であるため、近隣の自治体に呼びかけることのできる別の組織体制が必要となってきた。

　そこで、行政が出資することで信頼性を担保しながら、継続性を保つため、第3セクター方式の「株式会社南信州観光公社」[3]を設立し、2001年に正式に事業を開始した。公社は完全独立採算で市からの補助金はない。南信州観光公社の事業への反響は予想外に大きなものとなり、好調なスタートであった。事業をスタートする前から、特に広報活動をしていなかったにも係らず、旅行会社や学校からの問合せが数件寄せられていた。当初、南信州観光公社の体

制は2名のスタートであった。2000年度には5校だった農村民泊が、2001年度には一気に20校に増加した。その頃は、まだ農家民泊に対する地元の認知は進んでおらず、ましてや受入れをしようという農家数は多くはなかった。

体験教育旅行は、実際に取り組んでみると、参加者である修学旅行生に好評であったと同時に、受け入れる農家にも喜ばれるようになった。2008年度、農家民泊の体験が年間約70校、約1万人になり、体験プログラムへの参加は120校に上り、延べプログラム参加者数は約6万人に拡大した。

表10-1は、南信州観光公社が設定している農林業体験と味覚体験プログラムである。様々な農と食に係わるプログラムが用意されている。このほかにも、巨木と語る、飯田線ウォーキング、桜守の旅などの環境学習・自然散策プログラムや草木染め、炭焼き、土笛づくりなどの伝統工芸・クラフト創造プログラム、天竜川ラフティング、野外キャンプ、スノーシュートレッキングなどのアウトドア・アクティビティプログラムなども充実している。

南信州観光公社の体験教育旅行の成功の要因は、飯田市や公社が直接係わることで旅行会社と学校の双方に安心感を与えたこと、多彩な体験教育プログラムの提供が出来たこと、地域の係わる人々のホスピタリティが高かったこと、飯田市の行政範囲にこだわらず南信州で取り組んだことなどが挙げられる。ワーキングホリデーを始めた頃から「農家が主役」という発想が行政にも住民にもあったことも大きなポイントであった。南信州観光公社のこの体験プログラムも、1,000人を超える受け入れ農家、インストラクター、地域コーディネーターとの繋がりで成立している。

Product（食資源）は、飯田を中心とした南信州の農業とその体験プログラム、そこに係わる地元の人が観光資源となる。Price（食の価格）については、南信州観光公社により各プログラムの料金表が明示されていて、分かりやすいも

表10-1 農林業体験・味覚体験プログラム例（南信州観光公社）

体験プログラム名
・農家民泊
・田植え
・りんごの摘果（花）
・酪農農家体験
・森林営林
・稲刈り
・野菜収穫
・そば打ち体験
・五平餅作り
・イチゴジャム作り
・田舎料理体験
・よもぎ餅作り
・イチゴ狩り
・ブルーベリージャム作り
・アップルパイ作り
・飯田歴史散策と和菓子探訪の旅

南信州観光公社ホームページより筆者作成

写真10-2　稲刈り体験（提供：南信州観光公社）

のとなっている。Place（食の場）は、それぞれのプログラムが実施される現場である。つまり、飯田市ではなく広域の南信州の農村地帯である。Promotion（プロモーション）は、当初は市が、その後は南信州観光公社がランドオペレーターとして、学校、旅行会社へセールスしている。

「まち」は、飯田市を中心とした南信州の農村地帯である。行政の市の枠を超えた広域を「まち」とした事例である。「ターゲット」は、中学高校の修学旅行、校外学習であるが、近年は個人、グループの拡大を目指している。「マーケター」は、南信州観光公社である。公社は株式会社であり、出資者は飯田市はじめ近隣自治体、農業団体、交通事業者、商工会議所、民間企業、新聞社、市民など幅広く、これら出資者と実際の担い手となっている農家、インストラクター、地域コーディネーターが支えている。

「まちの監査」「ビジョンとゴール」は、市のプロジェクトが、さらに南信州観光公社が明確にしている。「感動は人を変える、その感動は『本物体験』から生まれる」[4]という考え方からぶれることなく、広域の農民、市民を巻き込んでいる。「戦略」策定から、「アクションプラン」「実行とコントロール」は、公社設立と同時に極めて順調に展開された。設立当初、支配人として着任し、現在代表取締社長[5]となっている人物は、首都圏の大手旅行会社で教育旅行営業をしてきた経歴を持つ。彼は、地域行政の担当者ではできない学校セールスや旅行会社訪問、企画旅行造成を行ってきた。マーケティングの大切さを十分に知っていたのである。

10.3　松浦（長崎県）──民泊を通して究極の食育と漁業体験[6]

松浦市は、長崎県北部、北松浦半島の北東部に位置する人口2万5千人ほ

ど(松浦市2012年5月)の市である。北は玄界灘から伊万里湾に面し、東は佐賀県伊万里市に接している。松浦党発祥の地として知られている。松浦党とは、平安時代から戦国時代に肥前松浦地方で組織された武士団の連合で、水軍として元寇で活躍したことで知られている。

　明治時代から戦後にかけて石炭産業で栄えたが、1960年代以降のエネルギー革命で炭鉱は閉山し、それ以降は戦前から続く漁業が中心のまちであった。水揚げ量は日本でも有数で、とくにアジとサバは「旬あじ」「旬さば」のブランド名で全国に知られている。しかし、少子高齢化、後継者不足などにより農水産業も活力を失っていた。

　そんな状況の中で、2002年、松浦体験型旅行協議会が設立され、松浦独自の漁業体験や農業体験などの「ほんなもん体験」プログラムにより、修学旅行生の誘致に成功し、2009年には、「まつうら党交流公社」[7)]が設立され、同年には、受入学校数119校、2万人を超える集客した。そして、今では一般の団体や個人グループを含めて年間3万人の受け入れを目指すまでに成長し

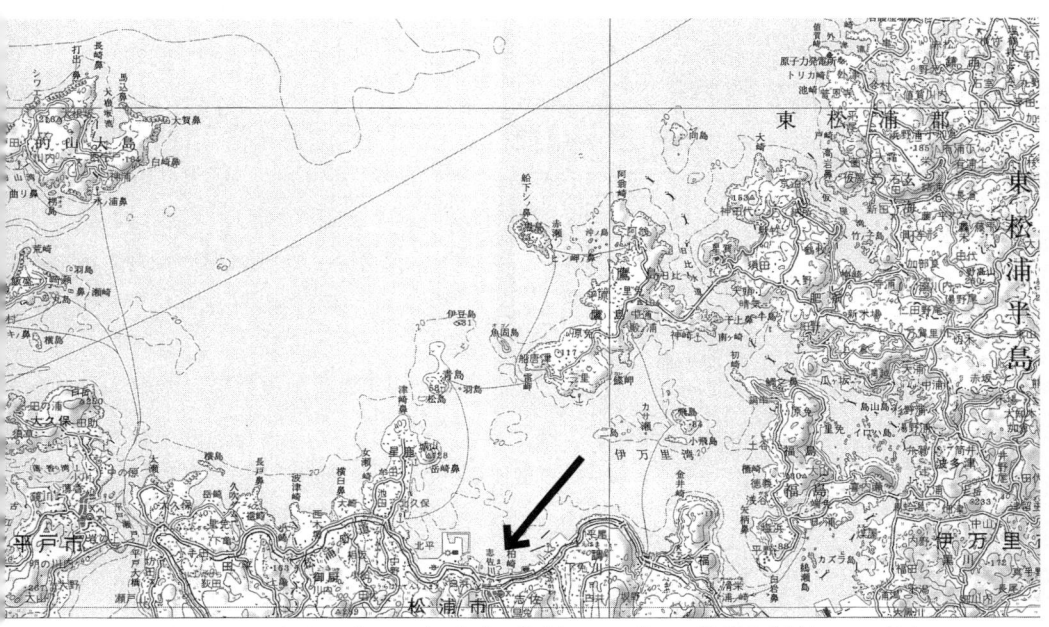

図10-2　松浦市(長崎県)の位置図(国土地理院発行20万分の1地勢図「唐津」75％縮小、図上5cm = 13.3km)

た。観光に無縁な漁業のまちでの、観光客受け入れゼロからのスタートであった。

「松浦党の里ほんなもん体験」は、自然環境や日常あるがままの生業に根ざした食文化、生活文化そのもの「ほんなもん＝ほんもの」の体験にこだわってつくった体験型旅行である。また、観光地巡りや、手軽な疑似体験を行う修学旅行が今なお主流である現状に対して、コミュニケーション能力やモチベーションを高めて「生きる力」を育む体験型観光を提案したものだった。今日、修学旅行向けの教育旅行プログラムの他、個人・グループ向けのプログラムも用意されている。教育旅行プログラムを「松浦党の里ほんなもん体験」と称し、着実に数を増やしつつある個人やグループ向けの体験プログラムを「まつうら党体験隊」と総称している。

当初は修学旅行の誘致から始まった。他の地域の体験プログラムと差別化するため、「子ども達をお客様ではなく家族の一員としてお迎えします」「体験や民泊を通して、豊かな食文化や生活文化、農水産物の価値、家族の絆や親の愛・人の愛を伝えます」「人とのふれあいを通して、力強く生きる力を身につけていただきたい」「安全でかつ教育効果の高い体験活動となるよう、心を込めてお手伝い」と活動の理念を明確にしている。

表10-2 ほんなもん体験・教育旅行プログラム例（まつうら党交流公社）

体験プログラム名	実施地域
漁村民家ステイ体験	青島・星鹿・今福・福島・鷹島・田平・大島・生月・中平戸・志々伎・鹿町・小佐々
船釣り	青島・星鹿・今福・福島・鷹島・田平・大島・生月・中平戸・志々伎・鹿町・小佐々
港釣り	青島・星鹿・今福・福島・鷹島・田平・大島・生月・中平戸・志々伎・鹿町・小佐々
養殖場エサやり	青島・星鹿・鹿町・小佐々
漁具作り	大島・志々伎
イワシ網漁	福島
タコ漁	青島・今福
刺網漁	青島・今福・福島・鷹島・志々伎
延縄漁	青島
地引網漁	青島・今福・田平

まつうら党交流公社ホームページより筆者作成

これらは民間主導で行われた。民間主導のコーディネート組織「松浦体験型旅行協議会」と広域エリア内13地区の受入組織を指導する「NPO法人体験観光ネットワーク松浦党」が相互に連携し、これらを長崎県や松浦市など行政が強力にバックアップする官民協働の受入システムを構築した。13地区には総数約800名の受け入れ民家、インストラクターなどのプログラムの担い手がいる。

最大の特徴は、漁業体験を中心

とした豊富な体験プログラムで90種類ある。表10-2は教育旅行用の漁業体験プログラムの一覧である。実施地域も広域に広がっていることが分かる。他に、農林業体験プログラム、味覚体験プログラム、アウトドア体験、伝統工芸体験、自然散策プログラムなども用意されている。実に

写真10-3　延縄漁体験（提供：まつうら党交流公社）

多彩だが、これらは「作られた体験プログラム」ではなく、すべてありのままの自然や暮らしの営みの中で実施する「ほんなもん体験」であると言う。

　もうひとつの特徴は、1日最大2,000名の受け入れが可能な漁村、農村での民家ステイ体験、つまり民泊である。エリア内約500軒の民家がネットワークされている。受け入れ側の当初は、他人を泊めるのはいやだなど消極的な反応も多かったが、次第に理解が広まり、体験や民泊を通して子ども達が感動し、活き活きとした表情に変わる様子をみて、青少年の健全育成に自ら役立っているという実感、社会貢献への喜びと誇りを得るようになった。もちろん、安定的な収入の確保という面で担い手である農漁民の満足感を与えた。また、この体験型旅行を持続的なものにしていくために、年間延べ60回を超えるインストラクター講習会などを実施している。

　農林漁業体験、味覚体験や民泊では、新鮮な魚介類や野菜を使った料理を子ども達が自分で作れるように指導し、定置網や地引き網、船釣りで獲った魚、農業体験で収穫した野菜などを民泊に持ち帰って夕食にする。誰もが口をそろえて美味しいという。海や田畑と共に生きる人々のこころに出逢うことで、命の源である食の大切さやその価値、自然との共生・共存、自然保護などについても身をもって学び、感じるようになる。これらの体験活動は、まさに究極の食育[8]であった。

　修学旅行の受け入れは2003年度に始まり、受け入れ人数は同年度約1,000人だった。順調に拡大し、既に中学高校の修学旅行生を全国から約11万人余

写真10-4　押し寿司つくり体験（提供：まつうら党交流公社）

り受け入れた実績[9]を持つ。

2007年には、「第4回全国ほんもの体験フォーラムinながさき」を開催し全国各地から1,000人を超える参加を得た。同年、「第4回オーライ！ニッポン大賞グランプリ」を受賞し、2008年には「JTB交流文化賞優秀賞」も受賞し、全国への知名度を上げた。同年、松浦市は「ほんもの体験日本一のまちづくり」を宣言し、市民総参加の意識を醸成するとともに、体験交流を新たな産業として育て、魅力あるまちづくり進めることを表明した。

Product（食資源）は、松浦の漁業や農業であり、それらの体験プログラムと、民泊である。Price（食の価格）については、それぞれの体験プログラムと民泊に手ごろな料金が設定されている。Place（食の場）は、松浦市全域にわたる漁村や農村、島であり、漁業や農業の現場である。Promotion（プロモーション）は、中学高校や修学旅行を扱う旅行会社へアプローチしている。

「まち」は、体験プログラムが実施される松浦全域である。「ターゲット」は、中学高校の修学旅行、校外学習であるが、近年は個人、グループの拡大を目指している。「マーケター」は、明確に「まつうら党交流公社」である。さらに、市内各地の体験振興協議会などが強力にバックアップしている。

「まちの監査」「ビジョンとゴール」は、当初、市が、さらに松浦体験型旅行協議会が市の現状と課題を整理し、今日はまつうら党交流公社が担っている。地域資源を活かし、ありのままの暮らしや自然の営みの中の「ほんなもん体験」を通じ、新産業と交流人口の拡大を目指すとしている。「戦略」は、担い手が中心となって構築する強固で、サービス水準の高い受入体制の整備と維持である。「アクションプラン」「実行とコントロール」は、「ほんなもん」の体験プログラムの企画と運営、学生を中心とした来訪者と担い手となる地域住民に常に満足を与えていく活動である。

註

1) 飯田の事例に関する記述は、主に 2008 年 8 月の現地取材、「地域いきいき観光まちづくり 100」（国土交通省 2006）HP: http://www.mlit.go.jp/sogoseisaku/region/kanko100（2012.4）、「観光カリスマ一覧」（観光庁 2011）HP: http://www.mlit.go.jp/kankocho/shisaku/jinzaicharisman（2012.4）、『地域いきいき観光事例集 2011』（観光庁 2011）などをもとにした。
2) ワーキングホリデーの記述は、ワーキングホリデー事務局の資料、HP: http://www.city.iida.lg.jp（2012.4）による。
3) ㈱南信州観光公社、2001 年開業。第 2 種旅行業登録、資本金 2,965 万円、第 3 セクター。体験型観光による旅の創造を提供・運営する旅行会社、従業員 8 名。HP:http://www.mstb.jp（2012.4）による。
4) 南信州観光公社の設立時のコンセプト。今日でも変わっていない。
5) 高橋允氏、首都圏の大手旅行会社の営業を経て、2000 年飯田観光協会職員として移住。2001 年公社設立とともに支配人に就任、2012 年現在代表取締役社長。
6) 松浦の事例に関する記述は、主に 2010 年 2 月の松浦党交流公社への郵送による取材資料、同公社 HP:http://www.honmono-taiken.jp（2012.4）、および『JTB 交流文化賞優秀賞受賞資料』（2008）、安田（2011a）などをもとにした。
7) 一般社団法人まつうら党交流公社、2009 年、松浦体験型旅行協議会と NPO 法人体験観光ネットワーク松浦党が統合して設立。基金 300 万円、2012 年現在従業員 10 名程度、営業内容は体験旅行商品の企画、受入、販売、担い手の指導など。
8) 食育とは、国民一人一人が、生涯を通じた健全な食生活の実現、食文化の継承、健康の確保等が図れるよう、自らの食について考える習慣や食に関する様々な知識と食を選択する判断力を楽しく身に付けるための学習等の取組みを指す。（食生活情報サービスセンター :http://www.e-shokuiku.com/）
9) まつうら党交流公社 HP: http://www.honmono-taiken.jp（2012.4）より、2010 年 12 月現在。

第11章
ワイン・酒ツーリズム

11.1 ワイン・酒ツーリズムのマーケティング

　酒蔵巡りを含めたワインツーリズム、すなわちワイン・酒ツーリズムは本調査結果でも明らかなように、まだ一般旅行者に定着している旅行スタイルにはなっていない。本格的なワインツーリズムは一部のマニア、愛好家がその中心であり、一般旅行者は旅行会社の企画するパッケージツアーが訪れる観光スポットとしての経験が多いようである。しかし、一般旅行者も本格的なワインツーリズムへの関心が高くなっていることが確認できた。また、生産地である地域においてもブドウ畑やワイナリーとその取り巻く環境、さらに、日本酒を生産し貯蔵する酒蔵を核として形成される街並みを観光資源にしてまちづくりに取り組む地域も着実に増加している。

　Product（食資源）は、ワインであり日本酒であり、それを生産貯蔵するワイナリーと酒蔵である。さらに、そのワインや日本酒に合う地元の料理であり、その周りに存在するブドウ畑であり、昔のたたずまいを残す街並みである。つまり、ワインも日本酒も、その土地を取り巻く全ての環境、風土、味わい、個性であるテロワールが食資源となっていると言える。

　Price（食の価格）については、試飲だけなのか、購入するのか、見学体験ツアーに参加するのか、ワインや日本酒に合う地元の料理を楽しむのか、などによって大きな差がある。Place（食の場）は、生産現場であるワイナリーや酒蔵で、それに付属する試飲場所、販売所、レストランや食事処である。Promotion（プロモーション）は、専門誌やインターネットにより、個別に行われている場合が多いが、徐々にまちぐるみでの活動が見られるようになってきている。

　「まち」は、ひとつのワイナリーや酒蔵ではなく、勝沼や長野県の塩尻のように複数の施設が散策圏内にある場合は、その範囲が「まち」となる。酒蔵の

場合は、灘五郷、伏見や広島県西条のよう複数の酒蔵によりひとつのまちが形成されている場合はそれが「まち」である。ワイナリーは一箇所でも、個性があり小さな「まち」をつくっていることもある。酒蔵も街並みの中で、その核となっているような場合はその街並みが「まち」になる。

　「ターゲット」は、マニアから一般旅行者へ、が最大のテーマとして各地域が取り組んでいる。「マーケター」は、個別での対応が多い。例えば、ワイナリーとワイナリーが離れているところが多く、それらを結ぶ交通機関が整備されていない。これらを解決するためには個別の対応では不可能である。「巡り」と掛け声だけかけても、道路標識や道路の整備がなければ始まらない。ワイナリー同士の連携が必要だが希薄な地域が多く、自治体や観光協会などとの協力体制がない地域もある。

　観光行政、観光協会、ワイン産業、そして、地域の農業者、住民と一体となっていけば、かならず大きなポジショニングをしめるツーリズムとなるはずである。酒蔵も同様にひとつの観光施設としての存在のままであるところも多い、今、観光資源として注目される街並みづくりの核としての存在感を示すことが重要であろう。

11.2 勝沼（山梨県）──ワインの聖地で始まる本格ワインツーリズム[1]

　山梨県内には、約80社のワイナリーがあり、そのうち約30社が甲州市勝沼地区に集積している。最寄りの駅は勝沼ぶどう郷駅で、観光シーズンには特急、急行が停車する。新宿から特別快速と各駅電車できても2時間ほどで到着する。中央高速バスを利用するのも便利で、多くのワイナリーが、勝沼バス停の徒歩圏内にある。マイカーで訪れる旅行者も少なくないが、いずれのワイナリーにおいてもドライバーの試飲はできない制度を作っている。

　週末やゴールデンウィーク、夏休みなどは、いずれのワイナリーにも旅行者が訪れ、試飲コーナーでワインの話を聞きながら試飲している姿が見られる。併設している、ワインに合う料理が用意されているレストランやカフェは、数時間待ちになっている有名店もある。ワイナリーとワイナリーは徒歩で移動が可能で、20〜30分の移動を繰り返し、お気に入りのワイナリーを4、5軒巡

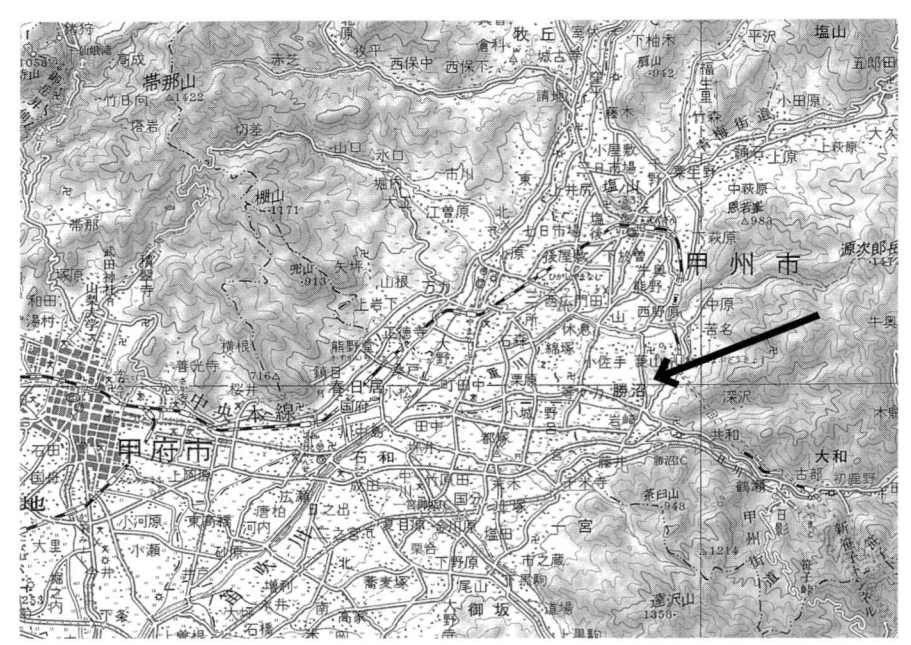

図11-1　勝沼町（山梨県甲州市）の位置図（国土地理院発行20万分の1地勢図「甲府」原寸、図上5cm＝10km）

り歩く旅行者も少なくない。ワインの仕込みに入る秋には芳しい新酒の香りがまちを包み、その年の初仕込みを祝ってワイン祭りがあちらこちらで開催されると、まち中が華やいだ雰囲気になり小さなまちが旅行者であふれる。

　ブドウ畑を見下ろす小高い丘の上にある町営「勝沼町ぶどうの丘」[2)]には、ワインカーヴ、ワインレストラン、ワインショップなとワイン関連施設の他、日帰り温泉設備、ホテルなども併設されている。ここでは、町内20数社のワイナリーのワイン、180銘柄以上が整然とストックされていて、試飲、購入ができる。

　勝沼は甲府盆地の東縁に位置していて寒暖の差が激しく、年間降水量1,000mm程度で、更に扇状地が広がっていて水はけもよく、気候と土地の両方がブドウの栽培に適していたため、江戸時代から盛んに甲州種ブドウの栽培が行われていた。勝沼のワインの歴史は1877年（明治10年）に大日本葡萄酒会社が設立され、2人の青年をワイン醸造技術の習得のためにフランスへ派遣したと

ころから始まる。2年後に帰国した2人によって甲州種を使った本格的なワイン生産が開始され、これが勝沼ワイン生産の始まりとなる。およそ135年の歴史になる。勝沼ワインとは山梨県甲州市の旧勝沼町地域で作られているワインのことで、全国のワイン生産量のうちおよそ25％のシェアを持つ。

写真11-1　勝沼のワイナリー

　メルシャン勝沼ワイナリー、山梨ワイン、マンズワイン勝沼ワイナリー、勝沼醸造、原茂ワインなど、歴史ある、大小様々な規模のワイナリーが点在している。ほとんどのワイナリーでは1年中、試飲、見学ができ、醸造家やオーナーによるガイドツアー、なかには直営レストランでオーナーとともに昼食をとるコースもある。ひとつひとつのワイナリーが、ワイン自体だけでなく、ワイナリーの建物、雰囲気、試飲のスタイル、併設するレストランやカフェ、見学ツアーのやり方など、個性を持っている。さらに、どのワイナリーにも市場に出回らない貴重なワインが用意されている。

　これらのワイナリーを巡っていくと、この勝沼のワインツーリズムの主体は、個々の個性あふれるワイナリーであると感じられる。日本を代表する大メーカーの大規模ワイナリーから、歴史はあり名ワインを生み出してはいるが、小さな家庭的なワイナリーまであり、それぞれが独自のワインツーリズムのスタイルをつくっているという側面もある。

　この勝沼のワイナリーとブドウ畑を背景に、2008年「ワインツーリズム山梨」が立ち上がり、ワインツーリズム普及の活動がスタートした。主導するのはブドウ農家でもワイン生産者でもない第三者である。様々な経歴と職業を持つメンバーがまちづくりを目標に、県や市の応援を受けながら取り組んでいる。主な活動は、産地散策イベント「ワインツーリズム」の開催、「ワインフェス」の開催、「ワインツーリズムを体感する旅」の企画実施、PR誌の発行、ワイン講座の運営などである。

写真11-2　勝沼ぶどうの丘ワインカーブ

　産地散策イベント「ワインツーリズム」は、参加者が甲州市内を網羅できる有料のワインツーリズム仕様の循環バスを利用して、ワイナリー巡りや地域の散策を楽しむというものだ。地元の酒屋の主人がガイドを務める別料金のオプショナルツアーもある。参加費用は一人2,000円で、オリジナルのガイドブックがもらえる。2008年、2009年にはそれぞれ2,000人が、また、2010年からは2日間になり3,000人が、2011年には3,500人が参加している[3]。

　レジャー産業（2010）によると、主催者は「旅行代理店がプランニングするようなお仕着せツアーではなく、参加者が思い思いに地域の文化や人、ワインに触れてもらうことが重要です。ワイナリーの方にも特に構えるのではなく、普段通りにもてなして下さい、とお願いしています」（レジャー産業 2010:43）と、ツアーのスタンスを明確にしている。このスタイルが本来のワインツーリズムであるとはいえないかもしれない。しかし、勝沼地区の大規模ワイナリーに多い、観光バスで乗りつけ、慌ただしく試飲し、お土産のワインを買ってまたバスに乗り込む、といったマスツーリズムの中でのワインツーリズムよりは、大きな一歩を踏み出した試みであることは確かである。このような新しい挑戦も、日本のワインツーリズムのメッカだからこそ生まれてきたものと考えられる。

　Product（食資源）は、勝沼で生産されたブドウからつくられた勝沼ワインと、それを生産貯蔵するワイナリーである。さらに、そのワインに合う地元の料理であり、その周りに存在するブドウ畑である。勝沼は「ぶどうとワインの町」であり、まち全体にそれを感じることができる。まさに、勝沼という風土、個性というテロワールが食資源となっていると言える。

　Price（食の価格）については、試飲だけなのか、購入するのか、見学体験ツアーに参加するのか、ワインに合う地元の料理を楽しむのか、などによって異なっ

てくる。Place（食の場）は、生産現場であるワイナリーと試飲場所、販売所、レストランや食事処である。Promotion（プロモーション）は、個々のワイナリーが専門誌やインターネットにより、個別に行っているケースが多いが、ワインツーリズム山梨の誕生により新たなプロモーション展開が試みられている。

「まち」は、個々のワイナリーに歴史と個性があり個別での取組みも感じられるが、30以上のワイナリーがまちに立地する勝沼地区である。「ターゲット」は、マニアから一般旅行者まで幅広い。アクセス的には首都圏が最大のターゲット市場だが、実際には全国各地から訪れている。「マーケター」は、旧勝沼町と個々のワイナリーであったが、近年はワインツーリズム山梨のような市民団体が登場している。これらが有機的に連携していくことができれば、さらに、新しいワインツーリズムの旅行者を誘引していくことができるであろう。合併により甲州市の一部になったが、行政の主体的な支援も必要であろう。

「まちの監査」は、旧勝沼町により行われていて、「ビジョンとゴール」は、合併以前は「ぶどうとワインと花のまち」[4]を掲げ、町民一体となり、ブドウやワインといった製品だけでなく、農村景観の保全と管理に取り組んできた。「戦略」、「アクションプラン」、「実行とコントロール」については、ワインツーリズムへの誘客と団体客や家族層など多くの旅行者を今日なお引き付けているブドウ狩りへの誘客という2本立ての戦略、アクションプランが実行されている。時代の変化の中で、勝沼はワインのイメージが濃くなってきている。

11.3 西条（広島県）——まち全体が動き出した酒蔵のある街並みづくり[5]

酒蔵巡りで、歴史があり全国区となり、多くの旅行者を集めているのは、日本の二大銘酒処と言われる兵庫県の灘と京都の伏見である。

灘は灘五郷と呼ばれ、兵庫県神戸市の東灘区、灘区と同県西宮市の大阪湾沿岸の、「灘の生一本」で知られる日本酒の生産地である。酒造りに適した上質の米（山田錦）と上質のミネラル水（宮水）、冬の寒さなどの酒造りに必要な要素と製品の水上輸送に便利な港があったことから、日本酒の名産地として栄えるようになった。幕末には江戸に水揚げされる6割が灘の酒であったと言われる。また、1995年の阪神淡路大震災で大打撃を受けたが現在でも生産規

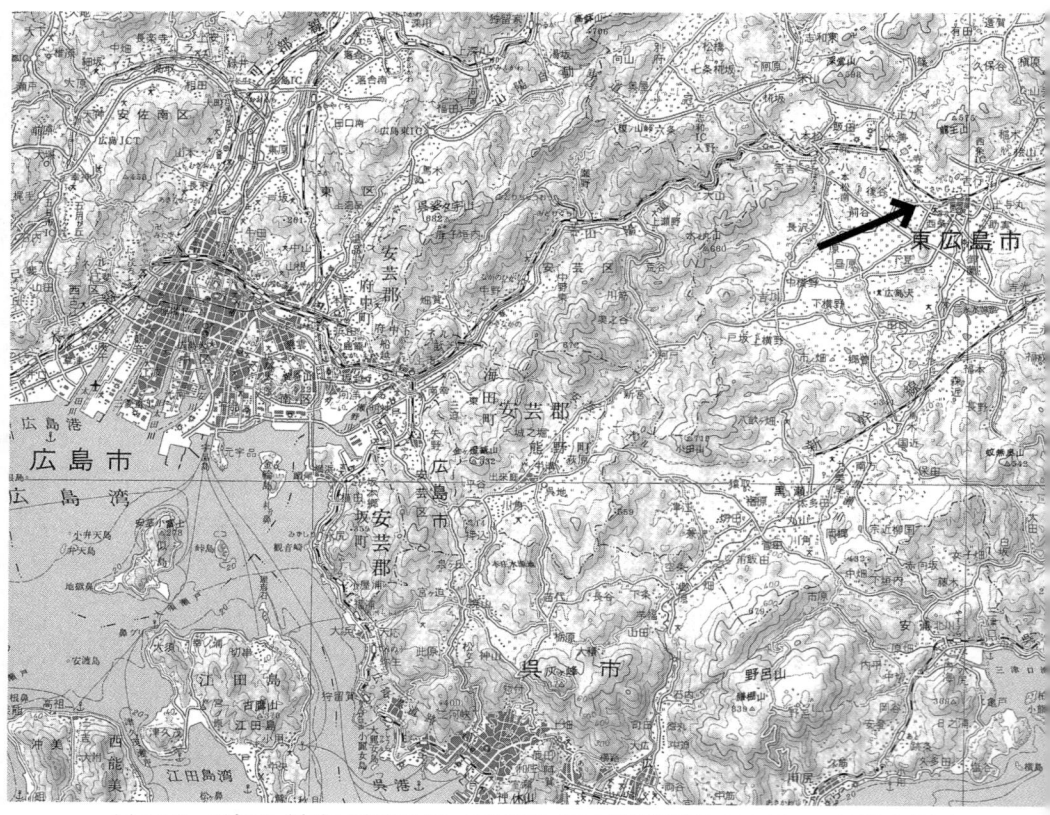

図 11-2　西条町（広島県東広島市）の位置図（国土地理院発行 20 万分の 1 地勢図「広島」75％縮小、図上 5cm = 13.3km）

模は日本の 30％程度を占めている。震災当時、50 社ほどあった蔵元は、中小蔵元の廃業などで、現在は 30 社ほどに減少したが、日本一の日本酒の生産地であり、酒蔵を核にした街並みづくりも進み、今日でも酒蔵巡りを楽しむ旅行者は多い[6]。

　京都の伏見は「伏水」と記されたように、良質の地下水に恵まれていたこと、京の底冷え、と言われる厳しい気候とによって、昔から酒造りが盛んであった。豊臣秀吉が築いた伏見城の外濠に酒蔵の多くが建てられ、今日まで残されている。20 以上の蔵元があり、月桂冠大倉記念館、黄桜記念館などの資料館もある。季節によっては、十石船に乗って、酒蔵、白壁の風景を楽しむことができ、多

写真 10-3　西条駅前屋台村酒蔵横丁

くの旅行者が酒の試飲と街並みを楽しみにやって来ている。

　灘、伏見に次ぐ酒蔵のまちは、広島県東広島市の西条である。西条は「酒都」とよばれ、かつての西国街道（旧山陽道）、今は駅前商店街の道筋に酒造会社8社15本のレンガ煙突が高さを競い合っている。中心となる賀茂鶴酒造をはじめとする、6社が集まる東側が「酒蔵通り」と呼ばれている。近年、この酒蔵を核としたまちづくりの効果により、酒蔵巡りをする旅行者で賑わっている。

　西条の酒は山陽道宿場町西条で380年前から醸造されていたが、大規模化したのは明治以降である。江戸時代に新たな酒造業者の参入を制限していた酒造株の廃止と鉄道の開通によるものだった。酒処として大きくなるには、良質な水、米と輸送手段である。江戸時代は海運中心のため港近くに集積したが、水と米のいい場所では内陸でも可能となったのである。また、呉海軍鎮守府の設置や日清戦争など軍用酒の需要をばねに酒都の骨格を整えた。吟醸酒の発祥の地が東広島であったことも、西条が酒の都として有名になった要因であると言われる[7]。

　西条は、2011年度の国土交通省の「手づくり郷土賞」において「酒蔵のあ

写真11-4　西条酒蔵通りにある井戸

る街並み」が大賞に輝いた。地域住民、酒造会社、商業者、行政がひとつとなり、まちの景観整備や酒に係わるイベント開催などを行い、酒蔵地区を活性化させた取組みが評価された。2002年に住民と酒造会社、行政で「酒蔵地区まちづくり協議会」が結成され、白壁やれんがの煙突、町家などの景観を生かそうと地道な活動を続けた成果であった。

　2005年からは市が散策道を、市観光協会は休憩所などとして活用する町家「くぐり門」を整備した。また、土日祝には、蔵元や商業者がそれぞれ工夫を凝らしたおもてなしをする「ようこそ醸華町西条」を実施した。酒蔵見学や吟醸酒の試飲、「観光ボランティアガイドの会」による酒蔵通りの案内、また、仕込みに使われる井戸水を街角で来訪者が試飲できるよう整備された。「酒蔵ふぁんくらぶ」による酒蔵通りライトアップ作戦も実施され、話題となった。さらに、酒蔵の雰囲気を楽しみながら酒が味わえる「酒蔵横丁」もつくられた。1990年から毎年開いている「酒まつり」は、当初の来場者約3万人から、約25万人が訪れるイベントへと成長した[8]。

　Product（食資源）は、歴史のある日本酒、その醸造場、貯蔵場である酒蔵とその集積である。Price（食の価格）については、高級な吟醸酒から一般的な日本酒まで様々で、価格差も大きい。Place（食の場）は、酒蔵とその酒蔵が集積する「酒蔵通り」である。Promotion（プロモーション）は、「酒まつり」イベントなど地道に行われている。

　「まち」は、西条の中心市街地、とくに旧西国街道の酒蔵の集まっている「酒蔵通り」である。「ターゲット」は、広島や関西圏の一般旅行者であり、全国区になってきている。「マーケター」は、行政、酒造会社、商業者、ボランティアガイド、市民団体、一般市民など多様メンバーで構成されている「酒蔵地区

まちづくり協議会」である。まちぐるみの取り組みが成果を挙げたと考えられる。「まちの監査」も協議会がきめ細かく行い、旅行者や地域住民に対するアンケート調査やワークショップなどを繰り返し行っている。

「ビジョンとゴール」は、「酒蔵のあるまち並み」である。「戦略」は、1999年に酒蔵地区整備を盛り込んだ「中心市街地活性化基本計画」にまとめられている。「アクションプラン」「実行とコントロール」も、協議会が中心となり、市民団体やボランティアにより実践されている。酒蔵コンサートや、マンホールデザインの全国公募など、話題性のある活動により、各種メディアに取り上げられた。

註

1) 勝沼の事例に関する記述は、主に2010年5月の現地での、複数のワイナリーでの試飲、試食、見学、購買、取材およひワインツーリズム山梨HP: http://www.yamanashiwine.com（2012.4)、ワイツーリズム勝沼ルートHP: http://ameblo.jp/wt-katsunuma（2012.4)、勝沼ワイナリークラブHP: http://kwc1987.com（2012.4)、石井（2009)、石井（2011)、レジャー産業（2010)、関（2007)、安田（2012d）などをもとにした。
2) 360度ブドウ畑に囲まれた町営施設。ワインカーヴ、ワインレストラン、ワインショップ、日帰り温泉設備、ホテルなども併設されていて、ワイン巡りの出発地にする旅行者も多い。
3) レジャー産業(2010)、およびワインツーリズム山梨への電話取材（2012年8月）による。
4) 旧勝沼町のスローガン。現在も各場面で使われているが「ぶどうとワインのまち」が多く見られる。
5) 西条の事例に関する記述は、主に2011年9月の現地、試飲、試食および賀茂鶴酒造、酒蔵通り、酒蔵地区まちづくり協議会の取材、資料、「地域いきいき観光まちづくり100」（国土交通省2006）HP: http://www.mlit.go.jp/sogoseisaku/region/kanko100（2012.4)、酒のまち西条HP: http://saijosake.com（2012.4）などによる。灘五郷は、2009年1月、伏見は2012年3月の取材などによる。
6) 灘五郷の震災後の記述は、大西（2005:402）などによる。
7) 酒のまち西条HP: http://saijosake.com（2012.4)、地酒蔵元会HP: http://www.kuramotokai.com（2012.4)、賀茂鶴酒造HP: http://www.kamotsuru.jp（2012.4)、などを参考にした。
8) 西条「酒蔵地区まちづくり協議会」資料などによる。

終　章

1. フードツーリズムとまちマーケティング

　第2部の事例研究で示したように、「大間マグロ」「喜多方ラーメン」「富士宮やきそば」「札幌ラーメン」「名古屋めし」「勝沼ワイン」など、地域名と観光資源となる食の名称がセットとなり、認知されているところが多数見られる。その他にも、「カニ王国城崎」[1]「フグの街下関」[2]「寿司の街小樽」[3]「フカヒレ日本一気仙沼」[4]「神戸ビーフ」[5]「かごしま黒豚」[6]「宇都宮餃子」[7]「よこすか海軍カレー」[8]「静岡おでん」[9]「佐世保バーガー」なども同様に全国区の知名度となっている。

　これらのフードツーリズムを活かした観光まちづくりにより、全国的な認知度と評価を得て、一定の期間持続的に、「地域の食」を目的とした入込観光客数を拡大、維持している地域を見ると、「まち」自体をひとつの商品として取り組みをした成果と思われるところが多い。

　まちマーケティングのプランニングプロセスを、第2部で提示した事例やその他の事例を含めて、事例と当てはめながら検証する。

　①まちのターゲットを決める。

　個人か団体か、男性か女性か、どんな年齢層か、どんな旅行形態かなどを設定する必要がある。新規の旅行者を増やすのか、リピーターを増やすのかなどもターゲティングの切り口となる。また、旅行者を誘致したい地域、すなわち誘致圏を設定することもポイントとなる。誘致圏とは、旅行者誘致の対象となる地域のことである。

　「多幸の島・福の島日間賀島」は、当初より名古屋圏を誘致圏として設定し、島へのアクセスとなる名鉄の鉄道、高速船（名鉄海上観光船）と提携し、フグづくし料理と宿泊、名鉄全線乗り放題のフリーきつぷ、高速船の乗船券をセッ

トにしたパッケージツアーを企画している。誘致圏を明確にしたことで、効率的な販促となり集客効果をあげた例である。「カニ王国城崎」も、関西圏の富裕層、熟年層などをターゲットとして知名度を上げ、今日では全国からの旅行者を呼ぶようになった。

　B級グルメのような廉価な観光資源の場合、まず周辺の地域、隣接県、属する地方の中核都市、首都圏というように徐々に誘致圏を広げていくのが手法となる。その代表格である「富士宮やきそば」も、当初は周辺地域からの集客を目指し、ユニークなイベントなどで全国への知名度を上げ、首都圏からの直行バスやパッケージツアーに結び付いた。

　全国的な知名度を有する高級料理であれば、首都圏、関西圏の富裕層を最初からターゲットにすることも考えられる。しかし、これにはある程度のプロモーション費用が必要となる。

　②まちのマーケターを決める。

　観光まちづくりの地域でのマーケターは、市町村の観光課などの行政と、観光協会、また地域観光の最大の担い手である旅館組合や温泉組合であった。しかし、フードツーリズムを活かした観光まちづくりにおいては、多様なマーケターが活動の中核として登場してきている。

　「カニ王国城崎」「フグの街下関」などは地域行政、観光協会がマーケターとなっている。「フカヒレ日本一気仙沼」「多幸の島・福の島日間賀島」などは、観光協会に加え漁業協同組合、加工業者などが対等な位置づけでマーケターとなり、つまり農商工連携でマーケティングが行われている。

　また、B級グルメのように個店ではプロモーションなどできない食においては、さらに様々な推進主体がある。「蔵とラーメンの街喜多方」「餃子の街宇都宮」「カレーの街よこすか」などは、いずれも行政主導で始まったが、今日では飲食業組合、製造業組合などから構成される民間団体、すなわち「蔵のまち喜多方老麺会」「宇都宮餃子会」「カレーの街よこすか推進委員会」がそれぞれマーケターとなっている。「伊那ローメン」[10]「駒ヶ根ソースかつ丼」[11]などは、「伊奈ローメンズクラブ」「駒ヶ根ソースかつ丼会」ともにその主体は商工会議所である。

　近年注目されるのが、その食や店舗と関係のない有志の市民が中心となった

市民団体による推進活動である。その代表事例が「富士宮やきそば」を全国区にした「富士宮やきそば学会」である。「讃岐うどん」[12]の「麺通団」、「静岡おでん」の「静岡おでんの会」なども、いわば当該食の応援団である民間団体である。さらに、農業協同組合、漁業協同組合も前面に出てきている。

フードツーリズムを活かした観光まちづくりの最大の特徴が、マーケターの多様性である。食による観光まちづくりには地域住民のその食に対する共感が不可欠である。いずれにしても、地域住民も巻き込みながら、まちのマーケターを確立することが重要である。

③まちの監査をする。

「餃子の街」として全国区になった宇都宮市は、1990年、市の職員研修会での研究発表において、まちおこしのキーワードを探していた市の職員の提案から観光まちづくりがスタートしている。職員が、市の強みや弱みを調べていく中で、総務庁統計局の『家計調査年報』において「餃子購入額」で同市が常に上位に挙がっていることに気付いたのである。まちの監査から、観光まちづくりに本格的に取り組んでいった事例であろう。

B級グルメでの観光まちづくりの代表格といわれる「富士宮やきそば」は、1999年に中心市街地活性化計画を策定するための市民ワークショップのメンバーが、富士宮における焼きそばの独自性、オリジナル性、提供店舗の集積に気付き、まちづくりがスタートする。ワークショップの終了後、有志が「富士宮やきそば学会」を設立し、ワークショップで進んでいたまちの調査に加え、焼きそばを提供する店の数などを半年間かけて綿密に調査している。

内子町も農産物の輸入自由化、担い手の高齢化、農産物価格の低迷など農業が閉塞的な状況を把握し、観光農業を目指し、農産物の独自の販路開拓のために、徹底的にまちを調査、分析し「フルーツパーク構想・基本計画」を提示し、「内子フレッシュパークからり」を生み出している。

④まちのビジョンとゴールを決める。

まちがどのような姿になりたいのか、つまり「まちのビジョン」を明確にすることである。喜多方の「蔵とラーメンのまち」、日間賀島の「多幸の島・福の島」、富浦の「道の駅とみうら枇杷倶楽部の産業と文化、情報の拠点化」、内子の「フルーツパーク構想」、松浦の「ほんもの体験日本一のまちづくり」、西条の「酒

蔵のあるまち並み」などのキャッチフレーズやスローガンは、まさに目に見えるビジョンと言える。これらは、マーケターの決意と覚悟を示した「まちのビジョンとゴール」であり「まちのアイデンティティ」でもある。

⑤まちの戦略をつくる。

フードツーリズムを活かした観光まちづくりにおいては、ひとつのプロジェクトに旅行者誘致だけでなく当該の食の販売、流通を視野に入れている地域が多く、戦略づくりは大変難しいものになる。特に、農商工連携による取り組みにその事例が多く、いわば二兎を追うマーケティング戦略を策定しなければならなくなる。

コトラー（1993）は、戦略形成において2つの疑問について考えないといけないと指摘している。すなわち、「その戦略をとれば成功することを約束する優位性をどのくらい持っているのか。その戦略を実行するにあたって必要となる資源をどれぐらい持っているのか」（Kotler 1993:101）である。地域の限られた資源である、ヒト・モノ・カネをどこに投資していくのか、この戦略形成が今後の鍵を握る。

「大間マグロ」の戦略は明確であった。映画、テレビドラマ、テレビドキュメント、テレビバラエティなどの舞台になるということを徹底して繰り返した。「日間賀島」も、島に水揚げされていたフグを食という観光資源にするために、島民を巻き込み、島内の宿、飲食店にハードルの高いフグ調理師の免許取得を進めた。他地域ではなかなか困難なことであったかもしれないが、結果ほとんどの宿、飲食店がフグ料理を扱えるようになった。さらに、鉄道会社との連携を模索し、パッケージツアーで旅行者を誘致するという戦略を示した。「富士宮やきそば」もリーダーである渡辺の個性により、ユニークなネーミングを冠するイベントや活動などの新しい話題を継続的にメディアへ発信するという戦略をとり成果を挙げた。

⑥まちのアクションプランをつくる。

戦略を実行するための具体的な活動計画を作ることである。前述の「大間マグロ」も「日間賀島」「富士宮やきそば」も、それぞれ戦略に沿ってきめ細かなアクションプランを立てたと思われる。製品対応、価格対応、流通対応、プロモーション対応である。この地域だけでなく、フードツーリズムを活かした

観光まちづくりに一定の成果を挙げた地域には、必ず個性的でアイデアが豊富な実行力のあるリーダーやスタッフが存在している。しかし、マーケティング感覚を持った優秀なトップリーダーやスタッフが必ずしもいるとは限らない。的確なアクションプランを作成するには知識だけではなく経験が必要となる。外部の専門家に知恵を借りる場面でもある。

⑦プランの実行とコントロール。

　フードツーリズムを活かした観光まちづくりにおける、コミュニケーション活動は、大企業が展開するテレビCMや新聞広告ということはほとんどない。チラシづくり、ポスターづくり、マップづくり、ノボリづくり、広報誌づくり、それらの配布、設置、さらにまちでのイベント開催、域外のイベントへの参加、旅行会社訪問など、どれも人間が係わる地道な活動になる。それをやり続けられる気力と熱意が必要となってくる。また、それをやりきる人材やサポートする組織が不可欠になる。

　「城崎」の「カニ王国」という長期イベントも、「大間マグロ」の年2回の「マグロ祭り」の開催も、「喜多方ラーメン」の「老麺マップ」の作成配布も、「富士宮やきそば」の「B級ご当地グルメの祭典！B-1グランプリ」開催の仕掛けも、「讃岐うどん」のユニークなガイドブックの出版も、「内子フレッシュパークからり」のポイントカードも、「西条」の「マンホールデザインの全国公募」も、そして「南信州観光公社」の首都圏への地道な学校セールスや旅行会社セールスも、すべてアクションプランの実行である。

　その活動の効果を測定し把握し、次への判断をするのがコントロールである。コミュニケーション活動の結果を冷静に、客観的に評価し、計画の見直しなどを行い、次のアクションへとつなげていく。来訪者満足度調査、旅行者アンケートなどの手法も活用する。同時に、実際に活動の中核にいる観光事業者や地域住民へのアンケートも重要な活動となる。

　このように、体系化、プロセス化されたコトラーの説くまちマーケティングの理念やプランニングプロセスは、実際のフードツーリズムを活かした観光まちづくりを進めている地域で、すでに活用されているものと考えられる。そして、まちマーケティングの理念や実践が多くの集客に効果を示している。

　第2部では、6類型のマーケティング分析、それぞれのフードツーリズムを

終章　217

表終-1　フードツーリズムの類型とその特徴

種類	キーワード	食資源(Product)	食の価格(Price)	食の場(Place)	プロモーション(Promotion)	まちの立地と範囲	マーケター	ターゲット	旅行商品	代表例
高級グルメツーリズム	美食 会席料理 フルコース	高級料理 高級食材	高―極高	旅館 ホテル 老舗料亭	旅行会社 鉄道会社 ガイドブック	観光地 温泉地	旅行会社 行政 観光協会	富裕層 熟年 シニア	パッケージツアー	金沢 下関 京都 城崎 松阪 伊勢志摩
庶民グルメツーリズム	安価 店舗集積 地産地消	郷土料理 B級グルメ	低	中心市街地の飲食店	店舗マップ 旅行雑誌 口コミ WEB	小都市の中心市街地	多種多様	若者 家族 ミドル	メディアバスツアー	高松 富士宮 喜多方 宇都宮 佐世保
マルチグルメツーリズム	多種類 多様性	大衆料理 高級料理	低―高	商業地域の飲食店	口コミ タウン誌 WEB	都市の商業地域	なし	オール 出張者 外国人	ほとんどない	札幌 名古屋 福岡 那覇
食購買ツーリズム	道の駅 産地直売所 朝市	農産物 海産物 加工品	低―高	販売所 市場	旅行雑誌 口コミ WEB	都市周辺の町村・港	農商工連携	熟年 シニア	メディアバスツアー	焼津 富浦 内子 勝浦
食体験ツーリズム	農業体験 漁業体験 観光農園	農業 漁業 酪農 加工体験	低―中	生産現場	旅行会社 WEB	農村地域 漁村地域	農商工連携	生徒 学生 家族	着地型旅行体験プログラム	安心院 飯田 松浦 田尻
ワイン・酒ツーリズム	巡り 試飲 環境	ワイン 酒 ワイナリー 酒蔵	低―高	生産現場 貯蔵現場 販売所	専門誌 口コミ	農村地域 小都市	企業 各種団体	マニア 若者 熟年	着地型旅行体験プログラム	池田 勝沼 灘 西条

筆者作成

　活かした観光まちづくりの成功事例、特徴的な事例となっている地域の事例研究を行った。同じ「地域の食」を観光資源とした観光まちづくりではあるが、マーケティング要素は大きく異なることが分かった。表終-1は、6類型のマーケティング的特徴を一表にしたものである。

　多くの事例の推進プロセスで、まちマーケティングのプランニングプロセスとの符合が認められた。それぞれ差異はあるものの、「まち」を商品と考え、確立された「マーケター」のもとで、「ターゲット」を明確にし、「ビジョン」を掲げ取り組んでいる。まちマーケティングの枠組みを活用することにより観

光まちづくりが進行し、集客に効果を挙げたと考えることができる。これからのフードツーリズムを活かした観光まちづくりにおいて、まちマーケティングの理念、手法は有用であると、多くの事例が示していると考えられる。

食という観光資源のマーケティング的な特性を理解し、持続性のある観光資源へと磨きあげ、まちマーケティング、すなわち、その食という観光資源を核に「まち」のイメージを形成し、その「まち」を消費者、旅行者に認知させるマーケティング活動を継続することにより、持続可能なフードツーリズムを活かした観光まちづくりは、確実に推進していくと考えられる。

2. 持続可能なフードツーリズムを活かした観光まちづくり

2.1 「地域の食」が持続可能な観光資源となる条件

第1部においては、本研究に必要な用語の定義し、フードツーリズムやフードツーリズムの類型に関する先行研究を分析、精査し、今日の日本の実態に整合したフードツーリズムの定義を提示した。さらに、フードツーリズムの歴史的な変遷とその拡大のメカニズムを考察した。その後、観光調査の中での「地域の食」を確認し、日本におけるフードツーリズムの存在とポジショニングを明示した。次に、筆者が実施したフードツーリズムに関する調査結果を分析し、その調査結果と先行研究、フィールドワークを踏まえて、フードツーリズムの類型化を試み、6類型を提示し、今日の日本のフードツーリズムが、ツーリズムの中で大きなポジショニングを占めていること、また多くのバリエーションがすでに存在していることを明示した。

第2部においては、第1部で明示した日本のフードツーリズムという観光現象を活かした「観光まちづくり」について、事例研究を通して論じた。まず、観光まちづくりに関する先行研究を分析、精査し、実態を把握するとともに定義した。次に、事例を分析するフレームワークとなる観光に係わるマーケティング論、すなわち観光マーケティング、観光地マーケティング、地域マーケティングを検証し、「まちマーケティング」によるアプローチを提示した。さらに、第1部で導かれたフードツーリズムの6類型を、事例研究を通して、まちマーケティングのプランニングプロセスにより分析し、フードツーリズムを活か

た観光まちづくりにおける、まちマーケティングの有用性を示した。

このように、「地域の食」が旅行者を誘引する観光資源となり、その観光資源を利活用することにより、すなわちフードツーリズムを活かすことにより、観光まちづくりが可能であることを論じてきた。既存の観光資源に恵まれない地域でも、そこに人間が生き続けている限り地域固有の食や食文化は必ず存在している。言葉訛りや生活習慣などと同様に、多かれ少なかれ地域にはその地域独自の食材や調理法、食べ方、そして料理がある。どんな地域にも、必ず郷土料理があり、地域で生産された食材による高級料理や、創作料理、庶民食、家庭料理などが、様々なカタチで脈々と続いているはずである。しかし、それらの「地域の食」が、他の地域とちょっと違うと言うだけで、すべてが食の観光資源になるかと言えばそうではない。本調査で上位に挙がった都市や観光地、事例の中で取り上げてきた都市や観光地の食を見ると、そこには共通した背景や事象が見られる。

「地域の食」が観光資源になる条件は、本調査や多くの地域でのフィールドワーク、そして本研究の成果から、次の5つに整理される。

①美味で安全な食

わざわざ旅行をしてまで食べに行く食であることから、まずは「美味しい」ことが、絶対条件である。しかし、美味には個人差がある。フードツーリズムに必ず登場する、日本人が贅沢な食と考えるカニにしても、実際に嫌いな人もいるし、食べられない人もいる。一度は高級料亭で食べてみたい京懐石にしても、そんな堅苦しい席では美味しさが分からない、という人もいる。何割の人が、美味しいと認めたら「美味しい食」となるのか、という基準はない。食の味覚は嗜好であるので、自分自身が美味しいと思ったものが、美味しい食となるという考えが正しいのだが、100人いて、ひとりだけが美味しいと言っても、それは多くの旅行者を呼ぶ観光資源にはなりえない。やはり、「大多数」の人が美味しいと感じることが条件となる。

美味しさを左右するものとして心理的要素が大きな影響力を持っている。その因子としては、食事場所の雰囲気、清潔感、景観や料理の量、形、色、臭い、料理選択の自由性、食器の形、色彩、統一感、食品に対するイメージ、接客のサービス、一緒に食べる人、そもそも値段、そのお金を払う人などがある。美

味しさを決定づけるのは、この心理的要素の方が大きいと言われている。それゆえに、わざわざ旅に出て本場で食べるのが美味しいのである。

　もう一つの、絶対条件は安全である。食に係わる大きな事件、事故が多発し、原発による放射能問題を抱える、今日の日本の地域にとって、それを口に入れる旅行者にとっては極めて重大な問題となっている。衛生管理はもちろんのことであるが、賞味期限や農薬使用の有無、公式認定機関への登録の情報開示など実際の取組みにより100％の安全を確保することが重要だが、安心と感じる要素は、やはり心理的要素が大きく影響する。確実に安全で、大多数の人が安心と感じられることが条件となる。

　②**地域固有な食**

　日本一美味しいものがあれば、それがベストである。しかし、それを客観的に決めることは難しい。ナンバーワンでなくても、オンリーワン、つまりそこだけでしか食べられない食であればいいであろう。他の地域には無い食材、調理方法、食事場所、食事方法などで、明確に差別化されたものであればいい。実際にそこでしか食べられない食というのは、流通の発達した日本においては、もはやあり得ないかもしれない。しかし、本調査の上位や事例に登場した食は、地域固有の食と考えていい。

　例えば、カニやフグ、マグロは日本各地で獲れ、本調査で挙がった都市・観光地において決して固有の食材とは言えない。しかし、越前ガニというブランドガニの本場は間違いなく越前であり、フグの集積地として、また専門料理店の多さでは下関の右に出る地域は無いだろう。一本釣りという方法で天然のマグロが大量に水揚げされる地も大間だけで、これらは固有の地域と言っていいであろう。

　ブランド牛の生産は各地で行われているが、厳格な品質管理などを背景にもつ松阪牛も地域固有の存在と言えよう。秋田のきりたんぽや山形の芋煮などの郷土料理もその地域にしかない固有な食といえよう。讃岐うどんも広島のお好み焼き、喜多方ラーメン、富士宮やきそばも他地域のものとは一線を画す地域固有の庶民の味と言えるだろう。それらには、味や見た目だけでない、明確な差別性が存在している。その差別性が、地域固有な食となると解釈していいであろう。

③地域住民が共感する食

　以前は地域住民が見たことも食べたこともない地元の名物があった。もちろん、そんな食が観光資源になる筈はない。地元の人が今は口にしない、美味しいと思っていないから客に勧めないという有名な郷土料理も存在する。また、地元の食材を使ったとはいえ、地域住民が見向きもしないひとりよがりの創作地元グルメをアピールしているところもある。そんな食が遠くから訪れる旅行者を満足させる観光資源になることない。

　「地域の食」が観光資源になるためのに欠かすことのできない条件が、住民が好んで食べていること、美味しいと共感していること、そしてその食や食文化を地域住民が誇りとしていることである。

　讃岐うどんは香川の人々が昔から普通に食べている庶民の食事であり、美味しいと思い、香川の食文化として誇りに感じている。だからこそ訪れた旅行者にも食べてもらいたいと思っているのである。喜多方のラーメンも同様である。喜多方はラーメン店人口密度割合日本一であることに気付き、ラーメンを観光資源化していった。実際にラーメン店は多く、住民はみなラーメン好きで、朝からラーメンを食べる「朝ラー」の習慣すらある。この住民の自慢のラーメンを多くの旅行者に食べてもらおうと思ったのである。農業体験や漁業体験も、その土地で営まれている食を生みだす農業や漁業が地域の誇りであることから始まっている。

④物語性のある食

　食や食文化を観光資源にするには、その料理や食材、調理方法などに物語性が必要である。目に見えない物語、歴史、由来、伝説、ストーリー、蘊蓄などである。それらは旅行者にとってのもうひとつの味であり、満足度を高めるスパイスとなる。多種多様と言われてはいるものの、類似した食材、料理の多い日本の食においては欠かせない差別化のポイントである。

　京都の懐石料理は茶道の世界から生まれたもので、そこにはおもてなしという気持ちが体系化されている。金沢の加賀会席料理も大陸からの食文化、北前船で運ばれてくる全国からの物品、豊かな地元の食材、前田利家の百万石の力など長い歴史の中で作られてきた。下関のフグも、伊藤博文が下関を訪問した際に、割烹料亭の春帆楼でフグを食べ、その味に感嘆し、フグ食が解禁された

ことから始まった。近年のB級グルメにも物語がある。佐世保バーガーはアメリカ海軍のレシピから生まれ、マクドナルドが日本に上陸するはるか前より郷土食になった。横須賀のよこすか海軍カレーも日本の旧海軍のレシピから再現したものである。

⑤持続性のある食

観光資源はそのもの自体が、あるいはその価値が持続していかなくてはならない。一過性で終わってしまうブームのような食は観光資源とは言えない。つまり、消滅しないもの、流行でないもの、保護出来ることが求められる。

特に「地域の食」はこのリスクをはらんでいる。食が脆弱な観光資源であると言われる所以でもある。たとえば、急に収穫や水揚げか激減してしまった、狂牛病や鳥インフルエンザなどにより食材が供給できなくなってしまった、料理人の後継者がいなくなってしまった、大量生産し味が落ちてしまった、中心となる食事処が閉鎖してしまった、集団食中毒を出してしまった、などリスクは無限にある。他の観光資源以上に持続性を意識しなくてはならないし、持続させる仕組みづくりを構築していく必要がある。実際、フードツーリズムを活かした観光まちづくりで、持続的な評価を得ている地域では、食のブランド管理、認定制度、定期的セミナー、メニューの拡大など、様々な取組みが行われている。

2.2 「地域の食」という観光資源の保護・管理

「地域の食」が観光資源となる条件のひとつに、「持続性のある食」を提示した。最も困難な条件ではあるが、今、フードツーリズムを活かした観光まちづくりで評価を得ている地域はこれに真正面に取り組み、成果を挙げている。どんな観光資源も必ず消耗していく。それは、日本の観光をリードする観光資源である自然景観でも、歴史文化遺産でも、街並みでも、同じである。どんな観光資源でも、保護、管理、あるいは進化させなければ、持続可能な観光まちづくりにはならない。

山や海、そこの生態系を含めた自然、これは地域の、そして日本の貴重な観光資源である。これら自然の保護や管理は一地域だけで困難なことも多いが、乱開発の規制や環境保全条例の制定などにより、自然破壊を食い止めることが

可能である。しかし、観光は地域外からの旅行者を入れることが前提になり、人間が自然の中に入っていくことは、結果自然を消耗させることになる。

たとえば、観光資源である湿地帯に木道を作り、そこを歩き自然を楽しんでもらう。マングローブ林を守るためにモーターボートでの観光をやめ、リバーカヤックでの川登りで自然に触れてもらう。自然が残る島の入島人数を制限する、など様々な工夫やルールをつくることによって、自然や生態系への負荷を最小限にしていく試みが各地で行われている。このような、自然環境を保全し、かつ、観光業としても成立させ、さらに地域振興へ結び付けようというのが、エコツーリズムの理念[13]だが、この考え方は、他の観光資源を活用したまちづくりでも通用するだろう。

歴史文化遺産にしても多くの旅行者の接触により、消耗していく。保護し、メンテナンスしていくための、法律[14]やルールが作られている。再現した古い街並みも、そのなかに鉄筋のビルが出現してしまっては、価値はなくなってしまう。これに対してもまちづくり条例[15]や地域独自のルールづくりが行われている。

食という観光資源は、それらの旧来型の観光資源に比較すると極めて脆弱である。継続的、安定的に旅行者に提供できるかというと、多くの地域では盤石とは言い切れないであろう。将来的な価値が確実に保証されている食や観光地が数少ないのが現実である。持続可能でなければ、それを観光資源とは呼べない。つまり、食という観光資源を保護し、育成し、ブランド化することが大切である。そして、ブランド管理する仕組みをつくり、旅行者との約束を守り続けることが、最大の課題なのである。

その課題解決のためには、推進組織を強化し、そこに係わる人材を育て、地域一体となる地域住民参加の仕組みも継続し続けなければならない。地域行政、地域産業、旅行会社、運輸機関、マスコミなどとの連携をさらに強化しなくてはならないし、周辺観光地との広域観光連携も視野に入れていかなければならないであろう。

持続可能な観光資源にするためには様々な取り組みがされている。地域団体商標登録の活用もそのひとつで、特産品だけでなく、フードツーリズムとしての観光資源にも適用される可能性は高い。地域団体商標登録制度とは「地

域の名称及び商品、役務の名称等からなる商標について、一定の範囲で周知となった場合には、事業協同組合等の団体による地域団体商標の登録を認める制度」[16]で、「大間マグロ」も「越前ガニ」、「松阪牛」などもこの制度によって守られている。食の空間としては「横濱中華街」、「鴨川納涼床」なども登録されている。また、まちづくり条例などのルールづくりも有効であろう。地域行政、観光協会あるいは同業者組合などによる、自主規制や認定ルールなども食にとっては、大切な管理手法となる。

　食は食材にしても料理にしても、認定制度はなじみやすく、ブランドを守り、旅行者の信頼を形成していくのには極めて効果が高い。神戸ビーフは、単に神戸のレストランで出される牛肉ではない。神戸ビーフの定義は、1983年神戸肉流通推進協議会が発足したときに制定されている。その定義は、①兵庫県産（但馬牛）で、②県内の食肉処理場に出荷され、③ランクが「A・B各5」と「A・B各4の一部」と認定された処女牛または去勢牛、となっている。この定義に当てはまる牛肉には「菊の判」が押され、販売、取り扱うレストランなどには「神戸肉之証」が交付され、ブロンズ像が与えられている[17]。神戸ビーフのステーキ専門店には、店内に必ずブロンズ像が置いてある。安心と美味しさの証である。

　B級グルメに分類される、佐世保の佐世保バーガーもブランドの保護と、信用力を維持、そしてなによりも一過性のブームではなく本物の名物料理として定着させるために、認定委員会による認定制度をつくっている。認定を申請する資格のある者はハンバーガーの製造を行う事業者などで、原則として佐世保市内に主たる事業所を有していることを要件としている。「佐世保バーガー」を「手作りでこだわりのあるメイドイン佐世保のハンバーガー」と定義づけ、この定義を基本に、①コンセプト、②独自性・主体性、③信頼性、④地産地消、⑤将来性の5つの観点から「佐世保バーガー店認定基準」を定めている。認定されると、佐世保バーガーマップへの掲載、「佐世保バーガー認定証」が交付される。認定証は認定された各店舗に設置され、旅行者へ信頼と安心を提供している[18]。

　認定制度だけではなく、食を守り続けることができる様々な仕組みを地域一体となり、その地域に合った、その地域らしい手法を考えて、実践し続けてい

かなければ、フードツーリズムを活かした観光まちづくりは完結しないと言える。

また、食という観光資源のリニューアル、拡張などの進化も、「地域の食」を持続させていく方法となる場合があるる。例えば、イカで有名な呼子における画期的な「イカの活き造り」[19]、氷見における、以前より高級食材として評価されていた寒ブリによる「ブリしゃぶ」[20]、淡路牛と玉ねぎで有名な淡路島での「淡路島牛丼」[21]の開発などである。これらは、食のカタチを進化させ、以前より名物とされてきたものの評価を向上させ、持続性を高めた事例である。

観光資源の価値を判断するのは旅行者である。定期的来訪者満足度調査、旅行者アンケート、誘致圏市場調査、旅行者招待、旅行者イベントなどにより、旅行者の最新の行動や意向を知ることが重要である。また、旅行者だけでなく地域住民への情報発信とコミュニケーション活動の継続も、「地域の食」という観光資源を守る大事なマーケティング活動である。「地域の食」という観光資源の特性を理解し、保護、管理、進化などの活動を通し持続性のある観光資源へと磨きあげ、まちマーケティング活動を継続することにより、持続可能なフードツーリズムを活かした観光まちづくりは、確実に推進していくと考えられる。

2.3 フードツーリズムを活かした観光まちづくりのメリット

フードツーリズムを活かした観光まちづくりの、他のモノやコトを観光資源にしたまちづくりと比較しての地域のメリットは、次のようにまとめられる。

①ターゲットが広い。

目的型の企画旅行や観光資源を特定化したまちづくりにおいての最大の弱点は、目的を明確にすればするほど、また、観光資源を特定なものにすればするほど、ターゲットが狭くなることである。本調査でも、フードツーリズムの意向度には性別による差や、年齢層による違いも見受けられたが、全体を見ると、「地域の食」は基本的には老若男女、オールターゲットに訴求できる数少ない旅行素材であり、観光資源であると言える。

②旅行形態を選ばない。

旅行には様々な旅行形態がある。大きく分けて団体旅行と個人旅行があるが、

「地域の食」はともに大きな要素となりうる。とくに個人旅行のテーマとしては欠かすことができなくなってきている。夫婦旅行、家族旅行、友達同士とのグループ旅行に最適である。家族の美味しいそうな顔を見るのは幸せなひと時であり、旅の友との料理を囲んでの語らいは人生の喜びである。食を求めてのひとり旅もよい。これら観光旅行だけでなく、ビジネス旅行においても「地域の食」は選択のできる旅行の要素となる。

③消費単価を増やす。

その土地でしか食べられない地域固有の食材や料理、珍しい食べ物などは旅行の付加価値となり、旅行者もそれ相応の対価を払うことを受容することが確認できた。日頃口にしない高級食材や高級料理、高級料亭などでの会席料理など旅先だからこその贅沢を多くの人は経験している。また、美味しい料理にはその土地の酒やワインが付きものである。美味しいものは土産として購入することもある。地域内での消費単価を自然と増やすのがフードツーリズムである。

④オフシーズンを解消する。

旅行業界や観光業界の最も大きな課題はオフシーズン対策である。多くの食は季節や天候に左右されない安定性がある。基本的には食事は屋内で行われ、多くの食材は安定供給され、年間通して旅行者を楽しませることができる。観光資源の多くは屋外のもので、季節や天候に左右され、寒い時期や悪天候ではその価値が低下するが、食は極めて優秀な安定感のある観光資源と言える。

一方で日本の食は季節性が高い。とくに、カニやフグなどの魚介類や野菜、果物には旬があり、特定期間に限定されているものがある。日本人が嗜好するそれら季節性の高い食材の旬は、一般観光がオフシーズンになる冬であることが多い。実際、冬が旬のカニやフグ、アンコウ、寒ブリなどが旅行のオフシーズンを解消していると言える。

⑤メディアの話題に取り上げられやすい。

テレビ、雑誌などのメディアに最も取り上げられている話題は、「旅」と「グルメ」である。テレビの情報番組や旅番組、雑誌の特集では欠かすことのできない、旬の素材となっている。しかも、取材を通し、臨場感あふれる写真や映像は消費者の理解を得られやすい。また、記者やレポーター、実際の旅行者などのインタビューにより、旅心がくすぐられる。

⑥**リピーターと口コミを促進する。**

　リピーターを増やすことは観光まちづくりにとって最大の課題である。そのためには、来訪した旅行者の満足度を高めるほかに方法はない。旅行自体の満足度は、特別なトラブルがない限り総じて高いものである。食は人間の本能を刺激するものであり、満足度を大きく上げる可能性を持っている。しかも、名所、旧跡は一度見ればいいが、美味しいものは何度でも食べに行きたい、という人は多い。また、満足した美味しい食は旅行後の口の端にのぼる。今日、最も重要なプロモーションとなる口コミである。食の口コミは相手を選ばない最高の土産話である。ブログやSNSなどの普及も大きな役割を果たしている。

⑦**地域住民の共感が得られやすい。**

　地域住民の共感を得られないモノやコトは観光資源にはなりえない。地域に根付き、地域住民が普通に食べてきた食であれば、地域住民の共感は得られやすい。新たにつくられた観光施設などには、必ず反感を抱く地域住民の存在があるが、本当の「地域の食」であれば、それに対し否定的になる地域住民は少ない。なぜなら、それは地域の誇りであるからであり、地域外からの訪れた客人に食事を振舞う時に、必ず地域自慢の食材や料理を加える感覚と似ている。

⑧**農水産業、食品加工業、商店会などと連携できる。**

　観光によるまちづくりを推進すると、観光にかかわる産業や住民は喜ぶが、それ以外の産業や一般住民にとっては何の利益もなく、逆に迷惑になるという話もよく聞かれる。地域の観光振興には、たしかにそのような側面をもつのも事実である。しかし、食を観光資源にすることにより、地域の農業や漁業、食品加工業、さらに一般飲食店、商店街などを巻き込み、地域の一体感を醸成することができる。ほとんどの地域住民は、何らかの形でこれらに従事している人達と係わりをもっている。フードツーリズムの基本は、地産地消であり、これは地域の経済と地域の人々の結束を高める効果がある。

⑨**大きな投資が要らない。**

　「地域の食」を観光資源とすることは、決して容易なことではないが、新たな観光施設などをつくることと比較すると、大きな投資にはならないと言える。新たな神社仏閣などの歴史文化遺産をつくることはできないが、美術館や動物園、テーマパーク、スキー場、街並みなどの観光資源をつくることができる。

しかし、大きな投資と期間が必要である。今存在する「地域の食」を観光資源というカタチにすることができれば、ハードの観光資源による観光まちづくりよりはるかに少ない投資で済むであろう。

このように、フードツーリズムを活かした観光まちづくりの地域にとってのメリットは大きい。なによりも、これから観光まちづくりに着手しようと考えている地域においても、成功の可能性がある、ということが最大のメリットかもしれない。

このように優位性のあるフードツーリズムを活かした観光まちづくりであるが、第2部で取り上げた事例の地域においても、それぞれ固有の課題を抱えている。実際、2008年のリーマンショックによる世界的な経済不況、2011年の東日本大震災以降、旅行者の入込人数や消費額が低迷、減少している地域も決して少なくない。日本全体の問題である、少子高齢化、人口減少、そして地域間の過当競争など、地域自らが解決できない課題もある。いずれにしても、限られたパイの奪い合いが、観光まちづくりの現実である。

2.4 フードツーリズムを活かした観光まちづくりの課題

最後に、フードツーリズムを活かした観光まちづくりの課題を整理する。これらの課題に正面から取り組み続けることが、持続可能なフードツーリズムを活かした観光まちづくりに求められていることである。

①食という観光資源の保護、管理の問題。

食という観光資源が、脆弱なものであることは再三指摘した。その観光資源としての食を保護、管理するいくつかの事例についても言及したが、食の水準を維持、進化させ持続可能な観光まちづくりをするためには、知恵と工夫と、関係者の不断の努力が必要となる。

②滞在時間の問題。

地域への誘客は、交流人口の拡大だけではなく、交流時間も拡大していかなくては、地域経済への貢献は小さなものになる。特に、庶民グルメツーリズム、食購買ツーリズムは日帰り旅行になるケースが多い。地域によっては、地域内や周辺に宿泊施設がないところもある。まず体験型や、回遊型などにして滞在時間を延ばす、さらに宿泊を伴う旅行へ誘導していくことが課題となる。

③観光と物産との連携の問題。

「地域の食」のほとんどは観光資源であり、同時に流通に乗って消費地に行く物産である場合が多い。「まち」のブランド化によっての相乗効果も大きいが、この二つが有機的に連動していないと、逆効果になる場合もある。また、限られた地域の資源であるヒト、モノ、カネの配分も課題となる。

④観光まちづくりに係わる他の活動との整合性の問題。

地域の観光行政を中心に様々な観光まちづくりが行われている。往々にして、行政は総花的な観光政策を掲げて、地域内にバラマキ的な施策を実施していることが多い。その中で、独立した組織をつくり、フードツーリズムを活かした観光まちづくりを推進するためには、他の活動との整合性が必要である。しっかりしたポジショニングをつくり、連携していくことが大切だが、極めて困難な課題でもある。

⑤まち間の過当競争の問題。

参入が容易に見られることから、今、日本の各地でフードツーリズムを活かした観光まちづくりの取組みが行われている。例えば、どのまちに行っても、B級グルメ、ご当地グルメが存在し、まちの入口には産地直売所が立ち並び、農家は観光農園の看板を立てている。粗製乱造の観光まちづくりである。しかし、多くの旅行を経験し、膨大な口コミ情報を共有している旅行者の目や味覚は厳しいものとなっている。「ほんもの」しか、生き残ることはできない。淘汰の時代が始まっている。それを乗り越える「まち」のパワーが大きな課題となって来る。

⑥訪日外国人旅行者の受け入れ問題。

日本の少子高齢化、人口減少を考えると、地域は訪日外国人旅行者の受け入れ準備を整えることが大きな課題となってくる。本稿では、インバウンドについては、あまり言及してこなかったが、訪日外国人旅行者が、「日本の食事」を期待していることは明示した。リピーターは徐々に、地域へと足を伸ばしている。インフォメーションセンターの整備、まちや食事場所での多言語表示、宿泊施設、二次交通の対応など、進めていく必要がある。

⑦人材育成の問題。

課題を解決するためには、明確なマーケターの組織、推進主体の確立が重要

である。そして、組織には、強力なトップリーダーとともに有能なスタッフが必要である。しかし、フードツーリズムを活かした観光まちづくりの場合、その担い手が多様であるのが特徴であり、それが大きな推進力になることもあるが、一方で、食については精通していても観光とは縁のなかった人達の集まりとなり、旅行者のニーズを十分に吸収できないケースも出てきている。どの観光まちづくりでも同じ課題を抱えているが、「地域の食」と観光をともに知る人材を確保、育てることが、持続可能なフードツーリズムを活かした観光まちづくりを実現するための最大の課題と言わざるを得ない。

3. フードツーリズムから始まる観光イノベーション

　フードツーリズムを活かした観光まちづくりは、日本の観光業界にイノベーションを起こしたと考えられる。戦後、レジャーとしての観光が、経済成長を続けた日本に定着した頃から、フードツーリズムは浸透、普及して行った。そして、様々なバリエーションを生み出し、既存の観光、ツーリズムの枠組みを越え、日本のツーリズム、観光業界に新たなスタイルと考え方を提示してきたと考えられる。

　第1は、商品となる観光資源のイノベーションである。観光資源とは、普遍的な価値のある、自然景観であり、歴史文化遺産であり、温泉がその中心であった。地域でしか味わうことのできない高級料理や郷土料理は早くからその一角に加わりグルメツアーをつくってきたが、それは、自然景観、歴史文化遺産、温泉同様に居住地の日常では味わうことのできない「特別なモノ」であった。

　しかし、フードツーリズムは進化し、日本全国どこでも食べられそうな、ラーメンや焼きそば、餃子などの廉価な庶民食までが観光資源となった。新鮮とはいえ、近所のスーパーで手に入れることができる野菜や魚介類の買物もその対象になり、農業や漁業という生産過程までが観光資源となった。これらもすべて「地域の食」であり、決して「特別なモノ」ではない。フードツーリズムは、「特別なモノ」でなくても観光資源となるという、観光の歴史と常識を大きく変えた観光現象となった。

　第2は、ターゲット、つまり客体のイノベーションである。ターゲットは

どこかに旅行をしたいと考えている消費者である。フードツーリズムの種類によってターゲットは異なる。これは、他のツーリズムと基本的には同様である。フードツーリズムを活かした観光まちづくりの成功事例をみると、観光目的の幅広い一般旅行者をターゲットとしているだけでなく、ビジネス領域の旅行者もターゲットになったことである。

　もう一つは地域住民もそのターゲットになったことである。インターナルブランディング[22]が、地域内において、イベントやセミナー、広報誌などにより、地域住民に対してきめ細かく行われているケースが多い。つまり、当初より地域住民をターゲット、客体としているからである。地域住民はこの活動に共感する。そのことにより、地域住民は主体の一部となり、域外の旅行者に対し是非来訪してほしいという気持ちと来訪者へのおもてなしの心が生まれている。

　第3は、マーケター、つまり推進主体のイノベーションである。戦後、日本の観光を牽引してきたのは、間違いなく旅行会社である。当初は企業の職場旅行を手配斡旋し、その後、パッケージツアーを企画造成し、大量の旅行者を全国各地の観光地に送客してきた。観光交通の担い手であった、鉄道会社や航空会社も販売政策やキャンペーン、強大な宣伝力によって大観光地を生み出してきた。地域での推進主体は、地域行政の観光課や観光協会、地域観光の担い手である旅館組合や温泉組合など、地域の観光事業に携わる人々だった。

　フードツーリズムの拡張により、その主体が拡大していった。庶民グルメツーリズムにおいては、商工会議所、青年会議所、飲食業者組合、同業者組合、商店会、さらに、その食や店舗と関係のない有志の市民が中心となった市民団体やNPOが観光の表舞台に出てきた。食購買ツーリズムや食体験ツーリズムにおいては、今まで観光事業とは距離を置いていた農業者、漁業者、食品加工業者などが前面で活躍しはじめた。

　フードツーリズムを活かした観光まちづくりにおいては、地域の人々の多くがいつの間にか、観光を牽引する主体となってきている。これは、他のツーリズムではおよそ考えられない現象である。地域観光を担う主役が変わってきたのである。これがフードツーリズムの起こした最大の観光イノベーションである。

　第4は、マーケティング手法のイノベーションである。地域の観光まちづ

くりにおけるマーケティングは、もともと積極的ではなく、発地の旅行会社などに依存してきた。また、マーケティングの対象は当該の観光スポット、観光施設であった。つまり、その施設に出来るだけ多くの旅行者を呼び、満足度を高めることにより再来訪を促すことが、基本的なマーケティングの考え方であった。

「地域の食」を観光資源とした場合は、特定な観光施設への誘致という考え方が、困難であった。そこで、今日、成功事例といわれる地域においては、「まち」を商品と考え、「まち＋食」をマーケティングの対象として取り組んだ。すなわち、まちマーケティングの理念の実践であった。また、そのプロモーション手段となったのが、その時代に影響力を持つメディアと口コミであった。この流れは、他のツーリズムでも援用ができ、観光まちづくりにおいて欠かせない手法となっていくものと思う。このマーケティングのイノベーションを牽引したのがフードツーリズムを活かした観光まちづくりである。

本稿においては、テーマである「フードツーリズム」と「フードツーリズムを活かした観光まちづくり」に関する考察をするため、「フードツーリズム」に係わる先行研究をサーベイし、歴史的な変遷も辿り、消費者調査の分析により、「フードツーリズム」の存在とそのバリエーションを確認した。また、その研究成果やフィールドワークを踏まえて、6類型を提示した。それは、今日の日本のフードツーリズムを網羅したものであると確信している。

そして、「フードツーリズムを活かした観光まちづくり」を考察する枠組みとして、観光マーケティングの変遷を辿りながら、「まち」を商品として市場に売り込んでいく「まちマーケティング」の理念と手法を提示した。さらに、6類型の代表的な事例を、まちマーケティングの視線から分析を試みた。多くの事例でまちマーケティングのプランニングプロセスとの符合が認められた。まちマーケティングが、フードツーリズムを活かした観光まちづくりの推進において有用であることを明示した。

また、フードツーリズムを活かした観光まちづくりのメリットを明確にするとともに、課題も明らかにした。その課題の解決策がこれからの研究テーマになる。フードツーリズムを活かした観光まちづくりは、実は日本の観光業界に大きなイノベーションを起こした新たな観光現象であることも最後に論じた。

終 章　　233

　本研究のプロセスや成果が、まだ十分に研究の進んでいない日本のフードツーリズムやフードツーリズムを活かした観光まちづくりの研究のなかで、実証的な知見の蓄積となったならば嬉しい。そして、観光まちづくりに取り組む多くのまちの担い手、実践者や、新しいビジネスモデルを模索する旅行会社、観光事業者の少しでも役に立てば喜びである。また、地域の宝である食の価値が再認識され、地域住民参加の観光まちづくり推進の手がかりになれば幸いである。

註

1) 兵庫県の城崎温泉、11～3月は「カニ王国」のイベントが実施、松葉カニを食べに来る旅行者で賑わう。
2) 山口県下関市、日本で水揚げされる8割を占めるフグの集積地。ブク料理を出す有名割烹旅館、料亭、料理店が市内に数多くあり、旅行者を呼んでいる。
3) 北海道小樽市、新鮮な魚介類が豊富、特に寿司は全国的に有名、寿司屋通りは旅行者の人気スポットとなっている。
4) 宮城県気仙沼市、フカヒレ生産日本一のまち、市内でフカヒレ寿司、フカヒレ丼、フカヒレラーメンなど新しいフカヒレ料理が食べることができる。2011年東日本大震災で被災、復興が待たれる。
5) 兵庫県で生産された但馬牛からとれる最上級のブランド牛肉。日本三大和牛の1つ。
6) 鹿児島県内で飼育された純粋バークシャー種のブランド豚肉。市内に専門料理店が多くある。
7) 栃木県宇都宮市、餃子の街として全国区に、市内に約200軒の餃子を食べられる店がある。
8) 神奈川県横須賀市、旧海軍のレシピからよこすか海軍カレーが誕生、基地の街のイメージを一新。
9) 静岡県静岡市、古くから伝わる地元のおでんを静岡おでんと名付け、まちづくりに活用している。
10) 長野県伊那地方特有な、マトンとキャベツ、ニンニクなどをいれた麺料理。市内に20数店舗がある。
11) 長野県駒ケ根市、地域に根付いていたソースかつ丼によりまちづくりに取り組んでいる。
12) 香川県特産のうどん、県内に1,000軒以上のうどん店、旅行者の讃岐うどん巡りが定着している。

13) 自然・歴史・文化など地域固有の資源を生かした観光を成立させること。観光によってそれらの資源が損なわれることがないよう、適切な管理に基づく保護・保全をはかること。地域資源の健全な存続による地域経済への波及効果が実現すること、つまり、資源の保護＋観光業の成立＋地域振興の融合をめざす観光の考え方である。（日本エコツーリズム協会の定義）
14) 文化財保護法、古都保存法などがある。
15) 重要伝統的建造物群保存地区の指定など、市町村が条例化している。
16) 特許庁による商標制度、2005年より導入され、地域ブランドとも呼ばれる。
17) 神戸肉流通推進協議会の認定基準より。
18) 佐世保バーガー認定委員会（佐世保観光コンベンション協会）の認定基準より。
19) イカは刺身としては出されても、活き造りは無理であったが、呼子において。40年ほど前、流通業者と飲食店経営者の画期的なアイデアによって誕生し、多くの旅行者を呼ぶようになった。安田（2010b）に詳しい。
20) 氷見の寒ブリはもともと有名高級食材であったが、薄切りにしてしゃぶしゃぶのようにして食べる「ブリしゃぶ」を開発し、一世を風靡し、新しい名物となった。安田（2010b）に詳しい。
21) 特産の淡路牛、玉ねぎ、淡路米により創作、島内50店舗以上で食べることができる。
22) 企業ブランディングでは、自社のブランドに対する認識や理解を社内に啓蒙する取り組みのこと。

参考文献

Aaker, D. A.（1991）Managing Brand Equity , Free Press.（陶山計介・尾崎久仁博・中田善啓・小林哲訳 1994『ブランド・エクイティ戦略』ダイヤモンド社）

Carlsen Jack（2007）'Global Wine Tourism' Research, Management And Marketing, C a B Intl. Charters, S. and Ali-Knight, J.（2002）Who is the Wine Tourist? Tourism Management, USA, Erica, C. and Giovanni P.（2010）Food and Wine Tourism: Integrating Food, Travel and Territory, C a B Intl, UK.

Hall, C. M., Sharples, L., Mitchell, R., Macionis, N. and Cambourne, B.（2003）Food tourism around the world, Butterworth-Heinemann, Oxford, UK.

Hall, C. Michael（1992）Hallmark Tourism Events, Jon Wiley & Sons, ltd, UK.（須田直之訳 1996『イベント観光学』新山社）

Hall,C. Michael（2000）'Wine tourism in New Zealand', Wine Tourism Around the World Development, management and markets Oxford, Elsevier Science. pp150-176

Hall,C. Michael and Mitchell, R.（2001）'Wine and Food Tourism', In N. Douglas, N. Douglas & R. Derrett（Eds.）, Special Interest Tourism, Wiley, USA .p10

Hjalager, A.-M. and Richards, G.（2002）Tourism and Gastronomy, Routledge, UK.

Keller, K.L.（2000）Strategic Brand Management, Pearson Prentice Hall.（恩蔵直人・亀井昭宏訳 2000『戦略的ブランド・マネージメントグ』東急エージェンシー）

Kirshenblatt-Gimblett, B.（2004）'Foreword', In L. M. Long（Ed.）, Culinary Tourism, Lexington, The University Press of Kentucky, USA. p?-xiv

Kolb, Bonita, M.（2006）Tourism Marketing for Cities and Towns, Butterworth Heinemann, USA.（近藤勝直訳 2006『都市観光のマーケティング』多賀出版）

Kotler, P.（1991）Strategic Marketing for Nonprofit Organizations, Prentice Hall.（井関利明訳 1991『非営利組織のマーケティング戦略』第一法規出版）

Kotler, P., Haider D., Rain I.（1993）Marketing Places, Free Press, USA.（前田正子・井関俊幸・千野博訳 1996『地域のマーケティング』東洋経済新報社）

Kotler, P., and Armstrong, G.（1999）Marketing An Introduction, Prentice Hall.（恩蔵直人監修 1999『コトラーのマーケティング入門』ピアソン・エデュケーション）

Kotler, P.（2000）Marketing Management, The Millennium Edition, Prentice Hall,（恩蔵直人訳　2001『マーケティング・マネージメント・ミレニアム版』ピアソン・エデュケーション）

Kotler, P., Bowen, J. and Makens, J.（2003）Marketing for Hospitality and Tourism,

Third Edition ,Prentice Hall.（白井義男監修2003『ホスピタリティ＆ツーリズム・マーケティング第3版』ピアソン・エデュケーション）

Les Lumsdon（1992）Marketing for Tourism, Palgrave Macmillan.（奥本勝彦訳2004『観光のマーケティング』多賀出版）

Long, L.（1998）'Culinary Tourism' A Folkloristic Perspective on Eating and Otherness. Southern Folklore, USA. pp181-184

Long, L.（2003）Culinary Tourism, University Press of Kentucky, exington, USA.

M.Thea Sinclair and Mike Stabler（1997）The Economics of Tourism, Routledge.（小沢健市訳2001『観光の経済学』学文社）

Mak, James（2003）Tourism and the Economy: Understanding the Economics of Tourism, Univ of Hawaii Pr.（瀧口治・藤井大司郎訳2005『観光経済学入門』日本評論社）

Moutinho, L.and Witt, S,F.（1989）Tourism Marketing and Management Handbook, Prentice Hall、

Porter, Michael E.（1998）On Competition, Harvard Business School Pr.（竹内弘高訳1999『競争戦略論Ⅱ』ダイヤモンド社）

Savarin, Brillat（1826）Physiologie du Goût, ou Méditations de Gastronomie Transcendante; ouvrage théorique, historique et á l'ordre du jour, dédié aux Gastronomes parisiens, par un Professeur, membre de plusieurs sociétés littéraires et savants.（関根秀雄他訳1967『美味礼讃』岩波文庫）

Shortridge, B.（2004）Ethnic Heritage Food in Lindsborg, Kansas, and New Glarus,Wisconsin, In L. Long（Ed.）, Culinary Tourism, Lexington,The University Press of Kentucky, USA. pp268-269

Telfer, D. J.（2001）Strategic Alliances along the Niagara Wine Route, Tourism Management, USA, pp20-30

Urry, John（1990）The Tourist Gaze, Sage Pubns.（加太宏邦訳1995『観光のまなざし』法政大学出版局）

Winemakers' Federation of Australia（1998）'National Wine Tourism Strategy Adelaide' WFA.

Zelinsky, W.（1985）The Roving Palate: North America's Ethnic Restaurant Cuisine, Geoforum, USA. Pp51-72

愛知和夫・盛山正仁（2008）『エコツーリズム推進法の解説』ぎょうせい

アジア太平洋観光交流センター（2001）『観光まちづくりガイドブック』APTE

浅川芳裕（2010）『日本は世界5位の農業大国』講談社

阿部孤柳（2006）『日本料理の真髄』講談社

飯田芳也（2012）『観光文化学』古今書院

五十嵐幸子（2009）『秘訣は官民一体 ひと皿200円の町おこし』小学館101新書

井口貢（2008）『観光学の扉』学芸出版社

石井もと子（2009）『日本版「ワインツーリズム」のすすめ』講談社
石井もと子（2011）『日本のワイナリーに行こう！』イカロス出版
石原武政・石井淳蔵（1992）『街づくりのマーケティング』日本経済新聞社
石森秀三（2001a）「21世紀における自律的観光の可能性」『国立民族学博物館調査報告』23号、国立民族学博物館　pp.6-14
石森秀三（2001b）「内発的観光と自律的観光」『国立民族学博物館調査報告』21号、国立民族学博物館　pp5-19
石森秀三（2002）「21世紀は「自律的観光」の時代」『科学』7月号　岩波書店　pp703-709
一個人編集部（2006）『築地＆全国市場の歩き方』KKベストセラーズ
一個人編集部（2008）『大人のラーメン大賞』KKベストセラーズ
内田純一（2010）「観光地のブランディング」『観光まちづくりのマーケティング』学芸出版社、pp67-68
梅川智也（2009）「観光からまちづくりへ」『観光まちづくり』学芸出版社　p73
尾家健生・金井萬造（2008）『これでわかる！着地型観光』学芸出版社
尾家健生（2010a）「ニューツーリズムと地域の観光産業」『大阪観光大学紀要』開学10周年記念号　pp25-37
尾家健生（2010b）「観光資源と観光アトラクション」『大阪観光大学紀要』第9号　pp11-19
尾家健生（2010c）「フード・ツーリズムについての考察」『観光＆ツーリズム』第15号　pp23-34
尾家健生（2011a）「泉州地域のフード・ツーリズムによる観光開発」『大阪観光大学紀要』第11号　pp17-27
尾家健生（2011b）「場所と味覚—フード・ツーリズム研究へのアプローチ」『観光＆ツーリズム』第16号　pp24-32
大久保あかね（2009）「観光史日本（1）」『観光学の基礎』原書房、pp159-164
大森信治郎（2009）「観光者の来訪動機と「食」に関する調査研究（I）」『日本観光研究学会第24回全国大会論文集』　pp197-200
大西一嘉（2005）「震災10年目の灘清酒地区の復興過程」『日本建築学会近畿支部研究報告書』pp401-404
岡村祐・野原卓・西村幸夫（2009）「我が国における「観光まちづくり」の歴史的展開」『観光科学研究』2　pp21-30
岡本伸之（1995）『観光辞典』日本観光協会
岡本伸之（2001）『観光学入門』有斐閣アルマ
岡本伸之（2009）「観光研究の諸側面とその構造」『観光学の基礎』原書房　pp59-80
ガウントナー・ジョン（Gauntner John）（2005）「サケ・ツーリズム」『酒文化』4月号　酒文化研究所

小野員裕（2008）『全国ご当地ラーメンうんちく紀行』講談社
海津ゆりえ（2007）『日本エコツアー・ガイドブック』岩波書店
角本伸晃（2009）「B級ご当地グルメの経済分析」『社会とマネージメント』Vol.7 椙山女子学園大学　pp87-101
片山富弘（2005）「マネジリアル・マーケティングの観光への展開」『流通科学研究』4、pp13-35
神崎宣武（2002）『旅と食』ドレス出版
神崎宣武（2004）『江戸の旅文化』岩波書店
樺沢紫苑（2004）『北海道スープカレー読本』亜璃西社
北岡正三（2011）『物語食の文化』中公新書
橘川武郎・篠崎恵美子（2010）『地域再生あなたが主役だ』日本経済評論社
岐部武他（2006）『やさしい国際観光』国際観光サービスセンター
熊谷真菜（2007）『「粉もん」庶民の食文化』朝日新書
熊倉功夫（2007）『日本料理の歴史』吉川弘文館
栗栖祐子（2011）「日本のグリーン・ツーリズム研究の動向と今後の方向性」『林業経済研究』Vol.57　pp37-48
経済産業省・中小企業庁・中小企業基盤整備機構（2010）『農商工連携ガイドブック』
経済産業省・中小企業庁・中小企業基盤整備機構（2010）『農商工連携等事業計画認定事例集』
国土交通省・観光庁（2011）『観光白書』
後久博（2009）『農商工連携による「新地域おこし」のススメ』ぎょうせい
越川靖子（2008）「地域活性化とブランドンに関する一考察」『明大商学論叢』第90巻
小松原尚（2007）『地域からみる観光学』大学教育出版
佐々木一成（2008）『観光振興と魅力あるまちづくり』学芸出版社
佐藤郁夫（1999）「北海道観光史」『産研論集』22
佐藤俊雄（1998）『マーケティング地理学』同文舘出版
敷田麻実・森重昌之（2003a）「オープンソースによる自律的観光」『国立民族学博物館調査報告』61号、国立民族学博物館、pp243-261
敷田麻実・森重昌之（2003b）「エコシステムマネジメントにおけるエコツーリズムの管理と役割」『野生動物保護』野生動物保護学会　pp79-88
敷田麻実（2008）『地域からのエコツーリズム』学芸出版社
島川崇・新井秀之・宮崎裕二・森下晶美（2008）『観光マーケティング入門』同友館
嶋口充輝（2009）『マーケティング科学の方法論』白桃書房
清水聰（2006）『戦略的消費者行動論』千倉書房
鈴木勝（2007）「食文化を活用した国際ツーリズム振興」『大阪観光大学紀要』第7号　pp15-23
鈴木勝（2008）『観光立国ニッポン事始め』NCコミュニケーションズ

須田寛（1999）『観光の新分野　観光産業』交通新聞社
関川靖・山田ゆかり・吉田洋（2010）「地域ブランドにおけるフードビジネスの役割」『名古屋文理大学紀要』10号　pp115-126
関満博・及川孝信（2006）『地域ブランドと産業振興』新評論
関満博・遠山浩（2007）『「食」の地域ブランド戦略』新評論
関満博（2007）『新「地域」ブランド戦略』日経広告研究所
関満博・古川一郎（2008a）『「B級グルメ」の地域ブランド戦略』新評論
関満博・古川一郎（2008b）『中小都市の「B級グルメ」戦略』新評論
関満博・古川一郎（2009a）『「ご当地ラーメン」の地域ブランド戦略』新評論
関満博・松永子（2009b）『農商工連携の地域ブランド戦略』新評論
全国商工会連合会（2010）『地域資源∞全国展開プロジェクトガイドブック』
総合観光学会（2010）『観光まちづくりと地域資源活用』同文舘出版
十代田朗（2010）『観光まちづくりのマーケティング』学芸出版社
田尾和俊（2002）『麺通団』西日本出版
田沢竜次（1985）『東京グルメ通信・B級グルメの逆襲』主婦と生活社
丹治朋子（2008）「観光産業」『観光実務ハンドブック』丸善　p584-586
田中章雄（2008）『事例で学ぶ！地域ブランドの成功法則33』光文社
田中満（2007）『人気爆発・農産物直売所』ごま書房
田中洋（2008）『消費者行動論体系』中央経済社
玉村豊男（2008）『里山ビジネス』集英社新書
田村秀（2008）『B級グルメが地方を救う』集英社新書
地域活性化センター（2006）『地域ブランド・マネジメントの現状と課題』地域活性化センター
茶谷幸治（2008）『まち歩きが観光を変える』学芸出版社
中小企業基盤整備機構（2005）『地域ブランドマニュアル』中小企業基盤整備機構
辻幸恵他（2010）『地域ブランドと広告』嵯峨野書院
寺内光宏（2003）「ワイン消費ブームと地域産業―山梨県勝沼町を事例として」『生活経済学研究』第18号　pp163-178
寺前秀一（2006）『観光政策・制度入門』ぎょうせい
寺前秀一（2009）『観光政策論』原書房
東北産業活性化センター（2009）『農商工連携のビジネスモデル』日本地域社会研究所
都甲康至（2009）「食の地域ブランド・デザイン」『デザイン学研究特集号』pp2-5
戸所隆（2010）『日常空間を活かした観光まちづくり』古今書院
内藤信浩（2009）「ワイン・ツーリズムの可能性の示唆」『S&E総合研究所』pp1-31
永井昇（2000）『観光交通論』内外出版
中嶋聞多・木亦千尋（2009）「「食」を活かした地域ブランド構築モデルの検討」『地域ブランド研究』5　pp31-51

永野周志（2006）『よくわかる地域ブランド』ぎょうせい
西脇隆二（1996）「観光マーケティングの研究」『北星論集』第33巻　pp205-377
西村幸夫（2009）『観光まちづくり―まち自慢からはじまる地域マネジメント』学芸出版社
日本観光協会（2008）『観光実務ハンドブック』丸善
日本観光協会（2010）『観光の実態と志向』
日本交通公社（1882）『日本交通公社七十年史』
日本交通公社観光文化事業部（2011）『旅行者動向2011』
日本商工会議所（2010）『feel NIPPON 新しい食、旅、そして技』
日本生産性本部（2011）『レジャー白書』
日本政府観光局（2011）『訪日外客訪問地調査』
日本旅行（2006）『日本旅行百年史』
額賀信（2008）『地域観光戦略』日刊工業新聞社
博報堂ブランドコンサルティング（200）『ブランドマーケティング』日本能率協会マネジメントセンター
博報堂地ブランドプロジェクト（2006）『地ブランド』弘文堂
長谷政弘（1996）『観光マーケティング―理論と実際』同文舘出版
羽田耕治（2000）「観光地マーケティングの基本と実戦応用」『地域政策研究』第11号　pp12-19
羽田耕治（2008）『地域振興と観光ビジネス』JTB能力開発
濱本純（2008）『ナパヴァレーのワイン休日』樹立社
原直行（2005）「日本におけるグリーン・ツーリズムの現状」『香川大学経済学部研究年報』45　pp93-132
原直行（2007）「讃岐うどんとフード・ツーリズム」『香川大学経済論叢』80　pp143166
原田誠司（2009）「ポーター・クラスター論について」『長岡大学研究論叢』第7号　pp21-42
早川幸雄（2010）「地域ブランドのマーケティング」『城西短期大学研究紀要』27巻　pp65-75
林実（1973）「観光地」『観光辞典』日本交通公社　p56
疋田正博（2002）「グルメ情報とグルメ紀行」『旅と食』ドメス出版　pp202-204
平田真幸（2006）『国際観光マーケティングの理論と実践』国際観光サービスセンター
ひょっとこプロダクション（2006）『認定！全国ご当地グルメＧＰ』ＩＮＦＡＳパブリケーションズ
福島徹（2009）『食の理想と現実』幻冬舎メディアコンサルティング
藤田武弘（2009）「地域食材の優位性を活かした滞在型グリーン・ツーリズムの課題」『観光学』和歌山大学、pp237-262
二村宏志（2008）『地域ブランド戦略ハンドブック』ぎょうせい

古池嘉和（2011）『地域の産業・文化と観光まちづくり』学芸出版社
堀野正人（2006）「都市観光の概念に関する一考察」『奈良県立大学研究季報』第16巻　pp37-44
真板昭夫・比田井和子・高梨洋一郎（2010）『宝探しから持続可能な地域づくりへ』学芸出版社
真板昭夫・石森秀三・海津ゆりえ（2011）『エコツーリズムを学ぶ人のために』世界思想社
前田博（2008）「観光資源調査」『観光実務ハンドブック』丸善　p434-443
前田勇（2010）『現代観光総論』学文社
増淵敏之（2010）『欲望の音楽―「趣味」の産業化プロセス』法政大学出版局
松谷真紀（2010）「近年における観光資源としての「食」の重要性の変化に関する分析」『和歌山大学観光学部紀要観光学』3　pp23-30
松本玲奈・瀬田史彦・大西隆・城所哲夫（2002）「地域開発戦略における地域マーケティング手法の理論的展開についての一考察」『都市計画別冊都市計画論文集』日本都市計画学会　pp1093-1098
溝尾良隆（2003）『観光学』古今書院
溝尾良隆（2007）『観光まちづくり現場からの報告』原書房
溝尾良隆（2007）『地域におけるインバウンド観光マーケティング戦略』総合研究開発機構
溝尾良隆（2008）「観光資源論―観光対象と資源分類に関する研究」『城西国際大学紀要』16　pp1-12
溝尾良隆（2009）『観光学の基礎』原書房
三ツ木丈浩（2011）「日本におけるデスティネーション・マーケティング戦略について」『埼玉女子短期大学紀要』第24号　pp21-36
宮本常一（1975）『旅と観光（宮本常一著作集18）』未来社
武藤八重子（2000）「食生活の機能」『食生活論』朝倉書店　pp1-4
宗田好史（2009）『創造都市のための観光振興』学芸出版社
村上喜郁（2010）「ご当地グルメの競争優位構築に関する予備的考察」『大阪観光大学紀要』開学10周年記念号　pp155-166
村上喜郁（2011）「B級ご当地グルメ市場の特性に関する一考察」『大阪観光大学紀要』11号　pp85-92
村山研一（2007）「地域ブランド戦略と地域ブランド政策」『地域ブランド研究』第3号、地域ブランド研究会　pp1-25
室井鉄衛（1983）『エリア・マーケティング』中央経済社
室井鉄衛（1985）『行動空間へのマーケティング』誠文堂新光社
森信之（2006）「地域振興とメカニズムと計画」『大阪観光大学紀要』第8号　pp47-63
森田武志（2010）「食文化を背景とした地域ブランドの形成と観光資源としての活用

―札幌スープカレーを事例として―」北海道大学修士論文
安島博幸（2009）『観光まちづくりのエンジニアリング』学芸出版社
安田亘宏（2007a）『長旅時代―ロングツーリズムの実態と展望』教育評論社
安田亘宏（2007b）『食旅入門―フードツーリズムの実態と展望』教育評論社
安田亘宏（2008a）『犬旅元年―ペットツーリズムの実態と展望』教育評論社
安田亘宏（2008b）『祭旅市場―イベントツーリズムの実態と展望』教育評論社
安田亘宏（2009a）『旅人の本音』彩流社
安田亘宏（2009b）『島旅宣言―アイランドツーリズムの実態と展望』教育評論社
安田亘宏（2010a）『鉄旅研究―レールウェイツーリズムの実態と展望』教育評論社
安田亘宏（2010b）『食旅と観光まちづくり』学芸出版社
安田亘宏（2011a）『食旅と農商工連携のまちづくり』学芸出版社
安田亘宏（2011b）「日本の食旅の可能性」『観光とまちづくり』2011新年号　日本観光協会、pp21-23
安田亘宏（2011c）「B級グルメとツーリズムによる地域ブランド形成プロセスの考察」『地域活性研究 Vol.2』地域活性学会　pp185-194
安田亘宏（2011d）「日本の新しいフードツーリズムの可能性」『西武文理大学サービス経営学部研究紀要第18号』pp3-11
安田亘宏（2012a）「大都市におけるフードツーリズムの考察―札幌市を事例として―」『地域活性研究 Vol.3』地域活性学会　pp297-306
安田亘宏（2012b）「日本のフードツーリズムの変遷についての考察」『日本国際観光学会論文集第19号』日本国際観光学会　pp103-109
安田亘宏（2012c）「フードツーリズムと観光まちづくりの地域マーケティングによる考察」『地域イノベーション Vol.4』法政大学地域研究センター　pp23-33
安田亘宏（2012d）「日本のワインツーリズムに関する一考察」『西武文理大学サービス経営学部研究紀要第20号』pp3-14
八隅蘆菴（2009）桜井正信訳『現代訳旅行用心集』八坂書房
安村克己（2006）『観光まちづくりの力学』学文社
矢吹雄平（2010）『地域マーケティング論』有斐閣
山下範久（2009）『ワインで考えるグローバリゼーション』NTT出版
山田耕生（2008）「日本の農山村地域における農村観光の変遷に関する一考察」『共栄大学研究論集』第6号　pp13-25
山田雄一（2010）「観光地マーケティング」『観光まちづくりのマーケティング』学芸出版社、p34-41
山本健兒（2005）『産業集積の経済地理学』法政大学出版局
山本久義（2008）『ルーラル・マーケティング戦略論』同文舘出版
吉村弘（2005）「都市観光の魅力とその要因」『山口経済学雑誌』第53巻　pp649-672
米田清則（1996）『実践エリア・マーケティング』日本経済新聞社

米田清則（1999）『エリア・マーケティングの実際』日本経済新聞社
レジャー産業（2010）「ワインツーリズム山梨」『月刊レジャー産業』6月号 綜合ユニコム pp42-44
渡辺英彦（2007）『ヤ・キ・ソ・バ・イ・ブ・ル』静新新書
和田充夫他（2009）『地域ブランド・マネージメント』有斐閣

おわりに

　食事の時、どんな食べ物が出てきても、「頂きます」と「ご馳走様でした」と感謝の念をもって声に出すのは日本だけの風習と言われている。これはこれからも永遠に続いてほしい素晴らしい習慣である。しかし、美味しい食と不味い食があるのも、魅力的な食とそうでない食があるのも事実であり、食べるのならやはり美味しい食のほうがいい。

　美味しい食事はどんなものかと問われれば、家族そろって食べる家庭の手づくりの食が一番であると答えたい。決して嘘ではなく家庭の味が一番嬉しい。とはいえ、たまには外食したいし、もっと遠くに本場の食を食べに行きたい、その地でしか味わえない旬の料理を満喫してみたいと思うことは、今日、決して贅沢なことではない。

　「地域の食」が、立派な観光資源に成長し、多くのまちが自慢の食材や料理を用意し旅行者を待ち構えてくれている。それは、決して空腹を満たすためだけの食ではなく、五感を満足させてくれる食であり、地域そのものを知り、感じることができる食である。旅行者は、溢れる旬の情報を基に、その「地域の食」を求めて旅をする。その旅に何回も出かけてくれるといい。

　フードツーリズムだけに興味を持つ必要もない。今日の旅行者特性は、十人十色ではなく、一人十色と言われている。文化遺産を巡りや自然景観を楽しむ旅に出かけた同じ人が、高級グルメツアーに参加し、B級グルメの旅に出かけ、週末には新鮮な食材の買い出しドライブも楽しむ。いろいろな旅にプラスして、多くのバリエーションを持つフードツーリズムを気軽に楽しんでもらえると一番いい。少子高齢化や人口減少などにより低迷する国内旅行を活性化し、地域を元気にする大きな要素となるからである。

　本稿では、国内旅行と地域の活性化を意識し論を展開してきたが、日本の食や食文化は国際観光の中でも大きな観光資源として注目されている。インバウ

ンド拡大の極めて大きな要素と期待されている。近年、「日本食ブーム」は米国や欧州などの先進諸国にとどまらず、アジア諸国にも広がっている。ヘルシーなだけでなく、美味しくて見た目も美しいく、多くのバリエーションがあることが評価されている。実際、海外の日本食レストラン店舗数は、全世界で25,000店から30,000店（農林水産省2006）と推計されている。

「日本食文化を、無形文化遺産に」をキャッチフレーズに日本食をユネスコの無形文化遺産として登録する動きが活発化している。日本の食文化の、多様で豊富な旬の食材や食品、栄養バランスの取れた食事構成、食事と年中行事との密接な結びつきなどといった特徴が海外から高い評価を受けているという。世界では、フランス美食術、地中海料理、メキシコ、トルコの伝統料理がすでに登録されている。日本食の世界無形文化遺産登録が海外の人々が日本を訪れるきっかけとなったらとても嬉しいことである。

もうひとつの日本の食である日本酒を観光資源ととらえた「酒蔵ツーリズム」も、インバウンドの拡大促進に活用しようという動きが始まっている。人気の高い日本食との相乗効果により、外客誘致が加速されることを期待したい。実際、もうすでに「訪日外国人観光客が訪日前に期待したこと」（『JNTO訪日外客訪問地調査』日本政府観光局2011）の1位は「食事」である。

本稿の食に関する調査において、「地域の食」という観点から、東京をその対象としなかったが、東京は国内においても、世界においても美食都市だと言われている。「The world's best cities for foodies（グルメな人にとって最高の都市）」（豪新聞『The Sydney Morning Herald』2011.11.9）によると、他の都市を大きく引き離し、東京がトップであった。ミシュランに掲載された三つ星レストランの数も世界最多で、寿司、天ぷら、すき焼き、そば、ラーメンから居酒屋料理まで揃っていることがその理由であった。確かに、東京は世界中の本物の料理が楽しめ、日本中の地方料理を食べることができる、世界でもまれなグルメ都市と言えよう。

大きな影響力を持つ旅行クチコミサイト「Trip Advisor」（2011.10.26）の「トラベラーズ チョイス 世界のグルメ都市ランキング2011」によると、アジアのグルメ都市トップ10ではタイのバンコクが1位に選ばれが、日本から札幌（5位）、京都（7位）、大阪（9位）の3都市が選ばれた。東京だけでなく、

特徴的な名物のある日本の大都市も注目されている。

今日、インバウンド振興において期待されている「クールジャパン」は、マンガ、アニメ、ゲームといったコンテンツだけでなく、ファッション、ハイテク製品、そして日本食まで範囲が広がっている。これからは、フードツーリズムを活かしたインバウンド振興が間違いなく大きなテーマとっなっていくであろう。筆者の次の研究テーマとしていきたい。

本稿は2007年から取り組みを始めたフードツーリズムの研究の成果を総まとめにしたものです。したがって、調査結果や事例研究など、その間に発表させていただいた拙著数冊の内容を多く引用しています。前著をお読みいただいた読者の皆様や編集出版に係わっていただいた方々には、ご理解ご寛容いただけると幸いです。

本稿の作成にあたり、終始適切な助言を賜り、また丁寧に指導して下さった、法政大学大学院政策創造研究科の増淵敏之先生にまず心からの感謝の意を表します。そして、恩田重直先生には、きめ細かい的確なご指摘を頂き、論文を完成までお導き下さり、衷心より謝意を表します。同研究科の岡本義行先生、黒田英一先生、中嶋聞多先生には、研究の過程で様々なアドバイスや励ましを頂き、心から御礼申し上げます。

また、帝京大学の溝尾良隆先生には多くの学問的な示唆を頂戴しただけでなく、出版へのご助言をいただき感謝の念に堪えません。本研究開始当初に、一緒に研究や取材に取り組んでくれた、旅の販促研究所のメンバーがいなければ、本研究は進んでいなかったと思っています。改めて感謝いたします。

日本各地に取材や食べ歩きをしました。いつも親切に地元の取組みや食について優しくお話ししてくれた地域の多くの皆さまへの御礼も忘れるわけにはいきません。また、この長期にわたる研究期間を見守っていただいた、勤務先である西武文理大学サービス経営学部の先生方にも感謝いたします。

最後に、この出版企画をご快諾いただき、素晴らしい編集をしてくださった古今書院の関田伸雄様に紙面を借りて心より御礼申し上げます。

2013年7月

安田亘宏

索　引

アルファベット

B-1 グランプリ　7, 31, 35, 94, 98, 120, 165, 216
B 級グルメ　1, 2, 3, 13, 14, 15, 20, 21, 22, 28, 30, 31, 35, 37, 39, 44, 45, 54, 55, 64, 66, 67, 71, 72, 73, 74, 85, 92, 93, 94, 95, 96, 97, 98, 159, 162, 164, 166, 213, 214, 222, 224, 229, 239, 242, 244
B 級グルメブーム　1, 31, 35, 94, 159, 166
B 級ご当地グルメ　7, 20, 28, 45, 93, 94, 95, 216, 238, 241
DMO　139
FIT　53, 54
NPO 法　37, 45, 112, 182, 198, 201
Place（食の場）　148, 153, 157, 159, 163, 166, 168, 174, 179, 181, 185, 189, 191, 196, 200, 202, 207, 210
POS システム　188
Price（食の価格）　148, 153, 157, 159, 163, 166, 168, 174, 179, 181, 185, 189, 191, 195, 200, 202, 206, 210
Product（食資源）　148, 153, 157, 159, 163, 166, 168, 174, 179, 181, 185, 189, 191, 195, 200, 202, 206, 210
SIT（special interest tourism）　19

あ

アーカー（Aaker, D. A.）　20
アーバンツーリズム（Urban Tourism）　23
アーリ（Urry）　16
赤もの　31
朝市　35, 62, 63, 65, 66, 82, 84, 102, 103, 104, 105, 121, 181, 217
安近短　34, 94
アンノン族　31, 33

い

一括受発注システム　184
インバウンド　14, 52, 119, 130, 138, 139, 168, 173, 229, 241, 245, 246

う

ウーフ（WWOOF）　110
ウェストン（Weston）　50
宇都宮餃子　35, 64, 92, 96, 97, 212, 213
うどん打ち体験　108, 109
うどん県　93

え

エコツーリズム　39, 41, 108, 130, 223, 234, 236, 238, 241
エリア・マーケティング　139, 140, 241, 242, 243
エリカ（Erica）　19

お

大阪万国博覧会　32, 37
オーベルジュ　31, 36, 91, 92, 120, 149
沖縄料理　62, 63, 65, 66, 101, 102
オフシーズン対策　226

か

懐石料理　3, 87, 90, 91, 221
買い出しドライブ　35, 82, 102, 244
開発型 B 級グルメ　96, 98, 159
外発的観光開発　40
買い物バスツアー　31, 35
買う食　37, 39, 44, 55, 72, 73, 74
加賀料理　33, 62, 64, 81, 90
ガストロノミックツーリズム　17, 19, 22, 23
カリナリーツーリズム（culinary tourism）　17
川床料理　65, 66, 90
観光イノベーション　6, 230, 231
観光元年　32
観光基本法　12, 14
観光行政　39, 203, 229
観光施設　13, 15, 52, 137, 144, 162, 182, 194, 203, 227, 232
観光政策　14, 30, 229, 239
観光地域づくり　127
観光地づくり　125, 127, 128, 129
観光地マーケティング　6, 138, 139, 218, 240, 241
観光農園　36, 108, 109, 111, 192, 217, 229
観光のまなざし　16, 236

観光マーケティング 6, 135, 136, 137, 138, 139, 218, 232, 238, 240, 241
観光立国 14, 28, 31, 121, 147, 238
缶詰料理 101

き

ギムブレット（Gimblett） 19
京懐石 33, 62, 63, 64, 65, 66, 67, 80, 81, 90, 219
郷土食講習会 107, 109, 110
郷土料理 2, 11, 12, 20, 25, 28, 37, 38, 44, 54, 55, 68, 72, 73, 74, 90, 92, 93, 95, 96, 100, 110, 115, 118, 120, 217, 219, 220, 221, 230
京料理 62, 63, 65, 66, 67, 80, 81, 90, 91
漁業体験 36, 72, 82, 108, 110, 196, 197, 198, 199, 217, 221
吟醸ツーリズム 119
近代的観光資源 13

く

クイジーンツーリズム（Cuisine Tourism） 22
クールジャパン 246
口コミ 44, 92, 168, 175, 179, 182, 185, 191, 217, 227, 229, 232
クラスター論 114, 240
蔵元巡り 119
グリーンツーリズム 31, 36, 108, 130, 186, 187
グルメ旅 23, 64
グルメツアー 1, 2, 3, 15, 25, 30, 31, 33, 34, 37, 38, 44, 86, 93, 230, 244
グルメツーリズム 22, 23, 83, 84, 85, 86, 87, 88, 89, 92, 93, 95, 96, 98, 99, 100, 101, 102, 120, 148, 149, 159, 160, 168, 169, 176, 179, 217, 228, 231
黒豚料理 62, 64, 65, 66

け

ケラー（Keller, K. L.） 20
現代郷土食 96

こ

広域観光連携 223
ご当地グルメブーム 35, 94
ご当地ラーメンブーム 1, 31, 35, 93, 159
コトラー（Kotler） 134, 135, 141, 142
粉もん 63, 238
コルブ（Kolb） 15, 136
ゴントナー（Gauntner） 119

さ

サービスマーケティング 136, 147
サヴァラン（Savarin） 16
酒蔵ツーリズム 119, 245
酒蔵のある街並み 207, 209
酒蔵巡り 82, 111, 112, 115, 118, 119, 202, 207, 208, 209
サケ・ツーリズム 119, 237
薩摩料理 101
皿鉢料理 62, 64, 65, 66, 80, 90
参詣の旅 50

し

支援的商品 4, 15, 17
自然観光資源 13, 125, 126
持続性のある食 222
卓袱料理 65, 66, 90, 91
地ビール 119, 122
シャープレス（Sharples） 18
周遊券制度 31
重要伝統的建造物群保存地区 186, 234
宿泊クーポン 32
ショートリッジ（Shortridge） 19
食加工体験 107, 109, 110, 191, 192
食観光地 127
食通ツアー 2
食農連携 36
職場旅行 30, 31, 32, 231
自律的観光 40, 41, 42, 237, 238
人材育成 229
人文観光資源 13, 125, 126

せ

世界遺産 14, 15, 16, 17, 28, 31
世界無形文化遺産 245

そ

創作地元グルメ 221
そば打ち体験 36, 62, 64, 82, 86, 108, 109, 195

た

体験型旅行 25, 36, 107, 197, 198, 199, 200, 201
体験教育旅行 194, 195
体験する食 37, 39, 44, 55, 72, 74
滞在型観光地 162
第三種旅行業者 87
台湾料理 101, 178
ダグラス（Douglas） 19

旅番組 32, 34, 74, 226
食べ歩きツアー 2
食べ放題ツアー 2, 31, 33, 88
他律的観光 40, 42, 44

ち

地域アイデンティティ 3, 129
地域団体商標登録 223
地域ツーリズム 130
地域マーケティング 6, 139, 140, 141, 144, 218, 241, 242
地域マネジメント 128, 240
地産地消 45, 89, 107, 121, 182, 192, 217, 224, 227
地方博 45, 89, 107, 121, 182, 192, 217, 224, 227
チャーター（Charters） 19
着地型企画旅行 36, 37
着地型旅行 26, 110, 112, 130, 191
中核資源 15, 17
中核的商品 15, 16, 17
中心市街地 3, 35, 37, 95, 97, 129, 134, 140, 159, 160, 163, 164, 165, 166, 210, 211, 214, 217
中心市街地活性化法 37

つ

通過型観光地 162
ツーリズム資源 14

て

ディスカバー・ジャパン・キャンペーン 31, 32, 169
デスティネーションマーケティング 138, 139, 147
テルハ（Telfer） 19
テロワール 24, 28, 113, 202, 206
伝統郷土食 96
店舗集積 91, 92, 96, 97, 159, 163, 164, 166, 169, 174, 217

と

東京オリンピック 31, 32, 37, 115
湯治 50
遠くへ行きたい 32, 34
トレーサビリティーシステム 188

な

名古屋めし 31, 36, 63, 66, 100, 175, 176, 177, 178, 179, 212
ナパ・ヴァレー 113, 114, 117, 122

に

日本食ブーム 245
ニューツーリズム 26, 28, 121, 237
ニューワールド 113
認定制度 222, 224

の

農業体験 36, 65, 66, 72, 82, 108, 109, 110, 192, 197, 199, 217, 221
農産物直売所 35, 107, 188, 239
農商工連携 21, 36, 107, 132, 182, 185, 188, 189, 190, 213, 215, 217, 238, 239, 242

は

派生的需要 4, 17
発掘型B級グルメ 96, 97
パッケージツアー 1, 2, 3, 7, 30, 31, 32, 33, 34, 35, 36, 37, 38, 42, 44, 45, 86, 104, 112, 117, 156, 158, 169, 202, 213, 215, 217, 231

ひ

美食学 20, 24
美食ツアー 2, 33
美味学（ガストロノミー） 16

ふ

ファーマーズマーケット 35, 107
フィッシャーマンズワーフ 35, 89, 107
フィルムツーリズム 130
フードウェイ 18, 24
付加的商品 15
複合観光資源 13
普茶料理 90, 91
フラワーツーリズム 14
プランニングプロセス 6, 145, 146, 212, 216, 217, 218, 232
フリープラン 2, 3, 7, 43
ふるさと創生事業 34, 155

へ

平成の市町村合併 3, 129

ほ

飽食の時代 42
訪日観光客 53, 54
ポーター（Porter, M. E.) 20
ホール（Hall）18, 19, 20, 22, 24, 25, 26, 69, 115
補完資源 15, 17
ポスト・ツーリスト 16
ほんなもん体験 197, 198, 199, 200
本物体験 196

ま

マーケティングの 4P 146
マーケティング・プランニング 145
マイカー旅行 2
マウチンホ（Moutinho）136
マスツーリズム 16, 37, 39, 40, 46, 206
まちづくり条例 223, 224
まちのアクションプラン 146, 215
まちの監査 145, 154, 157, 163, 166, 168, 175, 179, 182, 185, 189, 192, 196, 200, 207, 211, 214
まちの戦略 146, 215
まちのターゲット 145, 212
まちのビジョンとゴール 145, 214, 215
まちのマーケター 145, 213, 214
まちマーケティング 6, 141, 142, 143, 144, 145, 146, 212, 216, 217, 218, 219, 225, 232
まつうら党交流公社 197, 198, 199, 200, 201

み

味覚狩り 31, 32, 36, 72, 82, 107, 108, 109, 191, 192
味覚クーポン 31, 32
ミシュランガイド 14, 31, 36, 91
道の駅 31, 35, 73, 102, 103, 106, 107, 121, 181, 182, 183, 184, 185, 187, 189, 190, 214, 217
道の駅内子フレッシュパークからり 187
道の駅とみうら・枇杷倶楽部 183, 184, 185
ミッシェル（Mitchell) 18, 174
南信州観光公社 194, 195, 196, 201, 216

む

無形社会資源 13

め

メディア戦略 152
メディアバスツアー 31, 34, 36, 217

も

物語性のある食 221

ゆ

誘客力の源泉 12, 17
誘致圏 157, 212, 213, 225

ら

酪農体験 36, 82, 107, 108, 109, 110, 191, 192
ランドオペレーター 184, 190, 196

り

琉球宮廷料理 101
旅館会席料理 30, 32

る

ルーラルツーリズム（Rural Tourism）23
ルーラル・マーケティング 140, 242
るるぶ 31, 33, 162

れ

歴史的観光資源 13
レクリエーション地 126, 127
レス（Les）136

ろ

ロング（Long）18, 24

わ

ワーキングホリデー 110, 193, 195, 201
ワイナリー巡り 62, 64, 82, 103, 115, 117, 118, 206
ワインツーリズム 19, 23, 28, 68, 82, 111, 112, 113, 114, 115, 117, 118, 122, 202, 203, 205, 206, 207, 211, 237, 242, 243
ワインブーム 116
ワイン・リゾート 114

著者紹介

安田 亘宏　やすだ のぶひろ

西武文理大学サービス経営学部教授。
法政大学大学院政策創造研究科博士後期課程修了、博士（政策学）。
1953年東京都生まれ。1977年日本交通公社（現JTB）入社。旅行営業、添乗業務を経験後、本社、営業本部、グループ会社でマーケティング・販売促進・事業開発等の実務責任者および同グループのシンクタンク旅の販促研究所所長を歴任。2010年より現職。日本エコツーリズム協会理事、コンテンツツーリズム学会副会長、日本観光研究学会会員、日本国際観光学会会員、日本旅行作家協会会員。
著書に『観光サービス論』『コンテンツツーリズム入門』（以上古今書院）、『事例で読み解く海外旅行クレーム予防読本』『食旅と観光まちづくり』『食旅と農商工連携のまちづくり』（以上学芸出版社）、『基礎から学ぶ観光プランニング』（JMC出版局）、『キャッチコピーに見る「旅」』『旅人の本音』『「澤の屋旅館」はなぜ外国人に人気があるのか』（以上彩流社）、『長旅時代』『食旅入門』『犬旅元年』『祭旅市場』『島旅宣言』『鉄旅研究』（以上教育評論社）、『旅の売りかた入門』『旅行会社のクロスセル戦略』（以上イカロス出版）など多数。
連絡先：n-yasuda@bunri-c.ac.jp

書　名	フードツーリズム論―食を活かした観光まちづくり―
コード	ISBN978-4-7722-7118-9　C3036
発行日	2013（平成25）年7月10日　初版第1刷発行
	2016（平成28）年8月20日　第2刷発行
著　者	安田亘宏
	Copyright ©2013　YASUDA Nobuhiro
発行者	株式会社古今書院　橋本寿資
印刷所	三美印刷株式会社
製本所	渡辺製本株式会社
発行所	古今書院
	〒101-0062　東京都千代田区神田駿河台2-10
電　話	03-3291-2757
ＦＡＸ	03-3233-0303
振　替	00100-8-35340
ホームページ	http://www.kokon.co.jp/

検印省略・Printed in Japan

古今書院の関連図書　ご案内　　価格は税抜き

観光サービス論 —観光を初めて学ぶ人の14章—
安田亘宏著　西武文理大学教授　　A5判　276頁　本体2300円　2015年発行
ISBN978-4-7722-3166-4　C1034

コンテンツツーリズム入門
増淵敏之・溝尾良隆・安田亘宏・中村忠司・橋本英重・岩淵達也・吉口克利・浅田ますみ著　A5判　216頁　本体2300円　2014年発行
ISBN978-4-7722-3163-3　C3036

文化観光論 —理論と事例研究—上下巻
M. K. スミス・M. ロビンソン編　阿曽村邦昭・阿曽村智子訳
上巻　A5判　180頁　本体3600円　2009年発行　ISBN978-4-7722-7105-9　C3036
下巻　A5判　224頁　本体3600円　2009年発行　ISBN978-4-7722-7106-6　C3036
★土産品、観光美術、博物館、遺産…文化観光の問題は

発展途上世界の観光と開発
D. J. テルファー、R. ロシャープリー著　阿曽村邦昭・鏡武訳
A5判　360頁　本体3800円　2011年発行　ISBN978-4-7722-7109-7　C3036
★大学観光学科の最良のテキストとして訳出。著者はカナダとイギリスの観光学科教授

改訂新版観光学 —基本と実践—
溝尾良隆著　帝京大学教授　　A5判　160頁　本体2600円　2014年発行
ISBN978-4-7722-3164-0　C3036

観光学と景観
溝尾良隆著　帝京大学教授　　A5判　238頁　本体3200円　2011年発行
ISBN978-4-7722-3137-4　C1036

国際観光論 —平和構築のためのグローバル戦略—
高寺奎一郎著　　A5判　234頁　本体2600円　2006年発行
ISBN978-4-7722-3056-8　C3033

観光文化と地元学
井口貢編著　同志社大学教授　　A5判　276頁　本体2800円　2011年発行
ISBN978-4-7722-3138-1　C1036
★いまこそ観光でまちに元気を

観光文化学 —旅から観光へ—
飯田芳也著　城西国際大学客員教授　　A5判　274頁　本体2500円　2012年発行
ISBN978-4-7722-3147-3　C1033
★観光のプロが書き下ろした観光学の教科書